Die Sportlerin

»Nahaufnahmen«

Marta press

Ulrike Gramann

Die Sportlerin

Die Geschichte der feministischen Kickboxerin
Claudia Fingerhuth

Marta press

Die Deutsche Bibliothek verzeichnet diese Publikation
in der Deutschen Nationalbibliografie.
Detaillierte bibliografische Daten sind im Internet abrufbar unter
http://dnb.d-nb.de

Besuchen Sie uns auch im Internet:
www.marta-press.de

1. Auflage Dezember 2018

Lektorat: Silke Fricke, Hamburg

Printed in Germany.
ISBN 978-3-944442-18-1

Inhalt

Erste Begegnung

Lichtflecken schweben über den abgenutzten Boden einer Berliner Schulturnhalle. Es ist warm. Frauen, die unterschiedliche Kampfkünste und Selbstverteidigung trainieren, sind hier bei einem gemeinsamen Wochenende. Mir gegenüber steht Claudia Fingerhuth, die Trainerin. Damit sie demonstrieren kann, worin die nächste Übung besteht, soll ich sie mit einem Faustschlag angreifen. Ich kenne Claudia erst flüchtig, vom Sehen. Sie ist groß, größer als ich, beweglich, bestimmt beweglicher als ich, sie sieht konzentriert aus, wach, sicher wacher als ich es bin. Und etwas in meinem Unterbewusstsein vergisst für den Bruchteil einer Sekunde, dass dies ein Training ist, etwas in meinem Unterbewusstsein produziert einen Kurzschluss, hält das für einen Kampf, den ich nicht gewinnen kann. Energie habe ich genug. Ich trete ihr mit Wucht gegen das Knie, erschrecke noch währenddessen, kann mich aus meiner eigenen Bewegung nicht mehr lösen, höre Claudia aufschreien.

Das Erlebnis der eigenen Kraft gehört zu den charakteristischen Erfahrungen von Frauen, die beginnen, eine

Kampfsportart zu trainieren. Viele Frauen, wenn nicht sogar jede Einzelne, haben sich in ihrer Vorgeschichte einmal oder oft unterlegen erlebt. Deshalb zweifeln wir, ob wir über die nötige Kraft verfügen, einen Angriff wirksam abzuwehren. Selbst Frauen, die sich bereits erfolgreich aus Situationen des Übergriffs und der Gewalt befreit haben, glauben gar nicht selten, das sei einfach Glück gewesen, Zufall, eine unerwartete Schwäche des Angreifers. Auch wenn wir intuitiv richtig gehandelt haben, misstrauen wir unserem Erfolg oder fragen uns, ob die Gegenwehr begründet war.

Erlernte Unterlegenheit ist gefangene Kraft. Ein Schritt ist, sie zu entdecken, der nächste, sie zu befreien. Frauen können lernen, die eigene Kraft gezielt und dosiert einzusetzen. Trainingsanfängerinnen erschrecken bisweilen vor dem, was sie bereits bewirken können. In späteren Trainingssituationen habe ich mich oft an meine Überreaktion erinnert, an Claudias und meinen Schreck. Unser Körper hat Erlebnisse und Gefühle gespeichert, die derlei Kurzschlüsse verursachen können. Wenn wir uns ihrer bewusst werden, machen sie uns stärker, geschickter, oft auch gesünder und glücklicher. Die Selbstverteidigungs- und Kickboxtrainerin Claudia Fingerhuth arbeitet seit vielen Jahren daran, dass Frauen und Mädchen ihre körperlichen Stärken finden und wiederfinden, sie schätzen und gebrauchen lernen. Ungezählte, sicher aber um die tausend Frauen haben von ihr gelernt und tun es noch.

Das klingt nach Arbeit, und es ist Arbeit. Es ist Freude. Denn was Claudia Fingerhuth weitergibt, ist auch ihre eigene große Bewegungslust, ihr Geschick in der Bewegung, die Fähigkeit, Bewegungen zu koordinieren, der Genuss, wenn es gelingt. Als eine geborene Sportlerin hat Claudia Fingerhuth sich statt Hochleistungssport und Wettkampferfolgen dem Breitensport verschrieben. Begabt für beinahe jede Sportart, kam sie in Kontakt mit Kampfkünsten und Selbstverteidigungssportarten und blieb dabei. Sie versteht und lehrt diese Kampfsportarten nicht als Wettkampf-, sondern als gesunden Breitensport, den Frauen sicher und mit geringem Verletzungsrisiko trainieren können. Diese Art, sich mit Bewegung zu beschäftigen, ist ein vielseitiger, idealer Freizeitsport und mehr als das: Bewegung kann heilend wirken. Selbstverteidigung ersetzt zwar keine Psychotherapie, trainiert in einem feministischen Zusammenhang ermutigt sie Frauen gleichwohl, sich konstruktiv mit Alltagserfahrungen und erlebtem Sexismus auseinanderzusetzen. Sich mit Trainingspartnerinnen gemeinsam zu bewegen, spielerisch die eigene

Kraft zu finden und zu erproben, bleibt dabei vor allem Freude, großer Spaß.

Schwere Erfahrungen, chronische Schmerzen und Krankheiten werden in der Geschichte, die hier beginnt, nicht verschwiegen. Aber sie erzählt nicht davon, dass erst einmal alles Schwere besiegt werden muss, ehe das wirkliche Leben beginnen kann. Alles findet gleichzeitig statt, das Schwere und das Leichte, der Schmerz und die Bewegung aus dem Schmerz heraus. Denn Bewegung ist kein Zustand, sondern ein Weg. Sie kann ein Weg in ein gutes Leben, durch ein gutes Leben sein. Wie Claudia Fingerhuth dazu kam, wie sie ihr eigenes Leben damit lebt, wie und warum sie, was sie kann, mit anderen teilt, davon erzählt dieses Buch.

Kapitel Eins. Hineingeboren

Schnell mit dem Fahrrad, das war ein Rausch. Bälle, mit Bällen hantieren, das war einfach großer Spaß. Wohin jetzt spielen? Diesen Ball in diesen Korb, den jetzt irgendwie tippen... Oder ne Körpertäuschung, das ist Freude. Zack, links andeuten und schnell rechts vorbeigehen, das ist einfach..., das war so eine spielerische Freude.

Den Bungalow gibt es nicht mehr.

Wir sind in Berlin-Dahlem: Von der U-Bahn-Station Podbielskiallee geht es leicht bergab, rechts ein Park, dahinter das Rudolf-Steiner-Haus und das Deutsche Zentralinstitut für soziale Fragen. Das grüne, von Villen geprägte Wohngebiet im Südwesten Berlins ist durchsetzt von Stiftungen, Instituten der Freien Universität und Botschaften. Im Dol heißt die Straße, an der einige klassisch einfache Bungalows liegen wie hingestreut, manche geschmackvoll saniert. Ursprünglich waren es sieben, alle bescheidener als die umgebenden Wohnhäuser und Villen. In einem dieser Bungalows ist Claudia Fingerhuth aufgewachsen. Man erreichte ihn über einen schmalen Zugang zwischen mannshohen Hecken. Als sie fünf Jahre alt war, zog die Familie hierher. Das war 1968.

Ich suche die Spuren des Kindes zwischen den Hecken. Dass Claudia zuletzt hier war, liegt lange zurück. Mein letzter Besuch fand in den 1990er Jahren statt, als die längst erwachsene Claudia gemeinsam mit ihrer Partnerin Inken Waehner den Versuch unternahm, das Gebäude, das sich zur Hälfte in ihrem Eigentum befand, neu in Besitz zu nehmen. Das Haus sollte zum Mittelpunkt des gemeinsamen Lebens und Arbeitens werden. Sie rissen eine Wand ein, vergrößerten so den Raum, der sich zum Garten hin öffnete, und schufen Platz für Workshops und Gruppenarbeit. Sie begannen die kleineren Zimmer einzurichten, die nebeneinander an einem langen Flur lagen, verfremdeten eine schwarz-weiße Fototapete mit Farbe zu einer surreal anmutenden Landschaft. Ich erinnere mich an ein Wendo-Wochenende mit Inken. Wir Teilnehmerinnen lagen in einer Zickzackreihe auf dem Rasen, wobei das Zickzack dadurch entstand, dass jede ihren Kopf auf den Bauch der nächstliegenden Trainingspartnerin ablegte. Bei dieser Übung fühlt jede den Atem der anderen Teilnehmerinnen in einem leisen Schaukeln, das die Körper mitbewegt, sachte zum Kichern reizt, das von einer zur anderen getragen wird, ein zartes, unwiderstehliches Beben, das schließlich alle zum Lachen bringt. Von dem kleinen Mädchen Claudia, das dreißig Jahre früher hier und im angrenzenden Finkenpark gespielt und getobt hatte, war an diesem Tag nicht die Rede. Höchstens hing ein Seufzer aus alten Geschichten in den Hecken. Wenig später missriet die Einigung mit der Miteigentümerin des Bungalows, wie er zu nutzen wäre. Das Haus wurde verkauft. Die neuen Eigentümer haben den Bungalow abgerissen und durch eine Villa mit klassizistischen Anklängen ersetzt, die, zu groß für das kleine Grundstück, einen Teil des Gartens geschluckt hat. Der Schuppen steht noch, die Tischtennisplatte, an der Claudia als Kind spielte, ist verschwunden.

Dahlem, ein Stück des Berliner Bezirks Steglitz-Zehlendorf, ist ein authentischer Ort des alten West-Berlins, einst Teil des amerikanischen Sektors von Berlin. An der Podbielskiallee 28 nahm im Juli 1945 der legendäre Sender AFN, Armed Forces Network, seine Tätigkeit auf. Manche Straßen sind nach Amsel, Star und Specht benannt, und an einem kühlen Vorfrühlingsmontag, an dem ich durch die

Gegend streife, ist tatsächlich ein Specht zu hören. Spaziergängerinnen und Joggerinnen kommen vorbei, ein Läufer dehnt sich ausgiebig neben einer Bank. Ein Wegweiser zeigt an, dass es nur 2.000 Meter sind bis zum Jagdschloss Grunewald, 1.450 zum Brücke-Museum. Es wimmelt von Baudenkmalen, unter denen sich auch die von Otto Bartning entworfene Villa befindet, in der von 1945 bis 1949 Lucius D. Clay wohnte, der Military Governer Germany. Polizeiautos gleiten vorbei wie Schatten. Wegen der zahlreichen Botschaften und Konsulate ist in Zehlendorf die Polizei ständig präsent. Eine bürgerliche Gegend, die Claudia der 1980er Jahre hätte sie „stinkbürgerlich" genannt. West-Berlin ist der Ort von Claudias Kindheit. „Military Police" war die erste englischsprachige Wendung, die sie kannte. Ihre Mutter brachte sie ihr bei, für den Fall, dass das Kind sich irgendeinen Ärger mit einem der Soldaten einhandeln würde, die es hier im Berliner Südwesten so zahlreich gab.

Claudias Eltern, beide Jahrgang 1937, waren aus dem Osten nach Berlin gekommen, er aus Magdeburg, sie aus dem am südlichen Rand Berlins gelegenen Zeuthen, das damals zum Bezirk Potsdam gehörte. „Mein Vater und seine Eltern und sein Bruder haben ein Haus in Magdeburg einfach stehen lassen und sind abgehaun. Meine Mutter und ihre Familie: Ich weiß nicht, ob die ein eigenes Haus in Zeuthen hatten, wahrscheinlich haben sie zur Miete gewohnt." Vase für Vase, hat ihre Mutter erzählt, hätten sie den Hausstand mit der S-Bahn nach West-Berlin gebracht: „Also die haben das länger geplant, sich aus der sowjetisch besetzten Zone zurückzuziehen." Die väterliche Familie hingegen sei „rübergemacht, als es schon eng wurde, mit dem, was sie tragen konnten." Mitte der 1950er Jahre kamen sie an in West-Berlin. Die Großeltern mütterlicherseits zogen nach Tempelhof; die Eltern des Vaters lebten in Lichterfelde. Als sie einander begegneten, die künftigen Eltern Claudias, Wolf-Achim Fingerhuth und Marianne S., studierte der junge Mann Jura. Die junge Frau, die Abitur hatte, aber kein Studium, war bereits berufstätig. Sie arbeitete als Sekretärin im indonesischen Konsulat. Ihre Berufstätigkeit wird mit der Geburt ihrer Kinder enden. Später, nach der Scheidung, wird sie ihrem Ehepartner vorwerfen, dass sie ihn damals habe durchfüttern müssen und er sich im Augenblick seines ersten beruflichen Erfolgs von ihr getrennt habe. Sie wird sich um ihren Anteil am Erfolg geprellt fühlen und diesen Vorwurf immer wieder erheben, bis an sein Lebensende. So erinnert sich Claudia. Sich und die Kinder wird sie auch nach der Scheidung ausschließlich mit den Unterhaltszahlungen ihres früheren

Ehepartners durchbringen, auf die sie erst verzichten wird, als die Kinder lange aus dem Haus sind.

„Son Jazzschuppen“ sei das gewesen, in dem Claudias Eltern einander zuerst begegneten. Sie waren zwanzig, wenn Claudias Schätzung stimmt, dass dies 1957 gewesen sein muss. Der Schuppen war ein Kellerlokal, das „Eierschale“ hieß und aus einem Jazzkeller am Rathaus Schöneberg hervorgegangen war, der wegen Baufälligkeit hatte schließen müssen. Die „Eierschale“ am Breitenbachplatz entwickelte sich in den folgenden Jahrzehnten zu einer West-Berliner Institution. Nach Aufs und Abs, der Eröffnung von Ablegern, nach 1989 auch im Osten, und ihrem Scheitern gibt es heute an der nahegelegenen Podbielskiallee erneut eine „Eierschale“. Nur „Jazzschuppen“ würde das Lokal, wo man „Hits der 50er und 60er“, „Hot Jazz der 20er Jahre“ oder „à la Sydney Bechet“ hört, niemand mehr nennen. In den 1970er Jahren, als Claudia die „Eierschale“ einmal besuchte, empfand sie die Atmosphäre als piefig: „Jazz-Blasorchester traten da auf, genau die Sorte Musik, mit der ich damals und bis heute nichts anfangen kann.“ Die Zeit, in der Louis Armstrong und Ella Fitzgerald nach ihren großen Konzerten nachts in der „Eierschale“ weitermachten, war

Geschichte. In den 1970ern spielte eine andere Musik. Woanders.

Der Augenblick ist so leicht, sonnig, zerbrechlich. Ein Foto hält ihn fest. Es zeigt Claudias Eltern, die noch keine Eltern sind, sondern ein Liebespaar, auf einer Wiese. Sie liegen auf einer Decke, Marianne trägt etwas wie einen trägerlosen Badeanzug, sie schaut zu Wolf, dessen Gesicht zu schmal, zu hell und zu zart wirkt für diesen Namen, obschon es die Schmisse eines Burschenschaftlers zeigt. Aus Scham wird er später einen Bart darüber wachsen lassen, und doch wird er den Kontakt zu den Burschenschaftskameraden nie ganz aufgeben. Claudias Eltern sehen sehr jung aus und sehr glücklich, seine helle Hand liegt über ihrer, die sogar auf dem Schwarzweißfoto den Eindruck von Sonnenbräune vermittelt. Man spürt die warme Haut beim Zusehen. In Wolfs Blick erkenne ich Claudia.

Das nächste Foto zeigt das Brautpaar, auch hier umschließt seine Hand ihre, er zieht sie an seine Brust, eine bedeutungsvolle Geste. So fühlt man einen Moment für die Ewigkeit. 1959. Das kurze, nur kniebedeckende Hochzeitskleid mit dem schwingenden Rock, die spitzen Schuhe, der lockere, von Asparagus durchsetzte Brautstrauß. Auch heute wirkt das modern. Ein schönes Paar und sich dessen bewusst, sie hält die

Beine zu elegant gekreuzt, als dass es keine Pose wäre. Beide sind beinahe gleich groß, ihre Haltung ist zugewandt, dynamisch und romantisch zugleich. Angekommen. So zuversichtlich, so verheißungsvoll werden viele Gleichaltrige im Osten sich eine Zukunft im Westen vorgestellt haben. „Gehobenes Kleinbürgertum und sich hocharbeiten", lautet die Formel, auf die Claudia das im Rückblick bringt. Sie beschreibt den familiären Hintergrund mit kühlem Blick. Ihre beiden Großmütter waren Hausfrauen, von einer früheren Berufstätigkeit weiß Claudia nichts. Mariannes Vater, ein Steuerberater, hatte in West-Berlin eine Praxis am Schlesischen Tor in Kreuzberg. Das war Anfang der 1960er Jahre und dann noch lange nicht die allerbeste Gegend. Wolf war ein Aufsteiger, dessen Vater schon Jurist war und Notar, bereits vor 1933, auch in der frühen DDR, die er dann mit der Familie verließ. Wolf studiert wie sein Vater Jura und tritt 1963 in die Kanzlei ein, in der neben dem Vater ein zweiter, älterer Notar tätig ist.

1965 übernimmt Wolf die Kanzlei. In ihm kulminiert das Emporkommen seiner Herkunftsfamilie. Wirtschaftliche Prosperität, beruflicher Erfolg, danach, sagt Claudia, habe es „nur abwärts" gehen können, und es sei auch abwärts gegangen. „Von da an ging's bergab", wird Hildegard Knef singen, 1968, in dem Jahr, in dem die Familie mit der fünfjährigen Claudia nach Dahlem umzieht. Von außen betrachtet ging es mit diesem Umzug aber noch aufwärts. „Wir haben als Kleinbürger in diesem großbürgerlichen Bezirk Einzug gehalten.“ Der Umzug nach Dahlem, den „edlen Bezirk“, Zement gewordener Aufstieg, in einen von sieben Bungalows mit einer Wohnfläche von 127 Quadratmetern und immer einem Stück Garten dazu, alles Wohneigentum, Eigentum bedeutet Aufstieg. „Sozialen Wohnungsbau“ nennt Claudia die Bungalows dennoch spöttisch. Ich widerspreche, finde sie modern, schick, cool sogar. Nein, in einer Villa hätte auch Claudia nicht lieber wohnen mögen. Trotzdem symbolisieren die Bungalows für sie die soziale Schicht ihrer damaligen Bewohner, „im Vergleich zu dem, was da so rumstand... Meine Eltern haben sich ziemlich früh scheiden lassen, und wir hatten immer wenig Geld im Vergleich zu allen rundrum.“ Geld ist ein großes Thema in der Herkunftsfamilie. Je länger das Gespräch darum kreist, je mehr auch um Dahlem, desto mehr verschwimmen die Gegensätze. Dass eine Kindheit in Dahlem bedeutet, mit einem goldenen Löffel im Mund aufgewachsen zu sein, ist ein Klischee, gegen das Claudia sich mehr als einmal gewehrt hat. Auch in Dahlem gibt es einfache Wohngegenden, es gibt die Freie Universität, von deren zahlreichen Gebäuden die Wohnviertel durchsetzt sind. Und neben altem Geld und neuem Reichtum gibt es auch in Dahlem kleinbürgerliches Dasein.

„Eine ziemlich prägende Sache, dieses Kleinbürgerliche. Dieser Erfolg meines Vaters hat meine ganze Familie abgesichert und mich auch, so dass ich immer so ein Vertrauen hatte, auch als Kind, als Jugendliche, Erwachsene: Wenn ich selber kommerziell nicht so erfolgreich bin, ich werde nicht total…“ „… nicht total abstürzen“ könnte der Satz enden. Aber sie sagt es nicht, sie sagt: „Also mein Vater hat vorgesorgt, dass ich, wenn meine Ansprüche nicht so hoch sind, auch nicht so wahnsinnig erfolgreich sein muss, um ein Leben führen zu können, für das ich erst einmal genug habe, so dass ich mich anderen Sachen zuwenden kann.“ Das heißt, dass jenseits des kleinbürgerlichen Ideals von materiellem Erfolg und materiellem Genuss, der ständig neu erarbeitet sein will, damit er einen aus dem Klein- ins Besitzbürgertum trägt, dass jenseits dessen weitere Welten existieren, andere Erfolge, andere Genüsse. Ein bisschen Geld, eine bescheidene, gesicherte Basis, damit könnte man auch ohne Karriere Wege ins Freie finden, zur Kunst vielleicht, zum Leben in einer Gruppe Gleichgesinnter, in eine Berufstätigkeit, die sich nicht allein an der Höhe des damit zu erzielenden Einkommens orientiert. Das kann ein Privileg sein oder ein Auftrag. Im Rückblick ist es ein Auftrag: „Ich muss mein Leben nicht ausschließlich an ökonomischen Zwängen ausrichten. Ich habe die Freiheit, zu tun, was ich möchte.“ Für Claudia, der diese Freiheit gegeben wurde, gilt: „Finde deinen Weg. Such dir keine Vorwände, dich dominieren zu lassen von Dingen, die nicht nötig sind. Ich war nicht gezwungen, Karriere zu machen, ich war für mein eigenes Gefühl niemals gezwungen, einen Job zu machen, den ich nicht machen wollte.“ So sagt sie es selbst. Und gemessen daran wird Lohnarbeit, auch Putzen, auch schwere körperliche Arbeit als Maurerin, auch entfremdete Arbeit eine durchaus bedeutende Rolle in Claudias Leben spielen. Die sichere Absicherung, von der sie spricht, existierte gar nicht jederzeit. Der Auftrag existierte trotzdem. Eine Künstlerin würde ihn Selbstauftrag nennen.

Was tun mit so einem Auftrag? Ihn erst einmal erkennen. Das Kind, das sich als Erwachsene in diesem Auftrag wiederfinden wird, Claudia Fingerhuth, kommt am 31. Mai 1963 zur Welt. Ihr erster Wohnort ist nicht Dahlem, sondern fünf Jahre lang Berlin-Tempelhof, eine kleinbürgerlich brave Gegend am Imbrosweg. „Fast ein bisschen Stadtrand“ sei das damals gewesen, nicht ganz natürlich, jedenfalls eine neu erschlossene

Siedlung in West-Berlin. Der Weg, an dem das Haus lag, sei noch nicht asphaltiert gewesen. Als Erwachsene fährt sie einmal hin, erkennt aber den viergeschossigen Bau aus den 1950er Jahren nicht, an den sie sich erinnert. U- und S-Bahn gibt es nicht in unmittelbarer Nähe, das öffentliche Verkehrsmittel ist der Bus. Und „fast ein bisschen Stadtrand" heißt nicht, dass 1963 die Sektorengrenze ganz nahe gewesen wäre. Die nächstgelegenen Ostberliner Bezirke sind Treptow und Schöneweide, und bis dorthin ist es noch ein Stück. Mit „Stadtrand" meint Claudia die vergleichsweise lockere Bebauung, den verschlafenen Eindruck, den die Gegend macht, das Grün, die Bäume und Rasenflächen. Auch heute.

Fotos zeigen Claudia als ein pausbackiges, freundliches Baby und Kleinkind, ein Kind, das der heutigen, hochgewachsenen, auch mit über 50 Jahren noch schlaksigen Frau, die alles andere als pausbackig wirkt, dennoch verblüffend, fast unglaubhaft ähnelt. Claudias Babyfotos zeigen sie mit Bällen. „Es gibt ja diese Laufstallfotos", sagt sie, „aber ob ich in der Wiege schon welche hatte, als ich mit dem Kinderwagen herumgeschoben wurde?" Bälle sind für sie eine selbstverständliche Sache, sie sind gut, um mit anderen Menschen zu spielen. Auf einem anderen Bild sitzt das Kind bis zum Bauch in einem Wasserfass, ein weiteres zeigt die sicher nicht viel mehr als Anderthalbjährige auf einem Schaukelpferd, ein Kissen stützt den Rücken, der Oberkörper neigt sich ganz leicht nach vorn, im Hintergrund ein lamettabehängter Baum, auf dem echte Wachskerzen brennen. Mit diesem Pferd soll sie so wild geschaukelt haben, dass sie sich überschlug. Oft hat man es ihr erzählt. Sie erinnert sich nicht. Überhaupt diese Bilder aus Kleinkindertagen, auf denen meistens der junge, glattrasierte, im gebügelten weißen Hemd sehr attraktive Vater neben ihr ist, sie selbst manchmal ein Kleidchen oder Kostümchen trägt mit weißen Kragen – sie führen nicht in echte Erinnerung. Dieser Mangel an eigener Erinnerung durchzieht alle Gespräche über ihre Kindheit. Claudia hat verschiedene Namen für diese Amnesien. Mal nennt sie sie „Blackouts“, sagt auch: „Erinnerung hab ich absolut keine“, mal spricht sie von „ein paar Flashs“, die ihre Erinnerung durchzucken, aus jener Zeit, ehe sie sieben oder acht war. Eine kontinuierliche Kette aus Erinnerungen wird es nie mehr geben.

Jedenfalls dort, in Tempelhof, muss ein Buddelkasten gewesen sein, muss es eine Buddelkastenfreundin gegeben haben, die am gleichen Tag geboren war wie Claudia selbst. Diese Erinnerung ist sofort da. „Sie haben uns immer draußen spielen lassen, mit Blicken aus dem Fenster waren wir leicht zu überwachen. Manchmal mussten wir aufs Klo und wollten in die Wohnung.“ Die Klingeln lagen viel zu hoch für so kleine Kinder, so dass die Mädchen das Problem mit einem Kochlöffel lösten: „Das konnte ich schon, als ich ganz klein war, oder wir konnten es auch beide.“ Erinnern würde sie sich daran natürlich nicht: „Das weiß ich nicht, das haben sie mir später erzählt.“

Das nächste Foto zeigt sie schon in Dahlem, mit einem deutlich älteren Vater, der nun einen lockeren Vollbart trägt, wie er seit dem Ende der 1960er und in den 1970er Jahren keine Seltenheit war. Sie spielen Tischtennis. Claudias Kommentar zu diesem Foto setzt ihre Kindheit in ein Licht, das ich erst später ganz begreife: „Ich musste dafür sorgen, dass er nicht zu oft verliert.“ Das Mädchen übernimmt die Verantwortung. Claudia berichtet es so nebenbei. Es könnte Ironie dabei sein. Da es hier doch nur um Tischtennis geht. Aber es ist keine Ironie, und später werde ich erfahren, wie weit diese Verantwortungsübernahme des Mädchens noch gehen wird. Sie nimmt den Eltern Verantwortung ab, beiden, auch anderen Erwachsenen.

Und trotzdem beschreibt die erwachsene Claudia ihren Vater als Lichtgestalt ihrer Kindheit, mit genau diesem Wort: „Lichtgestalt“. Das Haus in Dahlem, das Claudias Vater über viele Jahre abbezahlen wird, bewohnt er selbst keine zwei Jahre lang. Schon 1969 mit der Scheidung zieht er aus. Claudia wird bis zu ihrem Abitur 1983 hier leben, ihre Brüder ein paar Jahre länger. 1972 wird der neue Partner der Mutter einziehen. Ich finde in den Gesprächen mit Claudia nicht heraus, wann genau eigentlich ihre Kindheit endete. Viele Jahre später, als der Verkauf des Hauses besiegelt ist, wird sie in einem Brief an Freundinnen die Zeit im Bungalow so resümieren, dass sie sehr hart für sie gewesen sei und tiefe Wunden hinterlassen habe.

Ein Bungalow: Ein großer Raum, fast mehr Living Room als Wohnzimmer, von dem dann ein Flur abging mit drei kleineren Zimmern. Das ist die Bühne, auf der das Drama von Claudias Kindheit spielt. Die Brüder, Zwillinge, kommen 1968 zur Welt, Claudia, später schwesterlich solidarisch, macht deren Ankunft erst einmal zornig, sie rennt im Krankenhaus vor Wut in einen Freund der Eltern. 1967 wurden die Zwillinge gezeugt, Claudia zufolge waren sie schon ein Versuch, die Ehe zu retten. „Es war klar, das geht zur Trennung. Da war ich vier."

Schlag auf Schlag: 1968 die Geburt der Zwillinge, der Umzug in den Bungalow Am Dol, 1969 Claudias Einschulung, ebenfalls 1969 die Scheidung der Eltern. Der Vater nimmt bei der Scheidung „alle Schuld auf sich". Vor der Scheidungsreform des Jahres 1976, mit der das Schuld- durch das Zerrüttungsprinzip ersetzt wurde, musste bei der Scheidung geklärt werden, wer das Scheitern der Ehe verursacht hatte, durch außereheliche Beziehungen beispielsweise oder Gewalt. Wurde eine Partnerin, wie Claudias Mutter, „unschuldig geschieden“, wirkte sich das dahingehend aus, dass der „schuldig geschiedene“ Partner auch für sie Unterhalt zu zahlen hatte und nicht nur für die Kinder. In wirtschaftlicher Hinsicht also verhielt Claudias Vater sich fair, als er alle Schuld auf sich nahm. Unfair war, dass er dem Kind psychologisch die Schuld zuschob, indem er es so darstellte, als habe sie, das kleine Mädchen, den Ausschlag zur Scheidung gegeben. Sie erinnert sich, wie er ihr erzählte, sie habe schon als Vierjährige am Frühstückstisch gesagt: „Ihr habt euch ja gar nicht lieb“, dass er dabei weinte und meinte, er habe ihr dies nicht zumuten können.

Das Kind, dem diese Geschichte erzählt wird, vergisst sie nie. Welche Gedanken hat der Vater sich darüber gemacht, welche verbindet er damit? Auch, vielleicht sogar vor allem, wegen ihrer Alkoholkrankheit hat er seine Frau verlassen. Aber er überlässt die Obhut über die Kinder der suchtkranken Frau. „Lichtgestalt meiner Kindheit“, das ist die eine Sache. Dieses Überlassen, das vor allem eine Unterlassung ist, ist die andere,

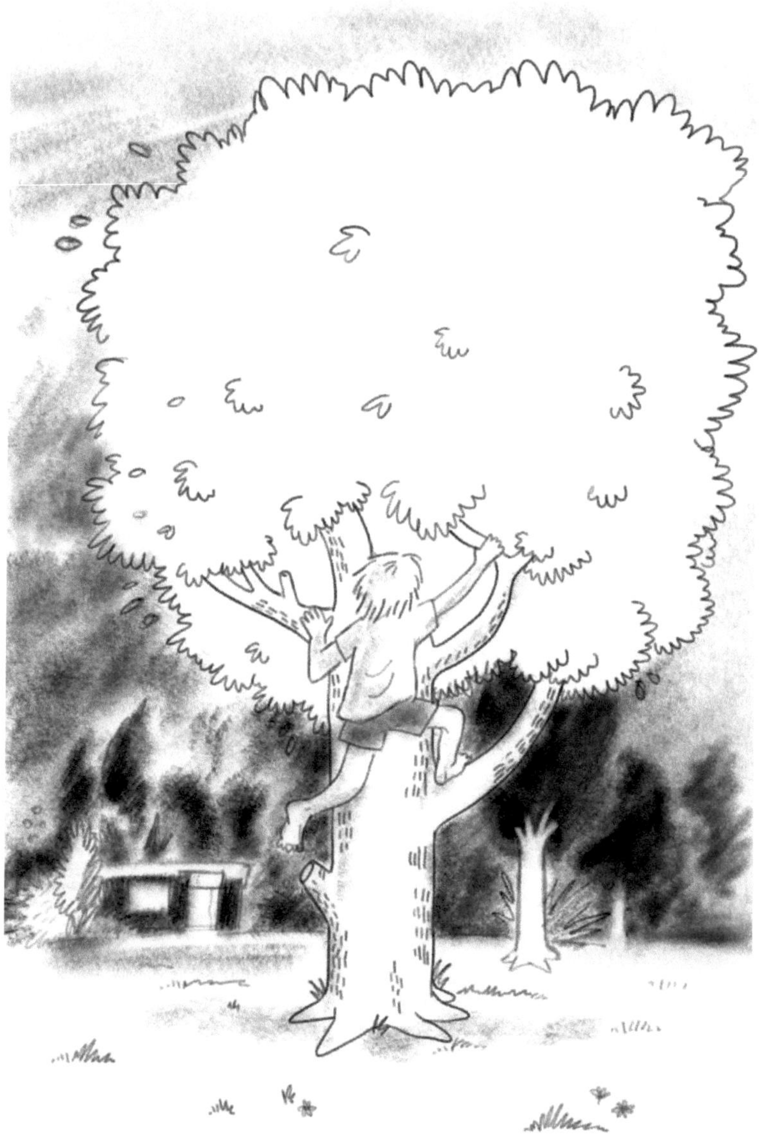

die Claudia noch immer wütend macht, das Kind in ihr, das der Entscheidung der Eltern, des Vaters, ausgeliefert war. Es muss Unaufrichtigkeit dabei gewesen sein, Lüge, vor den Kindern, vor sich selbst. Denn es gab während dieser früh beginnenden Krisen auch andere Beziehungen des Vaters, und eine davon sollte dann in die Liebe seines Lebens, lebenslange Liebe münden.

Alkohol ist ein großes Thema in ihrer mütterlichen Familie. Claudia beschreibt ihre Mutter als eine zu Depressionen neigende Frau, die die Kinder heulend erleben. Doch schlagen kann sie auch. Das Pendeln zwischen verschiedenen Arten emotionaler Ausbrüche zwingt das Kind, immer vorauszudenken. Was wird als nächstes geschehen? Eine „absolute Prollfrau" sei ihre Mutter gewesen, die in ihrem erwachsenen Leben kein Buch gelesen hat. Doch muss sie zumindest anfänglich gebildeter gewesen sein als der Lebensgefährte, den sie nach der Trennung von Wolf-Achim Fingerhuth fand. „Es muss ein Mann ins Haus, der alles repariert", beklagt sie sich bei ihrer Tochter. Dieser Mann ist Stipe, ein ungelernter Arbeiter aus Kroatien, der als „Gastarbeiter" bei Siemens arbeitet. Der ökonomische Zwang, den die Mutter empfindet, führt zu einem Konstrukt, das nicht nur aus heutiger und feministischer Sicht fragwürdig bis absurd wirkt: Marianne heiratet den Lebensgefährten nicht, und der Lebensgefährte behält, obwohl er bei ihr einzieht, seine Wohnung. Sonst nämlich wären die Unterhaltszahlungen des Vaters verloren gegangen, von denen die Mutter und alle drei Kinder leben. Der soziale Aufstieg Mariannes ist im Augenblick ihrer Trennung von Wolf beendet.

Doch hier darf eine nicht den ganz simplen Erklärungen auf den Leim gehen, das wirkliche Leben ist komplexer als das Klischee. Nicht nur Ausbildung und Berufsausübung respektive Verzicht auf Berufstätigkeit und Daheimbleiben manifestierten die gegenläufige Entwicklung der leiblichen Eltern. Sondern auch und vor allem die Alkoholkrankheit der Mutter, ihre Depressionen. Das besiegelt den Abstieg. Darum ging's bergab. Claudia begreift heute durchaus den mütterlichen Zorn darüber, dass der frühere Ehepartner sich finanziell von ihr hat unterstützen lassen, solange er in der Ausbildung war, sie aber verließ, als er erst wenige Jahre den existenzsichernden Unterhalt verdiente. „Ich konnte ihren Zorn auf ihn verstehen. Aber ich fand meine Mutter auch schlimm. Ich konnte verstehen, dass einer sagt, er kann nicht mit ihr leben."

Die beiden Kinder von Claudias Großmutter mütterlicherseits, die bereits schwere Alkoholikerin war, werden ebenso alkoholkrank. Ihre Mutter nennt Claudia eine „Pegeltrinkerin“, ihren Onkel einen „Krawalltrinker“. Er habe Phasen gehabt, „in denen er sich so völlig zusoff, dass er sich umbringen wollte und jemand ihn retten musste.“ Wiederbelebt wurde er im Krankenhaus. Damit er ausnüchtern konnte, damit man ihn davon abhalten konnte, dass er sich umbringt, wohnte er auch immer wieder in Claudias Herkunftsfamilie. War das ein Ort, um nüchtern zu werden? „Ach was weiß ich. Und meine betrunkene Großmutter ist jeden Samstag nach dem Kartenspielen zu ihrem Auto gehievt und wieder zurückgefahren worden.“

Nicht moralisch urteilen, nicht verurteilen: Alkoholismus wird als Krankheit bezeichnet, Alkoholismus ist eine Krankheit. Sie pflanzt sich, das ist erwiesen, oft über mehrere Generationen fort. Das Schwere daran ist, dass minderjährige Kinder sich vom elterlichen Alkoholismus nicht befreien, sich nicht davor schützen können. Eine Kindheit mit schwer alkoholkranken Eltern und anderen alkoholkranken Bezugspersonen kann man sich nicht anders vorstellen als auf die eine oder andere, immer krasse Weise unerträglich. Alkohol bedeutet Kontrollverlust.

War es so? Claudia sagt nur: „Wenn ich mich mal erinnern könnte. Ich gehe aber davon aus.“ Als älteres Kind und Jugendliche habe sie gewusst, dass die Mutter alkoholkrank war. „Mein Vater hat immer gesagt, das war ihm zu eng“, dieses Leben, heißt das wohl, „und dann der Alkohol und die Kinder, das konnte er so nicht.“ Wie weit das zurückreichte, dass ihre Eltern sich auseinandergelebt hatten, wie früh ihre Mutter zu trinken begonnen hatte, hat Claudia sich durch Indizien erschlossen. Wie schlimm es wirklich war, begriff sie, selbst schon nicht mehr ganz jung, erst 1997, als sie Kontakt zu einem Pfarrer in Tempelhof aufnahm, der ihre Eltern gut kannte, weil der Vater im Gemeindekirchenrat war. In der Perspektive dieses Pfarrers hatten die Eltern sich bereits 1967 wegen des Alkohols auseinandergelebt, als Claudia noch ein kleines Kind gewesen sei. „In der Schärfe“, fasst sie zusammen, habe ihr das zuvor niemand gesagt.

Vielleicht hat auch der Vater eine Alkoholgeschichte, als junger Mann und Mitglied einer schlagenden Verbindung, zu deren Ritualen auch das Kampftrinken gehörte. Später sei er eher ein gepflegter Trinker gewesen, sagt Claudia. Wenn er ihr in den 1990er Jahren bei jedem Treffen versicherte, dass er nur seine zwei Glas Rotwein trinke, weil es ihm schmecke, hat sie das als Anzeichen eines Alkoholproblems verstanden. Sie scheint lange darüber nachgedacht zu haben, ehe sie zu dem Schluss kam, das sei „seine Angelegenheit". Es bleiben Mutmaßungen, Annahmen. Vielleicht fürchtete er, sich in den Alkohol wie in die Herkunftsfamilie seiner Ehepartnerin zu tief zu verstricken, fürchtete, nicht stark genug zu sein, auch nicht für die eigenen Kinder, vielleicht ist er darum lieber gegangen. Man kann immer von mehreren Seiten auf die Wirklichkeit schauen. In einem der alten Ordner lese ich später einen Brief dieses Vaters, sehe seine große, schöne, ausgeschriebene Handschrift, leserlich, geordnet. Von schönen Kindheitserlebnissen wird noch die Rede sein; vom Sport war bis hier noch gar keine Rede. Irgendwo muss ich beginnen, und in diesem Beginn schaue ich auf Claudias Geschichte als etwas, woraus sie sich eines Tages befreien wird. Bald werde ich davon erzählen.

Zuerst kommt zum mütterlichen Alkohol noch der elterliche Zorn. Wie viele Menschen, die in den 1940er, 1950er und 1960er Jahren geboren wurden, ist Claudia mit Wutausbrüchen der Eltern, mit unglaublicher Schreierei aufgewachsen. Die Kindheitserfahrungen unserer Eltern, die im NS-Staat junge Erwachsene waren, Jugendliche oder gerade geboren, waren vielfach gebrochen und belastet. Gefühlsarmut und unterdrückte Gefühle waren oft noch nicht das Schlimmste, was sie in ihrer Jugend erlebten. Unter den Erfahrungen von jeder Art Gewalt, von Schuld und Mitschuld wiederum ihrer Eltern, von Krieg, Flucht, Verlust sind es eben dieser Mangel an Mitgefühl, das Unterdrücken jedes Mitgefühls für sich selbst und andere gewesen, die unsere Eltern prägten: belastete Menschen, nicht selten süchtig auf die eine oder die andere Art, depressiv auch trotz materiellen Wohlstands, voller unterdrückten Zorns, voller Verweigerung, die Ursprünge dieses Zorns zu reflektieren.

Bei Claudias Vater wurde überdies zu Anfang der 1960er Jahre, kurz nach Claudias Geburt, Diabetes Typ 1 diagnostiziert. In Zuständen der Unterzuckerung, so beschreibt Claudia es, wurde er zum Choleriker. Sie erinnert sich an „absolute Wutanfälle, in denen er total neben sich stand". Das Kind fürchtete den Verlust der Kontrolle: „Er hat nie jemanden totgeschlagen, aber ich dachte oft, er macht das jetzt. Dass er so sauer war! Ich glaube, da gab es nicht so tolle Sachen, was Ausraster anlangt in meiner frühen Kindheit, auch wenn ich keine deutlichen Erinnerungen daran habe. Das Klima meiner Kindheit war ganz schön angstgeprägt. Und daran hatte auch er Anteil."

„Eine Kindheit hatten wir alle, und gut war sie selten", distanzierte sich einer meiner Literaturlehrer in der Vorlesung von allen, die sich in Leben und Schreiben immer wieder durch ihre eigene Kindheit quälen. Eine Weile kann man so ein Wort für ein bitteres Bonmot halten. Nicht für immer.

Kapitel Zwei. Alltag und Vatertag

Und beim Diskus ist das noch abgefahrener, mit einer Drehung verbunden, und dann muss der Diskus auch noch über den kleinen Finger. Der fliegt hier entlang raus, das ist dann schön. Dabei kann so viel schief gehen, der kann auch seitlich weg, flupp. Ein Diskus. Das ist total schwierig. Ich konnte das nie wirklich gut. Aber ich hab angefangen, und es gab ein paar Würfe, die nicht ganz schlecht waren.

Es gibt schöne Fotos, auf denen das Mädchen lacht. Es gibt die erwachsene Claudia, offen, heiter, zugewandt. Das prägt den ersten Eindruck von ihr. Sie lacht gern, sie lacht viel, sie sieht das Schöne in der Begegnung. Ich zweifle nicht, dass ich gemeint bin, wirklich ich, wenn sie im Gespräch herzlich und freudig reagiert. Je mehr ich über ihre Kindheit erfahre, frage ich mich dennoch, ob diese zugewandte Haltung „bloß" ihrem Naturell entspricht oder ob sie das früh erlernt hat. Viele Menschen, Frauen, Mädchen lachen, wenn sie über Schwierigkeiten sprechen, über schwierige Phasen im Leben.

Wir sprechen spöttisch über erlebte Gewalt, lächeln, wenn es weh tut, lachen, um nicht zu weinen. Viele Kinder, die früh Verantwortung übernehmen, schlimmstenfalls die Verantwortung der Eltern auf sich nehmen, lernen, sich lieb, freundlich, heiter zu zeigen, auch wenn böse, unfreundliche, traurige Gefühle sie erfüllen. Lachen kann eine Tarnung sein, es steckt an, es lenkt ab. Und Lachen kann Unheil abwehren, das ist altes, instinktives Wissen, von dem wir unbewusst und bewusst hoffen, dass es wahr ist.

Die Schönheit, die es in Claudias Kindheit gab, war Bewegung, Sport, Aufenthalt im Freien. Bewegung war, ist ein Spiel für sie. „Das hat sich unmittelbar gut angefühlt. Das war, ich hab das ja nicht analysiert…, das war mir schon immer eine Freude. Ich hab ganz früh Bälle geliebt, das war ein tolles Spielen, Sport und Spielen vermischten sich, Spielen in Bewegung fand ich toll, Bewegung war für mich immer eine Art zu spielen.“ Die schönste. Bewegung hieß, draußen zu sein, im Finkenpark zum Beispiel, hinter dem Haus Im Dol. Sie zog eher ihre jüngeren Brüder mit als umgekehrt, schon gar nicht wäre sie drin geblieben, während die Jungen rausgingen. Im Park konnte man mit den Rädern unterwegs sein, sich verstecken, in Bäume klettern; sie hatte Höhenangst, kletterte trotzdem.

Claudia, eine begeisterte Straßenfußballerin! Als sie auf die Oberschule kommt, mit zwölf ungefähr, wollen die Jungen sie nicht mitspielen lassen. „Ich will aber!“, lautet ihre Überzeugungsstrategie. Ihre Fürsprecher sind Jungen, die sie von der Grundschule kennen: „Die kann das.“ Bewegung steht synonym für Bewegung mit anderen. „Wir“, sie meint sich, die Brüder, den Vater und die neue Gefährtin des geschiedenen Vaters, „sind viel durch die Wälder gelatscht. Meine bevorzugte Bewegungsform war das nicht, aber wir haben das viel gemacht.“ Gehen bedeutete auch, miteinander zu reden. Am Vatertag, zum Beispiel. Mit diesem Wort bezeichnet Claudia nicht jenen Männersauf- und Feiertag, der auf Christi Himmelfahrt fällt. Ihr Vatertag, nach der Scheidung zunächst alle zwei Wochen, dann wöchentlich, war ein Tag am Wochenende, eben jener Tag, den Claudia und ihre Brüder mit dem Vater verbrachten. Nach seinem Auszug wurden diese Tage, an denen die Kinder mit ihm sind, zum Ziel- und Höhepunkt der Woche. Den stark beschäftigten Anwalt und Notar außerhalb der Vatertage anzusprechen, von der Schule zu berichten, von Sorgen zu sprechen, Rat zu suchen oder einfach nur seine Nähe, ohne ein besonderes Anliegen, war ausgeschlossen, „es war undenkbar, weißt du, weil er immer arbeitete.“

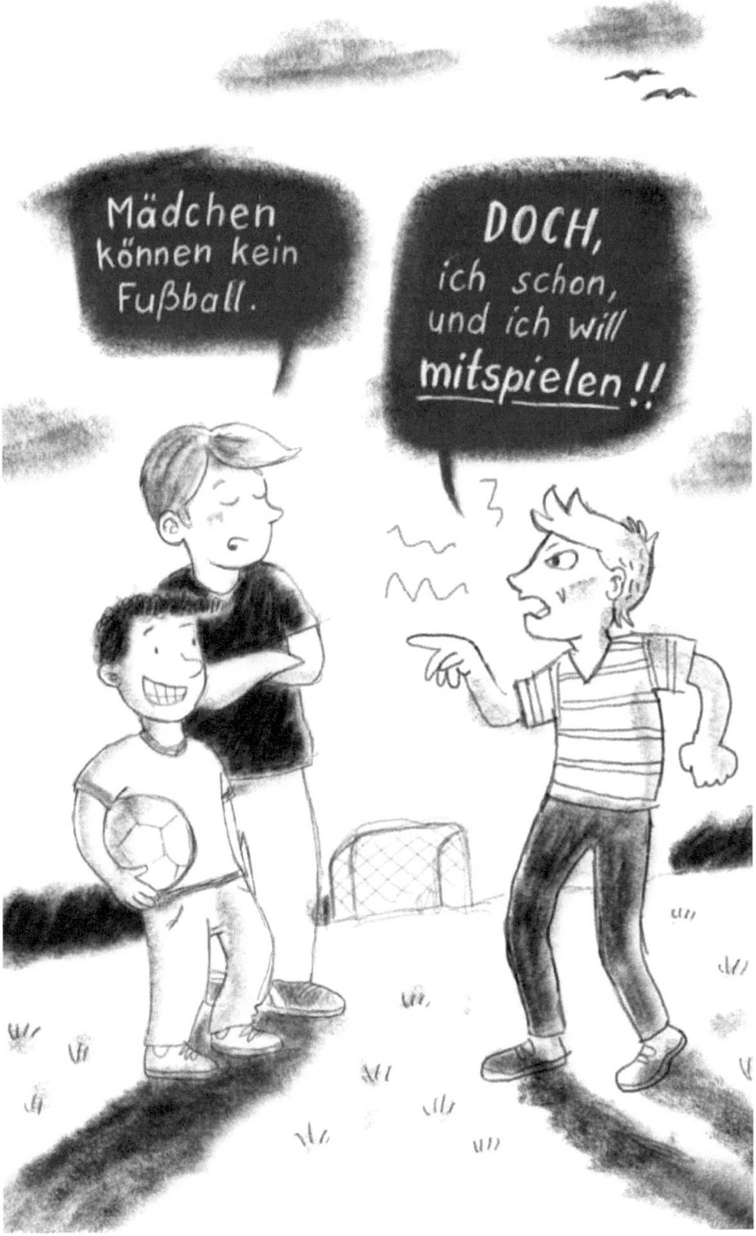
Mädchen können kein Fußball.
DOCH, ich schon, und ich will mitspielen!!

So bleibt es die ganze Kindheit über, es hatte ja schon begonnen, als der Vater noch mit der Familie lebte. Er arbeitet immer, scheint es. Nur nicht am Vatertag. Der fällt auf Samstag. Gegen Mittag geht es los, der Vater kommt mit seinem Sportwagen, einem Volvo, das ist „so ein kleines, liegendes, flaches Ding“, das blanke, helle Glück. Die Straße runter, das ist ihre „Renne-Volvo-renne-Strecke“. Claudia lacht auf ihre charakteristische Art, mit vielen kleinen Ausrufezeichen in der Stimme, wenn sie dieses „Renne-Volvo-renne!“ ausspricht. Der Volvo war ein Zweisitzer, in dem sie vorn sitzen durfte, und sie fanden es beide toll, Vater und Tochter, dass er „mit völlig überhöhter Geschwindigkeit“ gefahren sei. Sie sagt es strahlend. Es war eine Sache zwischen Vater und Tochter, dieses Vergnügen, nur für sie beide, die Brüder sind noch zu klein in dieser Zeit. Der Volvo geht um 1970 herum durch einen Unfall verloren, danach sind es andere Autos, mit denen die Kinder abgeholt werden.

Wolf lebte in der Königsallee, einer langen Straße, die südlich vom S-Bahnhof Westkreuz beginnt und sich durch den Grunewald hinzieht bis zum Hüttenweg und dort westlich vom Grunewaldsee in die Onkel-Tom-Straße übergeht. West-Berlin ist eine grüne Stadt, und in den 1960er, 1970er Jahren ist es noch üblich, an arbeitsfreien Tagen spazieren zu gehen und dabei zu reden. Widerrede gegen dieses Ritual ist nicht nur in Claudias Familie unüblich. Der Grunewald erstreckt sich über mehrere Bezirke, nach damaliger Aufteilung vier, Charlottenburg, Wilmersdorf, Steglitz, Zehlendorf; er ist von Seen durchzogen, beliebten Ausflugsgebieten in der ummauerten Stadt, man kann stundenlang laufen und hier und da baden. Wer die Wälder der Mittelgebirge und der Vorgebirge der Alpen im Kopf hat, mag die charakteristische Berliner Waldlandschaft nicht ganz ernst nehmen, mit ihrem durchlässigen Baumbestand, der zu mehr als der Hälfte aus Kiefern besteht, auch aus Eichen und Eichengestrüpp, durchsetzt von ein paar Birken und Buchen. Aber es ist doch richtiger Wald, in dem die Wildschweine, gewöhnt an die Anwesenheit von Menschen, zuweilen dicht neben den Wegen in feuchten Flecken liegen, lediglich wahrnehmbar wegen ihres penetranten Geruchs. Das klingt nach Märchen, aber düstere Märchenwälder gibt es hier nicht, die Baumbestände sind zu jeder Jahreszeit von Licht durchflossen. Vater und Kinder fahren an den Wannsee oder machen Radtouren. Oder alle zusammen fahren mit Edith, der neuen Liebes- und Lebensgefährtin des Vaters, in den Harz oder den Elm, einen bewaldeten Höhenzug bei Braunschweig, schnell durch die DDR, Transit Dreilinden-

Helmstedt, oder kullern direkt in den Frankenwald, über Transit Hof nach Bayern. Das waren die nächsten Waldgegenden, die man einfach so und spontan bereisen konnte, von West-Berlin aus gesehen.

Das Glück solcher Tage trübt kaum etwas, auch nicht die Anwesenheit Ediths. Edith ist ebenfalls gerade geschieden; Gunther, ihr erster Mann, und sie waren mit Wolf befreundet, so eng, dass sie Claudias Mutter nach der Geburt der Zwillinge im Krankenhaus besuchten. Gunther war der Mann, auf den Claudia einrannte, wütend, weil sie ihre Brüder, die sie im Zimmer der Frischentbundenen sah, nicht wollte. Edith also, sie arbeitete in Wolfs Kanzlei als Sekretärin, eine mehr als gestandene Frau, fast zwanzig Jahre älter als Wolf, drahtig, attraktiv, mit klaren, festen Zügen unter einem markanten Kurzhaarschnitt. Im Album klebt ein Bild, auf dem sie sich Wolf zuwendet, sie sagt etwas, er schaut sie konzentriert an, mit leicht zusammengezogenen Augenbrauen. Das ist also die andere Beziehung des Vaters, ein anderes Leben. Nicht mehr zu klären ist, ob Edith schon vor der Scheidung von Claudias Eltern eine Affäre des Vaters war. Praktischerweise wohnte sie direkt neben Claudias Kindergarten. Möglicherweise begann die Beziehung, als die Familie noch in Tempelhof wohnte,

Beweise gibt es dafür nicht. Aber dass hier ein beruflich erfolgreicher Mann die nicht berufstätige Ehefrau, die ihn in frühen Jahren unterstützt hatte, gegen eine andere, jüngere getauscht hätte, mit der er eine neue Familie nach altem Modell gründete, das stimmt ganz sicher nicht. Da war mehr als die unausweichliche Nähe und Begegnung am Arbeitsplatz, eine geistige Verbindung, auch durch ihr gemeinsames Interesse für die Anthroposophie und anderes. Dafür spricht auch die Dauerhaftigkeit einer Verbindung, in der er wesentlich jünger ist als sie. Eine solche Verbindung gilt auch heute, vierzig, fünfzig Jahre später, noch als unkonventionell.

Auch Edith hat einen Sohn aus erster Ehe, er ist so gut wie erwachsen. Claudia wird ihn als älteren Stiefbruder mögen und annehmen, er wird derjenige sein, der ihr beisteht, als Wolf und Edith sterben, gemeinsam in den Tod gehen vielmehr. Wolf und Edith, sie heiraten 1972, sind vor allem eines: ein Paar. Am Vaterwochenende werden sie zur Familie, weil die Kinder da sind. Claudia und ihre Brüder hingegen leben gezwungenermaßen in zwei Familien, der Sonntagsfamilie mit Wolf und Edith und der Alltagsfamilie mit Marianne und Stipe.

Der Alltag der Kinder bewegt sich stets auf die Wochenenden zu und auf die Urlaube. Allerdings: Auch Edith ist eine Cholerikerin, auch sie neigt zu diesen Wutausbrüchen, die in Claudias Umwelt sowieso oft vorkommen. Edith scheint zu wissen, wie belastend das ist, denn sie nennt sich selbst „die böse Stiefmutter". Vielleicht nur eine Pose, aber Claudia sagt: „Fanden wir manchmal auch. Sie hat sich aufgeführt. Aber sie gehörte trotzdem mit Selbstverständlichkeit dazu, wie Stipe mit Selbstverständlichkeit dazugehörte. Ich hab nie verstanden, warum sie so getan hat, als würden wir sie nicht akzeptieren, oder was diese Böse-Stiefmutter-Nummer sonst sollte." Edith ist eine Frau mit einem 220er-Blutdruck, zeit ihres Lebens, eigentlich ein Fall für den Notarzt. Wie kann man damit, mit diesem Dauerzustand, über achtzig Jahre alt werden? „Sie war eine Superhektikerin. Und mein Vater war auch immer sehr schnell. Da zu Wort zu kommen, war nicht einfach." Die schnelle Reaktion, das schnelle Sprechen, zuschnappend, das verletzt. Das Mädchen bekommt zu hören, was sie alles nicht kann. Es gibt viele Hürden, über die die Kinder springen müssen, um den Erwachsenen nahe zu kommen. Und doch, jedes Mal diese Freude, wenn Vatertag ansteht, auch mit diesem Obwohl und Allerdings in Claudias Erzählung, das schnell da ist, auch Claudia kann schnell sein, schnell reagieren, sich schnell korrigieren: „Im Vergleich dazu, mit meiner Mutter und Stipe zu Hause zu sein, waren diese Momente immer toll, herausragend leuchtende Ereignisse. Ich habe mich tief gefreut, da hin zu dürfen." Zu Beginn der 1970er Jahre kaufen Wolf und Edith das Haus auf Ibiza, bis heute Claudias und Inkens Zuflucht in trüben Berliner Wintern, Claudia geht das Herz auf, wenn sie nur die Haustür aufschließt. In der kleinen ibizenkischen Wohnung gibt es noch die Einrichtung von damals mit rustikalem Tisch und Sitzkissen mit Reißverschluss, dazu ein Öfchen, durch dessen Klappe man Feuer brennen sieht, das gar nicht so alt ist und dennoch nach den Siebzigern aussieht, die zu große Palme auf der Terrasse, die inzwischen herangewachsenen Kiefern, die im Sommer freundlich beschatten, im Winter das Haus kühl machen. Das Mädchen liebte die Wochenenden und Ibiza und die Urlaube, und das schloss Edith ein: „Ich habe sie abgrundtief geliebt."

Der normale Vatertag beginnt oft mit einem Fußballspiel, mit Vater und Brüdern im Park. Gegen zwei erscheinen sie bei Edith. Dann ist die Stimmung auf der Kippe, denn alle miteinander vergessen sie, vor allem vergisst Wolf selbst beim Spiel, dass der Sport seinen Blutzucker durcheinanderbringt, dass er völlig unterzuckert, erregt mit den Kindern bei Edith eintrifft. Es scheint unmöglich, dass er sich anstrengt und nicht zugleich unterzuckert. Er denkt nicht daran, wenn er die Kinder holt. Dann der unausweichliche Tobsuchtsanfall, der Traubenzucker, den Edith in allen Taschen hat und den sie Wolf sofort in den Mund schiebt, Zorn, Augenblicke der Unzurechnungsfähigkeit, Wutanfälle, in denen er so neben sich steht, dass man Kontrollverlust befürchtet. „Das war der Haken an diesem Mann. Obwohl er ansonsten total liebevoll, verlässlich und verbindlich war.“ Fotos zeigen einen hochgewachsenen Menschen, leicht vorgebeugt in den Schultern, mit hellen Augen. „Das Tier müssen wir totschlagen“, sagt er manchmal über die bewegliche, energiegeladene Tochter. Liebevoll, meint sie, habe er das gesagt und gemeint, gemünzt auf ihre unverwüstliche Sportlichkeit, ihre Kraft. Das Sportliche in seinem Kind lehnt Wolf im Grunde ab, obwohl er doch selbst offensichtlich so viel Vergnügen an der Bewegung hat, dass er sogar den Diabetes vergisst. In dieser Stimmung kommen sie am Vatertag an, und Edith schimpft.

Ein, zwei Wochen Abwesenheit, dann Vatertag, schöne Zeit, in der Erschrecken lauert. Das ist die bessere Sorte Tage. Die meisten Tage sind Alltage. Ein Mädchen mit kurzen Haaren geht nach Dahlem in die Grundschule. Oft wird sie für einen Jungen gehalten. „Na Kleiner, komm mal her.“ Sie sagt: „Mädchen.“ – „Oh, Entschuldigung.“ – „Ja, schon gut.“ Ein

Dialog, der sich oft wiederholt haben muss, der sich wiederholt bis heute. „Echt“, sagt sie, „ich muss mir mal was anderes überlegen.“

Der Schulweg also, anfangs wird sie von der Mutter abgeholt, die nimmt den Nachbarsjungen mit im Auto. Der Weg ist kurz, man könnte laufen, unterwegs vom Tag berichten. Aber Marianne geht nicht zu Fuß. „Die moderne Frau“, erklärt Claudia ironisch, „fährt Auto.“ An dem Tag, als die Kinder beschließen, ab nun allein zu gehen, sehen sie Mariannes Auto kommen und verstecken sich. Das Mädchen kommt nach Hause, „buuusch, hab ich erst mal eine in die Fresse gekriegt.“ Sie sagt es so unvermittelt, so natürlich, so ohne Ironie und ohne Distanz, mir wird angst und bange schon beim Zuhören. War da keine Erleichterung, dass das Kind nun wieder da ist? „Ich glaub, sich Angst machen um die Kinder, das hatten unsere Eltern nicht so doll. Sie fand es unmöglich, dass sie sich die Mühe gemacht hat, loszufahren, und wir haben das nicht gewürdigt. Verglichen mit dem, was ich von Eltern heute mitbekomme, waren die nicht so ängstlich, unsere Eltern.“ Die Sechzigerjahrekindheit, weniger elterliche Besorgnisse, mehr Freilauf, höheres Risiko, für dessen Nutzung geschlagen zu werden.

Nach diesem Erstereignis geht sie allein. Bald darf sie mit dem Fahrrad fahren. Sogar ich, als Kind eine begeisterte Stubenhockerin, erinnere mich glücklich, wie es war, im Freien aufzuwachsen, im Wald zu spielen, die immer gleiche Runde mit dem Fahrrad zu drehen, Dorfstraße, Wald, Sumpf, Landstraße, dann wieder von vorn, bis die Sonne unterging, die heiße Luft in den Lungen sich abkühlte. Wieviel mehr muss das dem bewegungsverrückten Kind Claudia gegeben haben. In der Bungalowanlage wohnen noch mehr Kinder, auch ältere, die eine Kindergang bilden; gegenüber Meike, beste Freundin, auch sie bald groß und schlaksig wie Claudia, später auf dem Gymnasium werden sie zusammen in der Basketballmannschaft spielen. Nach dem ersten Jahr der Grundschule, 1970, bescheinigt die Klassenlehrerin Claudia im Zeugnis, ein „wohlerzogenes, verträgliches Kind" zu sein, „das sich gut in die Schularbeit hineingefunden hat. Sie nimmt rege und verständig am Unterricht teil und bemüht sich um gute Leistungen. Sie arbeitet zuverlässig und gewissenhaft, hält gute Ordnung und erfreut durch eine vorbildliche Heftführung. Das Betragen war einwandfrei." Unterschrieben ist dieses wie alle Zeugnisse in der schwungvollen, nicht sehr ausgeschriebenen Schrift der Mutter. Im nächsten Jahreszeugnis geht die Rede von einem ruhigen, ausgeglichenen, aber schüchternen Kind. In „Leibesübungen“, so heißt das damals allen Ernstes, hat sie überraschenderweise eine Zwei. Sie ist generell eine Zweier-, oft auch Einserschülerin, in Hauptfächern erscheint nie eine Drei. Am 31. Januar 1973 schreibt die Klassenlehrerin über sie: „Claudias ausgeglichenes, höfliches, gleichzeitig zurückhaltendes Wesen wurde auch von der Gemeinschaft in einem Maße geschätzt, daß auf sie die Wahl zur Klassensprecherin fiel.“ Sie ist beliebt bei ihren Mitschülern, sie hat diesen Gerechtigkeitssinn, mit dem sie auch die kleinen Brüder verteidigt. Die Kindheit über bleiben sie und die Brüder in tiefem Schweigen über alles verbunden, was Eltern normalerweise als „Dummheiten“ bezeichnen. Sportliche Kinder, die im Sportunterricht und auch sonst bei Ballspielen alle gern in ihrer Mannschaft haben wollen, sind beliebt. Was für ein Glück. Trotzdem fühlt Claudia sich „ein bisschen draußen“. Und als ob das auf ihrer Entscheidung beruht hätte, gibt sie sich die Verantwortung dafür, sucht den Grund in ihrer Haltung. „Es musste für alle gerecht sein. Deshalb war es auch gut, dass ich Klassensprecherin war.“ Zu einer Freundinnenclique gehört sie zwar, aber nie ganz. Das Tratschen, das mit dazugehört, dieses Sich-Verbünden gegen die anderen, gegen die außerhalb der Clique, findet sie nicht gut. Sie hat lieber Kontakt zu allen, mag nicht das Gefühl, „dass es welche gibt, mit denen ich nicht sprechen kann. Der Klassenverband war auch mein soziales Umfeld."

Der Alltag: Zuerst steht der Lebensgefährte der Mutter auf, Stipe, der Mann, mit dem die Mutter seit 1972 eine Beziehung hat. Nach Wolf, dem Juristen und Notar, lebt sie nun mit Stipe zusammen, einem ungelernten Arbeiter bei Siemens, der als „Gastarbeiter" aus Kroatien kam. Claudia erwähnt, dass sie mit ihm Deutsch geübt hat. Stipe muss um sieben Uhr morgens an seinem Arbeitsplatz in Siemensstadt stehen. Wenn die Kinder aufstehen, ist er bereits weg. Die Mutter ist wach. Frühstück. Morgenmagazin vom SFB, dem Sender Freies Berlin, der in ganz Berlin gehört wurde. Schule. Wenn sie zurückkommt, wird gegessen, dann bis drei wird streng Mittagsruhe gehalten. Auch Stipe, der um Viertel vor vier von der Arbeit kommt, legt sich hin. In dieser Zeit macht Claudia Hausaufgaben. Die verbleibenden Freiräume des Tagesablaufs füllt sie mit Bewegung. Abends wird ferngesehen. Dann die Nacht, eine eigene Welt.

In jeder Woche gibt es diese Tage, an denen Claudia morgens einfällt, dass heute auf Deutsch in der ersten, Mathe in der zweiten und so weiter, dass also irgendwann die fünfte Stunde kommt, in der sie Sport haben. Tage mit Sport sind bessere Tage als Tage ohne. Der Sportunterricht, wie Claudia ihn beschreibt, ist mir fremd, viel weniger formalisiert und ritualisiert, viel weniger militärisch durchorganisiert als der Sportunterricht, den ich in der DDR erlebte. Die SchülerInnen treten nicht an, es gibt kein „Sport frei!“ beim Beginn des Unterrichts, Claudia kennt diesen Gruß nicht einmal, übrigens niemand mit Westkindheit, den ich frage. Stattdessen kommen die Kinder herein, und es geht los. Vielleicht haben sie sich warm gespielt, an eine gezielte Erwärmung, die auch so genannt wurde, erinnert Claudia sich nicht. Aber sie war ja ohnehin immer in Bewegung, das Wort „natürlicher Bewegungsdrang“ wurde eigens für sie erfunden. Fünfte Stunde Sport: toll! Das einzige, was sie dabei stören kann, ist die Lustlosigkeit mancher anderen Kinder. In ihrer Wahrnehmung haben sie immer am Rand gesessen oder „alle Jubeljahre“ beim Volleyball mitgespielt; sie mochte es nicht, wie sie sich wegduckten, wenn ein Ball kam. Sie verstand auch nicht, warum mit manchen kein Spiel zustande kam. Denn sie selbst spielte ja immer so gern. Eine Doppelstunde pro Woche in der Grundschule, später zwei Stunden, aber, was ihr zu wenig war, in zwei Einheiten von je 45 Minuten, im Sommer, immerhin, im Freien, dann also Leichtathletik. Immer gibt es eine große und eine kleine Sporthalle, einen Sportplatz und ein Fußballfeld. Das teilen sie mit den Jungen. Koedukativ ist der Sportunterricht nur in der Grundschule. Dafür werden die Fächer getrennt, die handwerkliche Fähigkeiten vermitteln. Jungen dürfen werken, Mädchen müssen handarbeiten. Im Nachhinein spürt Claudia ein Bedauern, dass sie die „Nadelarbeit“ damals nicht erlernt hat, es schon aus Protest vermied. Sie wollte lieber werken. Hat das mit „männlich“ oder „weiblich“ zu tun? Das bleibt unklar, klar ist, dass das Werken intensivere, großräumigere Bewegungen erfordert und erlaubt als das kleinteilige, geduldig langsame Handarbeiten. Im Winterhalbjahr wird im Sportunterricht einmal pro Woche in der großen Halle gespielt, einmal in der kleinen Halle geturnt. „Geräteturnen fand ich lästig.“ Eine „wahnsinnige“ Sprungkraft habe sie nie gehabt, trotz aller Übung im Basketball, und deshalb habe sie auch Geräteturnen nicht gemocht, in „vollem Galopp auf so einen Kasten zurennen und dann drüber und möglichst noch längs durchhocken… Ich war fantasiebegabt und konnte mir vorstellen, wie meine Füße sich am Kasten festhaken.“ Dabei konnte sie das sogar, sie konnte längs über den Kasten weghocken. „Aber das war Mühe.“ Alles andere nämlich ist mühelos, sie hat keine Angst vor Bewegungen, sie spürt, welche Bewegung richtig, geeignet ist, welche eben nicht. Das ist natürlich nicht die ganze Wahrheit. Sie spielte ja ständig Ball und gewann dabei

Körpererfahrung, sie schaute sie sich auch ab vom Vater und von anderen, den Jungen beim Fußball zum Beispiel. „Gelernt im Sport hab ich gar nicht so viel, uns wurde im Sportunterricht wenig beigebracht." Wir erinnern uns gemeinsam an Mitschülerinnen, die ihr Geschick auf dem Balken oder am Stufenbarren auf geheimnisvolle Weise erworben hatten. Sie konnten das, ehe der Unterricht begann, und jedenfalls wurden die Einzelbewegungen nicht gelehrt, sondern ein Mädchen, das sie bereits – woher? – beherrschte, zeigte es uns anderen. Radschlagen übten wir am Nachmittag, irgendwann konnten es alle. Die Rolle brachten wir aus dem Kindergarten mit, der Lehrer zeigte allenfalls, wie man da reinsprang, vorgemacht hätte er es nie. Claudia war so ein Mädchen, das anderen vormachte, wie es ging. Und dann üben, üben, üben. Eine der wenigen Sportarten, die Claudia von Anfang an und mit ihrer Technik gezeigt und erklärt bekommt, ist Hochsprung. Claudia erinnert sich auch an ein sportliches Vorbild, Ulrike Meyfarth, die Hochspringerin. 1972 gewann sie in München die goldene Olympiamedaille. Die alten Aufnahmen mit Sprüngen der damals 16jährigen Ulrike Meyfarth zeigen eine junge Frau, die sich mit müheloser Eleganz bewegt. In den Bewegungen der heutigen Claudia sehe ich diese Eleganz, sogar an Tagen, an denen sie Schmerzen hat. Eine Eleganz, die nichts mit Aufmachung oder Outfit zu tun hat, einfach eine Gabe.

Eine Gabe ist auch, wie Claudia mit Bällen umgeht. Sie holt aus, sie hat keine Wurfhemmung. Ball spielt sie immer, immer, immer, mit allen, mit dem Vater, mit andern Kindern, allein. Sie versteht es, jeden Ball auf einem Niveau zu handhaben, dass sie das Spiel intuitiv beherrscht, sie kann werfen, sie kann fangen, sie spielt Handball im Verein und Basketball auf dem Gymnasium. „Ich bin durch jedes Ballspiel in der Schule gekommen, ich hab kein Völkerballtrauma, ich hatte keine Angst, ob mich jetzt ein Ball trifft oder nicht, das hat mich vielleicht geärgert, aber ich hatte keine Angst, abgeschossen zu werden, ich fand das auch toll, andere abzuschießen, ich hab erst später verstanden, dass manche das richtig schlimm finden, abgeschossen zu werden.“ Bei Spielen im Sportunterricht muss sie oft wählen, müssen sagt sie, nicht dürfen. Angst, nicht oder zuletzt gewählt zu werden, kennt sie nicht, diese demütigende Erfahrung hat sie nicht gemacht, „alle wollten gern mit mir im Team sein. Es war total klar, dass ich gut darin bin.“ Das ist normal, dieser Erfolg, da macht sie sich nicht viel draus. Bei den Bundesjugendspielen und Wettbewerben sammelt sie ab, so nämlich: Ab einer Mindestpunktzahl erhält man eine „Siegerurkunde“, für mehr Punkte gibt es eine „Ehrenurkunde“. Wer die nötige Punktzahl nicht erreicht, erhält eine Teilnahmeurkunde. „Die Kriterien, damit du eine Siegerurkunde bekamst, waren affig. Das war eher so: ‚Was, keine Ehrenurkunde?‘ Auch die Kriterien dafür waren nicht hart. Wenn du so schlecht warst, dass du nicht mal ne Siegerurkunde hattest, hattest du in Sport eh eine Fünf.“ Sie erzählt das ziemlich unbekümmert. Dabei erzählt sie auch, dass viele eine Fünf gehabt hätten. „Diejenigen, für die Sport schwierig war, haben es eh immer geschafft, sich ein Attest zu beschaffen.“ Ich hatte eine Drei. Sie winkt ab, die hatten doch viele.

Schwimmunterricht in einem Schwimmbad in der Clayallee, dort macht sie den Jugendschwimmer. Wettkämpfe gab es auch, „Jugend trainiert für Olympia“, als sie auf das Gymnasium geht. Sie trainiert im Basketballteam ihres Gymnasiums, genau wie Meike, die Nachbarin, und sie sind „richtig gut“, das beste Team von Berlin. Die Leichtathletinnen ihrer Schule, zu denen sie auch gehörte, erreichten einmal den dritten Platz bundesweit, ungewöhnlich für Berlin. Denn West-Berlin war ein kleines Land, ein De-Facto-Bundesland mit lediglich zwei Millionen Einwohnern, so wenig wie im Saarland. Gegen bevölkerungsreiche Flächenländer anzukommen, Nordrhein-Westfalen zum Beispiel, wo es so viel mehr Auswahl gibt, war schwierig. SportlerInnen, die sich in den Landesausscheidungen von „Jugend trainiert für Olympia“ durchsetzten, gelang anschließend oft eine Karriere im Sport. „Wir hatten auch ein Team, in dem die meisten schon Vereinssport gemacht hatten, deshalb sind wir weit gekommen. Das war ohnehin so, Schulsport und Vereinssport: Wenn du was wolltest, musstest du in einen Verein gehen. Der Schulsport war nicht richtig gut.“ Eine spezifische Förderung für die unterschiedlichen Kinder habe kaum stattgefunden. Die ohnehin Sportbegabten wurden gefördert, die weniger Begabten blieben zurück, ausgerechnet im Sport, der so wichtig ist. Sie beschreibt das so: „Wenn du Volleyball spielen willst, brauchst du zwölf, die miteinander spielen, und die sollten auch alle zwölf ein bisschen Interesse daran haben. Wenn fünf kein Interesse haben, kommt schon kein richtiges Spiel zustande.“ In der Oberstufe? Übten da nicht die Mädchen aus zwei Klassen zusammen? Ja, aber: „Wenn es auch 30 Mädchen waren, kamen grad mal achtzehn zusammen, die nicht menstruierten.“ Täglich Sport, das wäre schön gewesen. Aber es gibt auch AGs, im Gymnasium spielt Claudia Volleyball und Basketball. Handball spielt sie im Verein, vom 10. bis zum 13. Lebensjahr, sie gibt ihn auf, als sie in eine Jugendklasse aufsteigen muss, weil dort zu brutal trainiert wird.

Wenn es um Sport geht, kann Claudia auch gut von ihrer Mutter sprechen. Denn diese Frau, die niemals das Haus verließ, schon gar nicht zu Fuß, die ihren Haushalt manisch ordentlich hielt, aber alle Einkäufe von Claudia oder dem Lebensgefährten erledigen ließ, hatte selbst einmal Handball gespielt. Fotos zeigen sie als eine Frau, der man Sportlichkeit zutraut. Und weil sie selbst sportbegeistert gewesen war, machte sie keine Unterschiede zwischen den Kindern. Sie bestärkte die Tochter darin, und auch „undamenhafte Sportarten“, wie Claudia das nennt, Fußball zum Beispiel, kamen in Frage.

Das ist also dieses Mädchen, sie geht mit ihrem kurzen praktischen Haarschnitt und einem Ball unterm Arm über die Straße. „Na Kleiner?“ – „Bin ein Mädchen.“ Sie liebt Sportarten, die als undamenhaft gelten, aber nicht deshalb liebt sie sie. Sie hasst es, für einen Jungen gehalten zu werden, auch wenn sie Samtkleid und Lackschuhe, die sie an Festtagen ausnahmsweise anziehen muss, schnellstmöglich gegen bewegungsfreundliche Kleidung tauscht. Für dekorative Angelegenheiten hat sie kein Faible, nie gehabt, nie entwickelt. Ein

Faible hat sie für Bewegung. Bewegung ist Rausch. „Das war nicht besonders“, fängt sie an, setzt aber fort: „Das war nicht…, ja, doch, ich erinnere mich an so Sachen: Schnell mit dem Fahrrad, das war ein Rausch. Bälle, mit Bällen hantieren, das war einfach großer Spaß. Wohin jetzt spielen? Diesen Ball in diesen Korb, den jetzt irgendwie tippen… Oder ne Körpertäuschung, das ist Freude. Zack, links andeuten und schnell rechts vorbeigehen, das ist einfach…, das war so eine spielerische Freude. Und weit springen. Ich hab Kugelstoßen und Werfen auch gemacht. Und wenn dann dieses Ding, diese Kugel oder der Ball, dann richtig rauskam und richtig weit flog…“ Sie fühlt es ja, wie die Kugel die Hand verlässt, und dabei weiß sie schon, ob es gut war oder nicht. Wurfgeräte findet sie toll, weil der Körper, weil auch alle Körperteile, die nicht werfen, sich organisieren müssen, bis hin zu den Füßen. Und weil dieses Organisieren sich auch in das Wurfgerät übertragen muss, weil das alles eins wird, ehe das Gerät sich löst und allein fliegt. Träumerisch sagt sie: „Und beim Diskus ist das noch abgefahrener, mit einer Drehung verbunden, und dann muss der Diskus auch noch über den kleinen Finger“, sie zeigt es, „der fliegt hier entlang raus, das ist dann schön. Dabei kann so viel schief gehen, der kann auch seitlich weg, flupp. Ein Diskus. Das ist total schwierig.“ Sie ist begeistert. „Ich konnte das nie wirklich gut. Aber ich hab angefangen, und es gab ein paar Würfe, die nicht ganz schlecht waren.“ Das freut sie ungemein, wie die Kraft in etwas hineingeht, in etwas Externes, das eigentlich nicht zum Körper gehört, und dass sie es schafft, dieses externe Ding so gut auf den Weg zu bringen. Darin liegt ein Gelingen über den Wurf hinaus, und es beinhaltet in diesem Augenblick das Leben, „so ein Gesamtgelingen irgendwie.“ Das bringt sie zum Strahlen. Sie fühlen sich gut an, Einzelbewegungen, die zueinander passen und sich noch in ein körperfremdes Ding übertragen. „Das ist irre, schick, gute Würfe sind toll.“ Sie erzählt es so, dass man ihren Rausch fühlt und das Glück, ihn erzeugen zu können.

Ist sie eine Naturbewegerin? Sie stutzt, versteht, bejaht: „Von Natur aus. Ich hatte gleichzeitig immer eine Sperre, wenn das Training ernst wurde. Ich bin aus jeder Ballsportart ausgestiegen in dem Moment, in dem es darum ging, richtig gut zu werden. Denn das Training, das du brauchst, um in Ballsportarten richtig gut zu werden, ist schablonenhaft. Dabei werden nur noch Spielzüge geübt. Das machen Fußballer, damit sie Weltklasse werden, Handballer, Basketballer, alle machen das so. Und das ist Routine, Schablone, Arbeit.“ Was Claudia an diesen Ballspielen liebt, ist dagegen, dass eine Spielsituation sich entwickelt, dass sie erkennt, da ist eine Spielerin frei, und die spiele ich an. Auf einem hohen Level des Trainings ergeben sich diese Situationen nicht mehr, alles ist geplant, das ist, was das Wort von den „Standardsituationen“ meint. Claudia, die Bewegerin, verliert dann die Freude, es interessiert sie nicht, zu wissen, was gespielt wird, und genau darum loszulaufen. Sie sucht die Überraschung, das intuitive Reagieren und die offene Frage, ob es gelingt. Ihre Beschreibung macht, dass ich, eine nicht sonderlich freudige Ballspielerin, die nicht intuitiv spielt, sondern bewusst schauen muss, wo der Ball ist, dass ich also verstehe, was am Ballspiel Spaß machen kann. Claudia antizipiert die Bewegung des Balls im Raum, sie tut es mit intuitivem Vorwissen. „Ich konnte eine beobachten, wo dreht sie sich hin, wen spielt sie an? Und dann versuchen, in den Weg reinzukommen. Aber richtig gute Teams müssen Spielzüge üben, jede hat eine bestimmte Position auf dem Spielfeld.“ Sie macht es vor, zeigt mit Händen und Füßen, wie ein Ball über mehrere Etappen von links außen nach rechts außen geleitet wird und wie viele Spielerinnen daran beteiligt sind. Das hat ihr nie gefallen, dass eine, die den Ball gerade nicht hatte, trotzdem nicht machen durfte, was sie wollte, um ihn zu kriegen. „Ich glaube, für Ballspielarten hatte ich nicht die Geduld. Ich bin zu anarchistisch. Unterordnung im Team, Spielzugtyrannei, das mochte ich nicht. Spiel sollte sich frei entfalten, spontan. Im Profibereich gibt es das nicht."

Ich als Kind wäre von ihr schön genervt gewesen im Sportunterricht. Obwohl auch ich den Rausch der Bewegung kannte, erlebte ich Sportunterricht als etwas, das diesen Rausch verhinderte. Ich dachte mich weg aus der Turnhalle. Claudias Erzählung gibt mir ein Gefühl dafür, dass es wohl hauptsächlich Schnelligkeit war, worum es ihr ging beim Sport. Oder doch Stärke und Kraft? „Ja und nein", sagt sie, sie ist ein Multitalent, sie weiß das, sie konnte fast alles. „Ich hatte keine wirkliche Schwäche, vielleicht ein bisschen eine Sprungkraftschwäche, aber ich hatte genug Sprungkraft. Ich war schnell, nicht im Vergleich zu denen, die wirklich schnell sind. Ich konnte springen, nur nicht gut im Vergleich mit richtigen Springerinnen. Ich hatte Ausdauer, aber eine 10.000-Meter-Läuferin war ich nicht. Und ich war antrittsstark, aber keine richtige Sprinterin." Doch es gab, es gibt nicht viele, die wie sie das alles in hohem Maß beherrschen. Das weiß sie auch. Was aber ist für so eine die ideale Sportart, und ich hoffe, dass Claudia nicht sagt: jede. Sie sagt es auch nicht. Sie sagt, dass Kickboxen „das alles sehr gut abruft" und dass es dazu Intelligenz verlangt. Freies Spielen eben.

Damit es keine Missverständnisse gibt: Eine Leserin war das Mädchen Claudia auch. Die musischen Fächer allerdings nennt sie „fast ein kleines Trauma“, umso schlimmer, als ihr Vater und Edith, die sich der Anthroposophie nahe fühlten, einen Hang dazu hatten. Wenn der Vater seinen Spruch sagte: „Das Tier müssen wir totschlagen“, meinte er auch, dass sportliche, physische Aktivitäten zu körperlich seien, nicht vergeistigt genug, aus anthroposophischer Sicht fast schon tiernah, fast teuflisch, jedenfalls nicht ganz menschlich. „Das Tier müssen wir totschlagen“, selbst liebevoll gemeint, ist ein brutaler Spruch. Claudia urteilt milde, das habe sie eben anstrengend gefunden bei ihrem Vater und bei Edith, fügt hinzu, es sei eben eine „ziemlich bescheuerte Ideologie“, in der Sport zu treiben bedeute, man sei ein eher ungeistiger, darum nicht so wertvoller Mensch. Sport betone eine tierische Ebene, nicht die menschliche, die als die wahre empfunden würde. Obwohl sie mit dem Vater „endlos“ Tischtennis und Fußball spielte, auch Fußball schaute im Fernsehen oder andere Sportübertragungen. Er mochte das, Edith fand es unmöglich, empfand auch ihn dann als ungeistig, nicht gelehrt genug. „Ich arbeite den ganzen Tag, ich will jetzt entspannen“, war ein Teil der väterlichen Reaktion, der andere bestand in Stolz auf die sportliche Tochter. Wenn das Gespräch auf Waldorfschulen kam, erstarrten Claudia und ihre Brüder zu Salzsäulen. Zum Glück muss der Vater seine Kinder nicht für waldorfgeeignet gehalten haben, auf eine anthroposophische Schule gehen mussten sie nicht.

Sport ist Sonntag und Alltag zugleich, und das ist Claudias Glück. Die meisten Lehrer waren autoritär, sie empfand deutlich, dass man etwas, sogar viel falsch machen konnte. Als Mädchen hatte sie Glück mit den Sportlehrerinnen, zu denen sie stets ein gutes Verhältnis fand, sie erinnert sich genau an eine junge in der Grundschule, davor eine ältere, die eine wunderbar, die andere nicht schlecht. Durch alle Jahre im Gymnasium begleitete sie eine Sportlehrerin. Sie meint den Unterricht, und doch gebraucht sie das Wort „begleitet" nicht zufällig. Sie weiß die Namen ihrer Sportlehrerinnen noch. Einmal, scheint durch, hätte sie sich beinahe einer anvertraut. Und jetzt ist es klar. Es ist genug geschwärmt. Sport macht die Kindheit erträglich. Das ist es. „Sport hat mich immer herausgebracht aus dieser spießigen Tristesse. Ich hab mich ganze Nachmittage rumgetrieben mit Jungs, bin zum Vereinstraining gegangen, mit meinen Brüdern draußen gewesen."

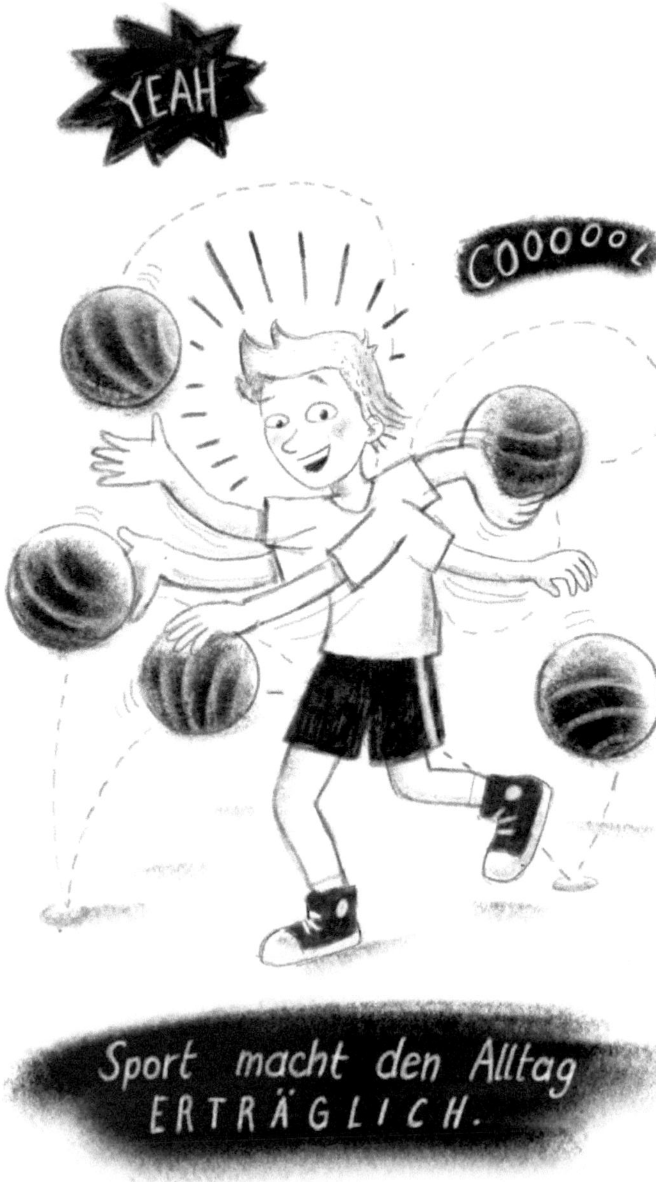
YEAH
COOOOOL
Sport macht den Alltag
ERTRÄGLICH.

Was bisher in der Beschreibung des häuslichen Alltags ausgespart ist: Es ist der Alltag in einer Familie mit Suchtproblemen. Beide Erwachsene, Marianne und Stipe, die im Bungalow leben mit den Kindern, trinken Alkohol im Übermaß. Und die heranwachsende Claudia übernimmt ein Übermaß an Verantwortung in dieser Familie: für die Mutter, für die kleineren Brüder. Claudia hilft - sich selbst zuletzt. Solche Kinder, die es oft in Familien mit Suchtproblemen gibt, oft die Ältesten, werden in der Fachliteratur gern „Heldenkinder" genannt. Verantwortung wird ihnen zugeschoben. Die Mutter schiebt Claudia zuletzt auch noch Verantwortung für ihren selbstgewählten Lebensgefährten zu, wie es fataler kaum geht und bitterer nicht zu sagen ist: Davon hat man etwas fürs Leben. Die dysfunktionale Familie ist ein Ort, an dem Konflikte, schädigendes Verhalten und wie oft auch hier Missbrauch an der Tagesordnung sind. Kinder, die an so einem Ort aufwachsen, verstehen die Familienstruktur oft und lange als „normal", weil sie es nicht anders kennen und annehmen, es sei in allen Familien so. Zugleich erfahren sie bald, dass es doch nicht in allen Familien so ist. Die beiden Gedanken schließen sich aus, der Ausweg, den der Verstand dann findet, ist, am schönen Schein anderer Familien zu zweifeln. Es muss doch auch dort ein Geheimnis geben.

Claudia also, ihre kleineren Brüder, ihre Mutter im Bungalow, der Lebensgefährte der Mutter, Schweißer bei Siemens. Ein Mann im Haus wird gebraucht, weil jemand da sein muss, der alles reparieren kann. Die Mutter meint es im Ernst. Sie ist penibel, die Wohnung ist immer sauber, immer ordentlich, aufgeräumt. Das kann Ordnungssinn sein oder Symptom des Alkoholismus. Schule, Mittagsschlaf, Hausaufgaben, Freizeit. Erschreckendes gehört auch zum Tagesablauf, es ereignet sich nachts. Beide Erwachsene trinken. Furchtbarer Streit, Schreierei, die in einem einzeln stehenden Haus eskaliert. Claudia schleicht sich aus ihrem Zimmer, um zu schauen, was los ist. Im Flur unbeweglich stehen, die kleinen Brüder hinter sich. Schauen, ob sie einander diesmal umbringen. Sich anschleichen, wieder fortschleichen. Auf Geräusche lauschen, in die trügerische Stille der Nacht hinein. Angst. Angst ist ein Thema, Angst trennt von den anderen, Angst verbindet die Geschwister.

Ich lese bei Monika Rennert in einem Aufsatz über „Mitgefühl und Ohnmacht“, dass Angehörige von Suchtkranken „vielen verwirrenden, verletzenden und Angst auslösenden Situationen ausgesetzt“ sind. Suchtkranke, lese ich weiter, seien während der Sucht möglicherweise andere Menschen, als sie es

„in trockenem Zustand“ wären. Doch wie Claudias Kindheit verlaufen wäre, wären die Erwachsenen in dem kleinen Bungalow „trocken“ geblieben, bleibt dunkel. Unausgeschlafen sein am Morgen, miterleben, wie Stipe auszieht, nach einem Streit wieder in seine Wohnung geht, wie er wieder einzieht. Die Mutter, die das Haus nie verlässt, die Eifersucht des Mannes. Kommt ein Waschmaschinenmonteur oder sonst wer, um etwas zu reparieren im Haus, muss es vor Stipe verheimlicht werden, weil die Mutter sich in seiner Phantasie sexuellen Ausschweifungen mit Handwerkern hingibt. Claudia ist verantwortlich, dass Stipe nichts erfährt, nicht etwa von derlei Vorfällen, weil es die nicht gab, sondern er darf nicht erfahren, dass überhaupt ein Handwerker im Haus war. Und schließlich bekommt sie von ihrer Mutter auch die „Verantwortung“ für die sexuelle Zufriedenheit des eifersüchtigen Lebensgefährten zugeschoben. Denn es ist undenkbar, dass die Mutter von dem Missbrauch ihres ältesten Kindes nichts mitbekommen hat. Das Haus so hellhörig, die Mutter weiß alles, hört alles. Nur nicht, dass der Lebensgefährte nachts in Claudias Zimmer schleicht und sich wieder zurückschleicht zu ihr? Das will sie nie mitbekommen haben.

Claudia ist so ein liebes Mädchen. Claudia ist so verunsichert. Sie fährt zur Bibliothek, oft, sie hat schon als junges Kind einen Bibliotheksausweis. Die Bibliothek befindet sich in Zehlendorf Mitte, hinzukommen ist nicht leicht. Ein Bus fährt hin, acht Stationen, Viertelstunde. „Aber mir hat nie jemand gezeigt, wie ich Bus fahre und wie ich mich orientiere. Das war ein Problem, dass ich immer Angst hatte, dass ich vorbeifahre und mich nicht zurechtfinde. Und Angst, dass ich zu früh drücke, dass er an der Station hält, wo ich gar nicht aussteigen will, dass ich aber aussteigen muss, denn ich hab schließlich gedrückt. Oder dass ich zu weit fahre. Oder dass ich gar nicht erkenne, wo ich drücken muss. Ich hatte einen irren Stress dabei und immer Angst. Es war nicht vorstellbar, dass ich gedrückt hab und dann sage: Entschuldigung, ich muss doch erst nächste raus. Ich hatte oft das Gefühl, wenn ich einen Fehler gemacht habe, gibt es keine Möglichkeit, den wieder zu korrigieren."

War Claudia ein liebes Kind? Solange niemand ihre Grenze überschritt, sagt sie, deren Grenze dauernd überschritten wurde. „Ich war lieb. Aber wenn ich wütend war, war ich wütend. Als Stipe mit dem Luftdruckgewehr ein Kaninchen im Garten abgeschossen hat, war ich wütend. Dann hat er dem das Fell abgezogen und es gebraten, und ich hab davon gegessen, weil ich nicht widerstehen konnte. Er hat mir das Fell geschenkt, das er abgeschabt hatte, und ich hab das Fell geliebt, das so weich war. Eine Woche später hat meine Mutter es in den Müll getan. Ich hab es aus der Tonne geholt und hab gebrüllt." Ihre Mutter fand, es stinke. Das Mädchen fand das nicht. „Dann war ich nicht mehr lieb. Obwohl ich ihn dafür hasse, dass er es tötet. Ich gehe erst auf ihn los, aber wenn er es häutet und brät, esse ich es halt doch. Ich konnte nicht aus dem Kontakt gehen und mich entziehen. Ich war schnell wieder dabei, er konnte mich leicht zurückholen."

Sie gibt sich die Schuld. Sie macht sich Vorwürfe. Sie ist verletzt. Sie ist oft krank, hat alle Kinderkrankheiten, verletzt sich häufig, am Sprunggelenk vor allem. Wenn das kein Bild ist.

Kapitel Drei. Den Körper suchen

Der einzige große Konflikt war, dass ich immer das Gefühl hatte, ich bin kein richtiges Mädchen.

„Als Kind habe ich meinen Körper selbstverständlich bewohnt. Ich war eins mit meinem Körper.“ Claudia, als Kind, ist gern Mädchen. Nicht jede ist wie Claudia. Sie ist groß, kraftvoll, auf so mannigfaltige Art interessiert und begabt, auch körperlich begabt für vieles. Sie denkt: „Im Sport finde ich meinen Raum.“

Dafür wird sie bewundert und auch abgewertet. Wenn ihr Vater sie „das Tier“ nennt, geschieht das nur halb im Scherz. Auch andere bezeichnen sie so. Das Mädchen empfindet, dass das damit zu tun hat, wie sie sich bewegt, mit ihrer Art überhaupt. „Für die anderen war ich exotisch. Und ich habe mich nicht interessiert, wofür andere sich interessiert haben, für Bravo und so.“ Die „Bravo“ zu lesen gehörte für Schülerinnen in den 1970er Jahren einfach dazu, vielleicht so, wie heute dazugehört, über Whatsapp mit den anderen Schülerinnen verbunden zu sein. Claudia aber las „Mad“. Das war eine zunächst US-amerikanische Zeitschrift, die seit 1967 auch in deutscher Ausgabe erschien und von gezeichneten Satiren, beispielsweise auf populäre Filme, lebte. Alfred E. Neumann, die Comicfigur mit den abstehenden Ohren, auf dem Umschlag kannten alle, und wer heute die Invektive „ächz“ oder „würg“ benutzt, greift damit letztlich auf einen Sprachgebrauch zurück, der durch „Mad“ populär wurde. „Mad“ wurde hauptsächlich von Jungen und männlichen Jugendlichen gelesen, Mädchen wurden eher von „Bravo“ erreicht, und, wie Claudia es beschreibt: „Nur Mad zu lesen, ohne Bravo, das ging für Mädchen nicht.“ Damit machte sie sich fremd von den anderen Mädchen. Allerdings waren die ihr auch oft fremd in ihrer Fixierung auf Jungs, in ihrem „Kicher-kicher, Tänzel-tänzel, wie toll der ist und der.“ Claudia begegnete Jungen beim Fußballspielen. Sobald unter den Mädchen geflirtet wurde und gekichert, war sie raus: „Weil ich aussehe, wie ich aussehe, und mich verhalte, wie ich mich verhalte.“ Sie spricht distanziert darüber, lacht, beinahe scheint es, als wären dadurch keine großen Konflikte entstanden, nur einer, der entscheidende. „Der einzige große Konflikt dabei war, dass ich immer das Gefühl

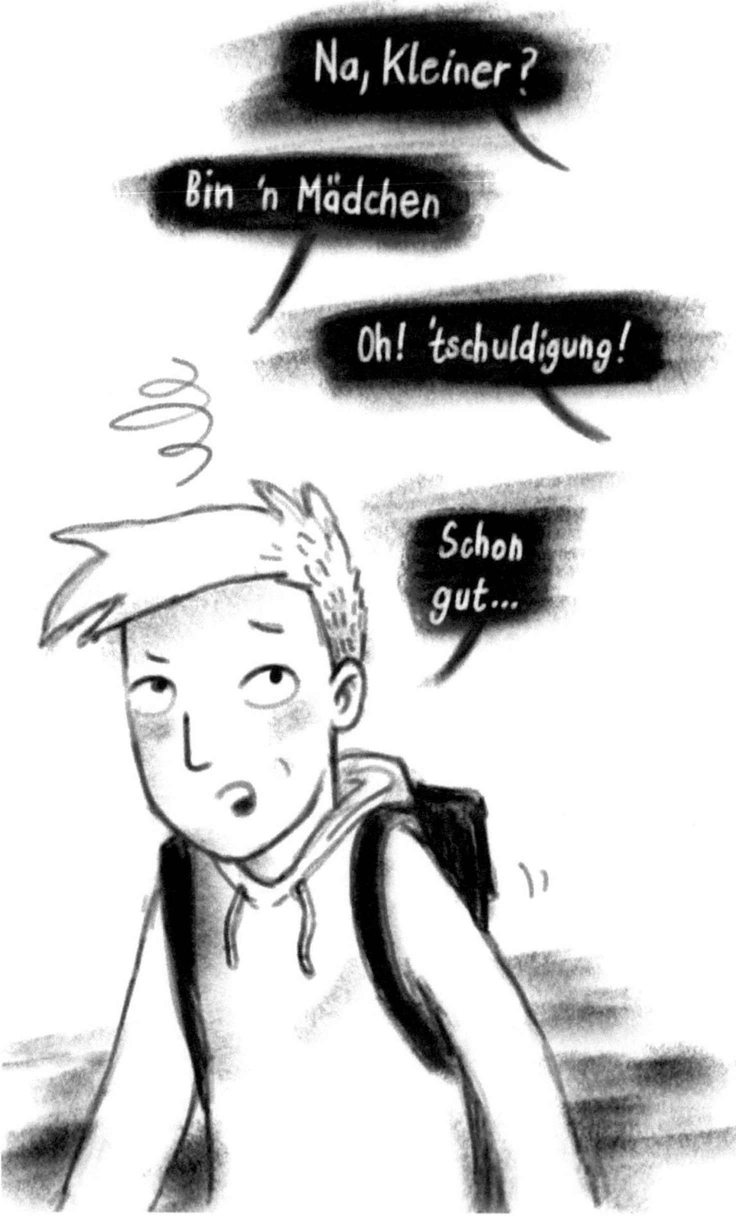
Na, Kleiner?
Bin 'n Mädchen
Oh! 'tschuldigung!
Schon gut...

hatte, kein richtiges Mädchen zu sein." Und er entstand durch Regeln, die definierten, wie eine zu sein hatte, als Mädchen, als Frau „richtig" zu sein.

An dieser Stelle kann jede in der eigenen Erinnerung graben, wie sie lernte, dass sie ein Ich war, vor allem: ein Mädchen. Gräbt Claudia nach solchen Erinnerungen, findet sie den Weg nicht mehr, wie sie vom ersten bewusst ausgesprochenen „Ich" zu dem Bewusstsein kam, ein Mädchen zu sein. In ihrer bewussten Erinnerung ist sie schon immer ein Mädchen, sie datiert den Gedanken, dass sie ein Mädchen ist, auf die Zeit, in der sie sieben oder acht Jahre alt war. Davor fehlt jede kontinuierliche Erinnerung. Andere, das weiß sie sicher, hielten sie oft und in jeder Altersstufe für einen Jungen, immer, immer, immer. Hielt man sie ihrer kurzen Haare wegen für einen Jungen? Unsicherheit. „Ende der Sixties musste alles praktisch sein", sagt sie, „war doch bestimmt in der DDR auch so, ein Zeitgeist in allen Deutschlands. Kurze Haare waren praktisch. Mir war es recht. Ich fand es auch praktisch." Tatsächlich, auch ich hatte kurze Haare, Ende der Sechziger, aber mir war egal, dass das praktisch sein sollte, ich beneidete die Mädchen, die sich die Haare wachsen lassen durften. Claudia und ich erinnern uns gemeinsam, dass die

Kinderkleidung damals schlichter war, einfach zugeschnitten, in kräftigen, leuchtenden Farben. Pink? Fehlanzeige, von Pinkifikation keine Spur. Das verklärt eine Kindheit dieser Jahre keineswegs, in der die Erziehung auf andere und ebenfalls sehr wirksame Art geschlechtsspezifisch war, auf sehr wirksame Art sexistisch, stark auf die Ausprägung einer bestimmten, nicht selbstbestimmten sexuellen Identität und Orientierung gerichtet. Man kann das Zwangsheterosexualität nennen.

Mädchen zu sein, bedeutet, Frau zu werden. Für Claudia bedeutete es: Frau werden zu müssen. „Ich wollte keine Frau sein, das fand ich eklig.“ Sie sagt es vierzig Jahre danach vollkommen überzeugend. Zunächst erschien ihr schlecht am Frausein, dass ihr die Mutter darin ein Vorbild sein sollte, dann auch, dass die Mutter es war, die sie zu einer Frau machen wollte: „Es ging ihr darum, dass ich Brüste kriege. Und ich hab wirklich angefangen, Brüste zu kriegen. Ich hoffte, sie bleiben klein. Sie blieben klein. Meine Mutter fand trotzdem, dass es sich gehört, als Frau einen BH anzuziehen.“ Tagelang muss sie ihn anziehen, dann ist es plötzlich gut damit. Sie zieht ihn nicht mehr an, es wird nicht mehr darüber gesprochen.

Frau zu werden, verband die Heranwachsende in erster Linie damit, werden zu müssen wie die Mutter. „Ich habe sie ja verachtet mit dem Gesaufe und Hausfrausein." Als eine Großtante ihr erzählt, dass auch sie eines Tages heiraten und Kinder bekommen würde, antwortet Claudia, das würde niemals geschehen, sie würde nie heiraten, nie Kinder bekommen. Schließlich hatte ihr die eigene Mutter in den Ohren gelegen damit: „Nur wegen euch Kindern ist mein Leben verpfuscht." Deshalb fand das Mädchen Kinderkriegen „das Allerletzte, auch Eltern zu sein schlimm." Sie fand es schrecklich, als ein Kind zu leben, darum beschloss sie, „dass ich mich nicht daran beteiligen werde, dass irgendwelche Wesen von mir abhängig sind." Keinesfalls wollte sie in die Position ihrer Mutter rutschen. Und auch die Beziehung von Mann und Frau wurde ihr so sehr dramatisch vorgelebt, dass sie bis heute damit ihre Ablehnung der Ehe begründet – auch wenn der Vater und Edith ihre Beziehung anders lebten, liebevoll, auch wenn vieles zwischen ihnen auf eine unkonventionelle PartnerInnenschaft schließen ließ: „Es war kein Modell, das mir das Gefühl gab, ich möchte mich dem anschließen." Wie der Vater und Edith leben, wird nie so real für Claudia, dass sie es als Alternative zur Beziehungsform der Mutter begreifen kann. Und wie die

Mutter ihre Beziehung lebt, erst mit Wolf, dann mit Stipe, ist nichts, was Claudia nachleben möchte.

Was Claudias Mutter vorlebt, ist eine selbstgewählte Passivität, mit der sie lästige Aufgaben auf die Tochter abwälzt, alles, was ihr zuviel ist. Sie sei ihr „Kummerjaulkasten" gewesen, Ziel der mütterlichen Depression, der mütterlichen Unzufriedenheit, berichtet Claudia. „Sie stand in der Küche, rührte im Kochtopf und klagte mir ihr Leid. Immer nur Haushalt und Kinder, das ist doof. Sie will nicht immer unseren Dreck wegmachen. Sie ist so unzufrieden, so unglücklich." Auch nur aus dem Haus zu gehen, ist für die Mutter schwierig. Das Auto ist wichtig, der Führerschein ist wichtig, doch sie geht nicht aus dem Haus, nicht zuletzt aus Angst, sie könnte den Führerschein verlieren. „Sie hatte wohl das Gefühl, alles, was sie nicht kennt, nicht bewältigen zu können. Sie war manisch ordentlich. Darin war sie eine Tyrannin. Sie hatte alles unter Kontrolle. Brüllende Streits, ob ich in meinem Zimmer Sachen auf dem Boden haben darf oder nicht. Ich brüllte auch. Sie haben gebrüllt, ich habe gebrüllt. Es war sehr laut bei uns." Und auch das sei im Haus ihrer Mutter üblich gewesen: Eben noch prügelte man sich fast, dann ging es ins Bett.

Immer neu beklagt die Mutter sich bei ihrer Tochter, auch über Stipe. Claudia hört zu, versucht zu trösten, Alternativen zu finden, sie der Mutter zu unterbreiten. „Schmeiß ihn raus!“ Doch zuweilen mag sie ihn ja selbst. Kehrt er nach einer der wiederholten, stets vorübergehenden Trennungen zurück, ist es eine Zeitlang auch schön. Er wenigstens ist nicht depressiv, sondern pfeift, hat ein sonniges Gemüt, ist geschickt. Er lässt das Mädchen mit seinem Luftdruckgewehr schießen. Neben ihm erscheinen die Klagen der Mutter wie eine gleichbleibende Litanei, die das Ziel hat, dass Aufgaben, die die Mutter nicht erfüllen will, von der Tochter übernommen werden. Beispielsweise wenn es um zusätzliche Kosten geht, die die Mutter nicht aus dem Unterhalt bezahlen kann. Claudia muss sie von ihrem Vater erbitten, den heiligen Vatertag damit verbittern, dass sie im Auftrag der Mutter die Heizungsrechnung präsentiert. Die mütterliche Schwäche kann eine Stärke sein, nur nicht, wenn es um das Wohl der Kinder geht. „Sie hat alle eingespannt und führte ein ziemlich erfolgreiches Regiment. Unglücklich war sie trotzdem.“ Stets definiert die Mutter sich über Männer, den Ehepartner, den Lebensgefährten, stets verhindert der Alkohol, dass sie ein eigenes Bild entwickelt, wie sie sein will. Das Bild, dem sie entspricht, vermittelt, „dass Frauen im Wesentlichen dafür da sind, Männern zu gefallen und das zu tun, was Männer gut und richtig finden. Das fand ich schlimm." Depression, Abhängigkeit, vom Alkohol, von Männern. Das ist alles krank, sicher, Alkoholismus ist eine Krankheit, und eines der Symptome ist, dass Erwachsene ihre Kinder benutzen: Die Mutter weint sich bei ihrer halbwüchsigen Tochter aus, dann geht sie, die Mutter, an den Schrank, nimmt Tabletten, trinkt zwei Kognak darüber, und alles ist gut, alles vergessen. Es dauert lange, bis die Tochter versteht, „dass ich nichts für sie tun kann."

Sie ist ein Mädchen, das keine Frau werden will, und dafür gibt es keine biologischen Gründe, es ist nichts von Geburt her, nichts Äußerliches, da gibt es keinen Drang, in einem anderen Geschlecht zu leben, einem anderen Sex oder Gender. Die Gründe, warum dieses Mädchen lieber nicht Frau werden will, sind sozial, auch politisch: „Frau sein, klasse, heiraten, Kinder kriegen, grandios! Wozu hat man ein Hirn? Ich dachte, das will ich nicht: saufen, mich mit Antidepressiva vollknallen. ‚Du bist jetzt Frau', hieß für mich: ‚Du hast zur Verfügung zu stehen'." Das ist nicht metaphorisch gemeint. Ausgesprochen wird es - selbstverständlich - nie, dass die Mutter duldet, dass ihr Lebensgefährte nachts in das Zimmer der Tochter geht. Ihr Schweigen vermittelt, dass sie einverstanden ist.

Ein Mädchen, das sexualisierte Gewalt erlebt, muss bis zu sieben Erwachsene ansprechen, heißt es oft, ehe eine versteht und hilft. Viele machen deshalb die Erfahrung, dass niemand hilft. Einmal fragt eine Sportlehrerin im Gymnasium Claudia, was mit ihr los sei, eigentlich, doch Claudia kann diese Chance nicht nutzen. „Alles in Ordnung.“ Sie fürchtet, wenn sie erzähle, hätte sie das Erzählte nicht mehr in der Hand. Sie vertraut nicht, sie traut den Menschen um sie herum nicht zu, „mit meinen Äußerungen irgendetwas zu machen, was in meinem Interesse sein könnte. Ich wusste das. Im Rückblick denke ich, das waren ziemlich präzise Einschätzungen. Ich hätte nicht über meinen Schatten springen können, es war mein Job, die Familie zusammenzuhalten. Am Schnittpunkt von zwei Familien standen meine Brüder und ich. Aber ich war die Älteste.“

Nicht vor den Übergriffen eines Erwachsenen geschützt zu werden, das erfahren viele Kinder, besonders Mädchen. Die erlernte Unfähigkeit, sich zu wehren, wird zu unterlassener Hilfe gegenüber Schutzbefohlenen. Wenn Frauen sich so verhalten, hat das Gründe, und meistens sind die nicht schön. Sie entbinden dennoch nicht von der Verantwortung: Frauen sind verantwortlich dafür, ihre erlernte Wehrlosigkeit aufzugeben. Sich dessen bewusst zu werden, ist die wichtigste

Voraussetzung, dass Frauen beginnen, ihre Töchter, Kinder überhaupt zu schützen. Sich bewusst zu werden, dass eine Frau die erlernte Wehrlosigkeit aufgeben kann, ist der wichtigste Inhalt wirksamer Frauenselbstverteidigung. Dass Claudia ihren Beruf schließlich genau in diesem Bereich finden wird, in Kampfsport und Selbstverteidigung von Mädchen und Frauen, ist so gesehen folgerichtig. Von ihrer Mutter freilich hat sie das nicht gelernt. Darum ist es für das Mädchen lästig und schmerzhaft, zur Frau zu werden. Der körperliche Übergang ist für sie mit keiner Verheißung verbunden, sondern mit Verlust. Welches Kind kann sich immunisieren gegen das Vorgelebte? „Ich hab relativ früh, mit 15, angefangen zu kiffen und zu rauchen. Mit 13 begann ich, ganz schön viel zu trinken.“ Wie einsam muss sie gewesen sein.

Exkurs darüber, wie wir heute Frau sind:

„Na Kleiner?"

„Bin ein Mädchen."

„Entschuldigung."

„Schon gut."

Tausendmal erlebt: für einen Jungen, später einen jungen Mann gehalten zu werden. Claudia ist kein „Mensch im falschen Körper". Worunter sie leidet, ist die, selten sensibel vorgetragene, Überzeugung Außenstehender, dass eine, die aussieht und sich bewegt wie Claudia, doch männlich sein muss. Kann eine wie Claudia denn kein Mädchen sein, sportlich, kraftvoll, schlaksig, eine Ballspielerin? Das reicht bis in die Gegenwart der erwachsenen Claudia. Sie ist ein Mensch mit trainiertem Körper und ungezwungenen Bewegungsmustern, eine Frau. Dass Frauen alles tun können, dass sie sich geben, kleiden, bewegen können, wie es ihnen gefällt, ist eine grundlegende feministische Annahme. Wir wollen alle gern glauben, dass diese Annahme heute verwirklicht ist. Doch nicht einmal in der mitteleuropäisch-westlichen Gesellschaft, in der wir leben, findet diese Annahme bis heute breiten Respekt, großen Konsens. Was weiblich, wer eine Frau ist, bestimmen nach wie vor „die Anderen“, und das sind nicht ausschließlich Männer, sondern vielfach auch Frauen. Zwei Jahrhunderte nach Olympe de Gouges‘ Erklärung unserer Rechte der Frau und Bürgerin ist die Kategorie Geschlecht noch immer umkämpft. Fünf Jahrzehnte seit Beginn der Zweiten Frauenbewegung erleben wir, dass tatsächlich viele Frauen ein selbstbestimmtes Leben führen und zur gleichen Zeit ein antifeministischer Backlash stattfindet. Ohne die Gleichberechtigung von Frauen gibt es keine Demokratie. Als theoretische Feststellung ist das breit akzeptiert. Die dazu gehörende Praxis der Gleichstellung ist umstritten, besonders von jenen Männern, die um Vorrechte und Karrierechancen fürchten. Die feministische Geschlechterforschung hat den ausschließlichen Dualismus der Geschlechter aufgebrochen. Das bedeutet, für einen Teil der Gesellschaft ist es nicht mehr ungewöhnlich, dass Menschen ihre Genderzugehörigkeit selbst definieren, sogar neu definieren. Zur gleichen Zeit aber nutzt die Industrie erfolgreich einen Mainstream, in dem Frauen und Mädchen über ihre Körperlichkeit und den ostentativen Konsum von Markenkleidung, Fitnessprodukten, Kosmetika und Körpermodifikation definiert werden. Viele Menschen konsumieren Medienprodukte, deren Hauptinhalt es ist, Mädchen und Frauen ein bestimmtes Aussehen und bestimmtes, sexualisiertes Verhalten als Norm vorzugeben. Dogmatisch vorgegebene Geschlechterbilder gehören zu den Merkmalen reaktionärer und repressiver Formen von Herrschaft. Wer ultrakonservative, starre Geschlechterrollen propagiert, untergräbt die Demokratie. Geschieht das in autoritär regierten Staaten, in denen Lebensweisen reglementiert und kriminalisiert werden, die von einem starr heteronormativen Schema abweichen, erkennen wir es sofort als antidemokratisch. Dass auch Modelwettbewerbe im Fernsehen antidemokratische Züge enthalten, wollen viele ZuschauerInnen nicht wahrnehmen oder nicht wahrhaben. Die Verantwortung wird privatisiert, oft mit dem hämisch vorgetragenen Argument, es müsse ja keine teilnehmen.

Ende des Exkurses.

„Kraft war mir wichtig“, sagt Claudia. Kraft verwirklicht sich in der Bewegung. Das gilt physikalisch und symbolisch, auch für die Frauenbewegung. Die Bewegung, die Kraft symbolisiert, war ein Schritt. Claudias Mutter nämlich, wenn das Mädchen „etwas gemacht“ hatte, tat einen Schritt auf sie zu und schlug ihr ins Gesicht. Dann kommt ein Tag, an dem sie

„halbwegs ausgewachsen“ ist, so nennt sie das, da ist sie zwölf, vielleicht sogar erst elf. Und als ihre Mutter wieder diesen Schritt auf sie zumacht, um ihr die Ohrfeige zu geben, macht auch Claudia einen Schritt: „Ich bin diesen Schritt auf sie zu und hab sie angefunkelt. Das war Kraft.“ Beide standen da, einander gegenüber. Und es war klar: „Das macht sie nicht mehr, ohne dass ich zurückschlage.“ Es muss sich großartig angefühlt haben, einfach toll, auch wenn es dann „nicht viel genutzt hat“, wie Claudia einschränkend bemerkt. „Der Moment war gut.“

Welche würde es nicht lieben, die eigene Stärke zu fühlen? Schnell auf einen Berg laufen, schnell Fahrrad fahren, gut schwimmen können. Claudia probiert alles aus, sie kriegt alles hin, selbst Wasserski, Windsurfen, kann mit allem umgehen. Im Sport fühlt sie Stärke und Geschwindigkeit, sich selbst letztlich. Heute ist sie eine große Frau, deren Bewegungen eckig und harmonisch zugleich sind. Ihre Körperspannung ist so greifbar wie der Gang lässig. Claudia ist eine auffällige Erscheinung, und das hat nichts mit ihrem Outfit zu tun. Sie lebt in Trainingsklamotten und mit Sportschuhen an den Füßen, als Kampfsportlerin trainiert und lehrt sie zudem oft barfuß. Weil ihre Bewegungen leicht und mühelos erscheinen, wirkt sie so jugendlich. Wenn ich ihr zusehe, bedaure ich unwillkürlich, dass das Wort „mädchenhaft“ für zierliche Frauen mit tänzerischen Bewegungen reserviert ist. Auch mit dem Wort „Jungfrau“ verbinden die meisten Menschen eher Keuschheit, Demut und Leidensfähigkeit als Klugheit, Kraft und Stolz. Dabei sind diese Charakteristika doch auch Teil unserer Geschichte, unserer Mythen, Kultur und Literatur. Athene, Judith, Penthesilea und ihren Gefährtinnen werden Wehrhaftigkeit, Charakterstärke, Intelligenz und Körperkraft zugeschrieben. Nicht nur griechische Gottheiten, sogar christliche Heilige werden als starke, durchsetzungsfähige Frauen dargestellt, wie Hildegard von Bingen, die Spiritualität, Weisheit, Wissenschaft und politisches Geschick zusammenbrachte. Doch dass jede Einzelne von uns auch etwas von diesen Eigenschaften der mythischen Heldinnen in sich trägt, erwarten wir oft nicht einmal selbst. Wer von „starken Frauen“ spricht, meint damit meist Frauen, die viel ertragen haben, erfolgreich und durchsetzungsfähig sind. Ob ausgesprochen oder nicht, oft schwingt mit, dass ihre Stärke sie einsam macht. Dass sie attraktiv und kommunikativ sind, als Kolleginnen geschätzt und als Freundinnen geliebt werden, ist in der Rede von der „starken Frau“ selten mitgemeint.

Frau zu werden, ist für ein Mädchen unausweichlich, jedenfalls wenn sie ihre weibliche Identität nicht bezweifelt. Was Claudia eine „sichere Weiblichkeit" nennt, gewinnt sie damit noch lange nicht. Irgendwann um die Jahrtausendwende beginnen Frauen, die einem tradierten Bild der Weiblichkeit nicht entsprechen oder ihm nicht entsprechen wollen, ihr soziales Geschlecht zu hinterfragen, um zu dem für sie subjektiv richtigen zu finden. Dass wir uns diese Freiheit nehmen, wurde nicht zuletzt dank der Kritik an Heteronormativität und Geschlechterdualismus, dank *queer theory* und Gendertheorie denkbar, und es ist ein Recht, eine notwendige Freiheit, eine Öffnung für uns alle. Die Frage ist dennoch, was daraus folgt. Sicher nicht, dass Frauen, die gern Frau sind, das ändern sollten. Wir bestehen weiter darauf, dass wir so Frau sein können, wie wir es wollen, dass wir uns geben, bewegen, mit eigener Stimme sprechen, ohne eine eigene Kategorie bilden oder uns in einem Transit einrichten zu müssen.

Claudia leidet nicht darunter, Frau zu sein, sondern darunter, wie Menschen mit oberflächlichem Blick auf sie reagieren: „Ich werde auf internationalen Flughäfen regelmäßig als Mann betrachtet. Wenn ich mit Jeans und Kapuzenpulli über einen beliebigen Flughafen laufe, werde ich zu neunzig Prozent als Mann betrachtet." Als Exotin betrachtet zu werden, strengt an. Richtig gefährlich wurde es, als Inken und Claudia in den frühen 2000er Jahren über das Bekaa-Tal von Syrien nach dem Libanon reisten. Es war lange vor dem Krieg, eine friedliche Situation, eine schöne Reise. Vor dem Grenzübergang wurden sie aus dem Bus geholt, da schlug Claudia etwas entgegen, eine Mischung aus „Kann doch nicht sein" und hämischer Aggressivität. Was die Beamten nicht einordnen konnten, wollten sie nicht tolerieren, und das erschien ohne Ausweg. Die Luft stand. Es war zum Fürchten. Schließlich wurden sie durchgewinkt.

Nicht immer ist Oberflächlichkeit und Unverstehen mit Aggression verbunden, doch auch Menschen, die „sich vertun", können aggressiv werden. Sie bedauern ihre Fehlinterpretation und werden wütend auf die Frau, die sie vermeintlich in diese Situation gebracht hat, einen Fehler zu machen. „Weil ich mich nicht eindeutig verhalte, nicht eindeutig kleide. Wenn ich nicht gut beieinander bin, finde ich es schon anstrengend, auf eine Frauentoilette zu gehen. Wenn eine Oma reinkommt, mich sieht, rausrennt, das hat was Zermürbendes. Manchmal denke ich, ich müsste irgendwas machen, damit es aufhört." Doch was könnte das sein? Es ist schwierig, der Fremdbewertung der eigenen Existenz dauerhaft Widerstand entgegenzusetzen, nicht zu denken: „Es hat was mit mir zu tun.“

Ich bin verstört. Wenn wir schon in Klischees denken: Egal, wie groß und schlaksig Claudia ist, die meisten Männer verfügen über eine andere Gestik und Mimik. Sie sorgt sich, wie lange man sie noch als „junger Mann“ bezeichnen wird. Und was kommt dann? Ein „alter Mann“ kann sie kaum sein, bis heute geht sie als Junge durch, eine klare Männlichkeit wird ihr nicht zugeschrieben. Und: „Eine sichere Weiblichkeit habe ich bis heute nicht.“ Sie weiß nicht, warum sie als „anders“ angesehen wird, und warum auch sollte sie es wissen müssen? „Ich bin in Weiblichkeitsdarstellungs-Technologie unterbemittelt und will das auch nicht lernen, nur damit ich meine Ruhe hab.“ Frauen sind Frauen, gleich ob sie den Wünschen und Vorurteilen ihrer Umwelt genügen oder nicht. Diese Überzeugung, die Claudia früh gewann, ist bis heute für sie ein zentrales Thema: „Ich möchte mitarbeiten, dass Frauen Frauen sein können, wie sie sind. Frauen sollen definieren, wie sie sind.“

Und wie war das Mädchen Claudia? „Ich war relativ kräftig, habe in der Pubertät zugenommen, war nicht ganz so dünn wie die anderen, schicken, eleganten Mädchen. Meine

Art, mich zu bewegen, war anders.“ Sie hielt sich für grobschlächtig, heute meint sie kritisch: für grobschlächtiger, als sie in der Bewegung tatsächlich war. Dieses Gefühl, grob zu wirken, hatte viel mit den kurzen Haaren zu tun, damit, dass Claudia sich nicht schminken mochte, sich nicht herrichten für Jungs. Auf eine bestimmte Art war sie glücklich damit. Sie entsprach nicht dem Bild, das die Mutter abgab, aber sie hat immer noch Verständnis für sie. „Meine Mutter hat mich nicht wirklich gepiesackt. Ich glaube, sie hätte es ganz schön gefunden, wenn ich mehr Akzeptanz als Frau rundrum gehabt hätte“, also wenn sie von anderen stärker als ein Mädchen wahrgenommen worden wäre. „Andererseits war ich gut in der Schule und gut im Sport, das war erfolgreich genug für sie als stolze Mutter. Da musste ich nicht noch die Queen in Bezug auf die Jungs sein. Mein Vater, ich glaube, der hätte es lieber gehabt, wenn ich drei Instrumente gespielt hätte, statt so viel Sport zu machen.“

Dennoch, ein Mädchen zu sein, hatte in der Familie auch Vorteile. „Ich weiß nicht, ob sie mich als Jungen in meiner Vielseitigkeit in Ruhe gelassen hätten. Sie hätten mich mehr getriezt, mich festzulegen auf etwas und darin richtig erfolgreich zu sein. Ich glaube, meine breitgefächerten Interessen, meine breitgefächerten Sportkarrieren, die Studiengänge später dann… Ich war sowieso so exotisch, dass sie auch nicht genau wussten." Sekundärvorteile geschlechtsspezifischer Erziehung? „Also ich war immer froh, dass ich kein Mann bin." Sie glaubt, wäre sie nicht die, sondern der Älteste gewesen, wäre sie stärker mit dem Wunsch des Vaters konfrontiert worden, später seine Kanzlei zu übernehmen. Auch den Stiefbruder, Ediths Sohn, ebenfalls Jurist, bedrängte der Vater ja, in die Kanzlei zu gehen. Doch der wollte lieber Richter werden. „Wäre ich ein Junge gewesen, hätte er diesen Wunsch mir gegenüber deutlicher vorgetragen, und ich hätte dem wohl auch entsprochen. Ich bin sehr geneigt, anderen ihre Wünsche zu erfüllen", anstatt zu denken: „Es hat was mit mir zu tun."

Kapitel Vier. Sich fortbewegen

Mein Leben teilt sich in die Zeit vor 1987 und die Zeit danach.

Im Sommer 1979, mit sechzehn Jahren, ging Claudia für ein Jahr in die USA, lebte im Internat, besuchte die George School in Newtown Pennsylvania, eine Stunde entfernt von Philadelphia. Die Stunde ist eine Autostunde, die Gegend eine Gegend an der Ostküste. Claudia belegte in der George School vor allem geisteswissenschaftliche Fächer. Aus diesem Jahr bleibt ihr ein gutes Englisch und die Erfahrung, für ihre Lernfähigkeit und ihre Sportlichkeit überaus geschätzt und gelobt zu werden. Die freundlichen, zugewandten Beurteilungen aus diesem amerikanischen Schuljahr zu lesen, wärmt das Herz. Im Juni 1980 schreibt eine ihrer Lehrerinnen über sie: „She managed to see through the superficial to the essential." Eine andere Lehrerin schreibt: „It is a pleasure to have an advisee who is so interested in taking advantage of what George School has to offer." Claudia erklärt diese Begeisterung leichthin: „Ich hab auch ihre Leichtathletik zu Siegen geführt, sogar mit Gipsfuß." Ein Vergnügen sei es gewesen, schreibt eine jener unbekannten amerikanischen Lehrerinnen, sie im Fußballteam zu haben, wo sie stets mehr als einhundert Prozent gegeben habe. „How I wish she would be here next year." Für die Heranwachsende muss es ein Bad in warmer Wertschätzung gewesen sein, dieses „We shall miss her next year, not only for the performance, but for her attitude and personality as well". Auch wenn sich heute nicht mehr rekonstruieren lässt, was genau diese Achtung und Beachtung von Claudias Leistung bei ihr bewirkte, sie ging sicherlich nicht spurlos an der Jugendlichen vorbei.

Am 30. Mai 1980 kehrt sie zurück, einen Tag vor ihrem 17. Geburtstag. Bis 1982 besucht sie die Oberstufe im Arndt-Gymnasium Dahlem. Sie belegt im Kurssystem freiwillige Unterrichtsveranstaltungen, bis zu drei Sportkurse nebeneinander, Basketball, Leichtathletik und Tennis. Sie bleibt eine Einser- und Zweierschülerin, auch wenn das Zeugnis der zehnten Klasse vermerkt: „Ihr Verhalten war einwandfrei, Mitarbeit und Fleiß waren unregelmäßig". Daneben steht eine Bleistiftzeile, in Claudias Handschrift: „Lust war nicht vorhanden." Ein paar unentschuldigte Fehltage erklärt sie damit, sie sei wohl zu bekifft gewesen, um in die Schule zu gehen. Eng muss ihr gewesen sein, umso mehr nach der Erfahrung, allein und in fremder Sprache zurechtzukommen. Eng war es im Dahlemer Bungalow, auch wenn die nächtlichen Besuche im Mädchenzimmer aufgehört hatten. Sonst hatte sich äußerlich wenig geändert. In den USA hatte sie den Führerschein gemacht, nun gewinnt das Autofahren nachgerade symbolhafte Wichtigkeit für sie, sie fährt schnell, schon 1981 produziert sie einen Totalschaden mit ihrem Käfer, legt ihn aufs Dach. Weder sie selbst noch andere werden verletzt. Im Dezember 1982 macht sie Abitur.

Plötzlich Bewegung.

Ihr nächster Schritt ist der wichtigste Schritt einer jungen Frau, die in repressiven familiären Verhältnissen aufgewachsen ist: die Lösung aus den Zuständen des Elternhauses. Im Januar 1983 zieht sie aus. Viel später, in den 1990er Jahren, die Mutter ist ausgezogen und lebt mit ihrem Lebenspartner nicht mehr in Berlin, wird Claudia den Bungalow noch einmal bewohnen, gemeinsam mit Inken, der Gefährtin, sie werden versuchen, ihn auch beruflich zu nutzen. Claudias Mutter und ihr wird das Haus dann gemeinsam gehören. Doch eine dauerhafte Übereinkunft über die Nutzung des Bungalows wird misslingen. Am

Ende wird das Haus verkauft. 2001, auf der letzten Party im Haus Am Dol, wird Claudia ein Papier verteilen, auf dem sie Bilanz zieht: „Das Haus wurde 1967 zusammen mit den 6 anderen Bungalows gebaut. Meine Mutter, mein Vater und ich (damals 5) sind pünktlich zur Geburt meiner Brüder Anfang 1968 hier eingezogen. Mein Vater ist 1969 wieder ausgezogen und hat per Scheidungsvertrag meiner Mutter die Hälfte des Hauses gegeben und Unterhalt für sie und für uns. Seit 1972 hat auch ihr neuer Lebensgefährte hier gewohnt. Für mich war die Zeit hier sehr hart und hat tiefe Wunden hinterlassen…"

1983: Das neue Leben findet in einer Wohngemeinschaft statt, in Berlin-Kreuzberg, in der Oranienstraße 163. Claudia beginnt eine Banklehre, die ihr Zeit und Energie lässt, zu feiern, Party zu machen im schwulen Freundeskreis, wo viel Alkohol konsumiert und gekifft wird, gängige Drogen. Einmal, schon während ihres Jahres in den USA, berichtet Claudia, wäre sie fast gestorben an einer Mischung aus Marihuana, Alkohol und Tranquilizern. Über Stunden war sie bewusstlos, vertrug als Sportlerin mit einer sehr niedrigen Herzfrequenz vor allem die Beruhigungsmittel nicht. Ernst und doch fast kurios klingt diese nachträgliche Bewertung aus dem Mund einer Frau, deren schärfste Drogen heute eine Tasse Kaffee und ein Glas Sekt sind. „Alkohol war okay, und ich habe viel gekifft, Alkohol dazu getrunken, um nicht mies draufzukommen. So war es amüsanter.“ Diese Phase begann mit 15, endete mit 24. Alkohol trank sie zunächst noch, ehe sie zeitweise ganz damit aufhörte. Eine, möglicherweise jede, die in der Kindheit mit dem Alkoholismus ihrer Eltern konfrontiert war, ringt um ihr Verhältnis zum Alkohol, darum, ob und wann sie Alkohol trinkt, Drogen, Medikamente oder auch nur stimmungsaufhellende, leistungssteigernde Getränke zu sich nimmt, Kaffee zum Beispiel. Ein entspanntes Verhältnis dazu zu finden, ist nicht leicht, noch dazu, da Alkohol in beinahe jedem sozialen Umfeld eine breit akzeptierte Droge ist. Das galt jedenfalls für das hedonistische Umfeld, in dem Claudia sich als junge Erwachsene bewegte.

Zwei Jahrzehnte später wird der Regierende Bürgermeister Klaus Wowereit das wiedervereinigte Berlin werbewirksam „arm, aber sexy“ nennen. Für das West-Berlin der 1980er Jahre mit seinen verschiedenen Szenen, die alternativ, künstlerisch ambitioniert oder schlicht feierlustig waren, passt dieser Ausspruch viel besser. Denn die besonderen Existenzbedingungen der Stadt bewirkten ein besonderes politisches und kulturelles Klima. West-Berlin, dessen BürgerInnen über die

Staatsbürgerschaft der Bundesrepublik Deutschland verfügten, wurde offiziell als Teil der Bundesrepublik propagiert, als „Frontstadt" gegen den Ostblock. Gleichermaßen propagandistisch verstand die offizielle DDR die Halbstadt als „selbstständige politische Einheit" und schrieb den BewohnerInnen dieses Gebildes einen „der Staatsbürgerschaft adäquaten Status" zu, also keine echte Staatsbürgerschaft. In der DDR wurde ausschließlich der „vorläufige Personalausweis" der West-BerlinerInnen anerkannt, auch wenn das in der bundesrepublikanischen Praxis niemanden kümmerte. Wirtschaftlich war die Stadt abhängig von der Bundesrepublik. Aufgrund des Viermächtestatus war sie frei von der Wehrpflicht und wurde zu einem Sammelbecken für links und antimilitaristisch gesinnte Männer, die sich der Wehrpflicht nach West-Berlin entzogen.

Die 1980er Jahre in West-Berlin stehen für eine schwebende Phase der deutschen Geschichte, die in der Erinnerung in eine Nostalgie von Party und Freiheit gerinnt. 2015 erinnerte der Film „B-Movie" daran, der mit viel schnell hintereinander geschnittenem Originalmaterial aus diesen späten West-Berliner Jahren, mit Musik und hektischen Szenebildern ein spielerisches Erproben von Kunst und Ausschweifung zeigte, vermischt mit Bildern von politischem Protest, verkommenen Straßen, Abrissruinen, Subkulturen aller Art, die im Schatten der Mauer gediehen. Der Film weckte Erinnerungen daran, welchen Sog West-Berlin ausübte, eine „Stadt im Ausnahmezustand“, „the place to be“, er weckte Erinnerungen an den bläulich grauen Schleier, der über den Gesichtern lag, an Graffiti und Parolen, das gesprühte Zeichen für Anarchie: ein großes A in einem ungelenk gezogenen Kreis. Zwischen bekannten Gesichtern, dem jungen Blixa Bargeld, Nick Cave, zwischen längst vergessenen Punkbands und den fast vergessenen Gesichtern der Frauen von „Malaria“, zwischen Hunderten Unbekannter erscheint einmal das Antlitz einer jungen Frau mit hell gefärbten Haaren und Augen, die so intensiv sind, dass ich sie einen Augenblick für Claudias halte. Anfang 20, das ist die Phase des Lebens, in der du keinen Schlaf benötigst, jede Droge doppelt wirkt, in der du offen bist, verletzlich, erst recht, wenn du verletzt wurdest, in der du verwundbar bist, belastbar, so durchhaltefähig, dass es mehr ein Symptom ist als ein Charakterzug. Ich meine dieses durchdringende Gefühl, egal, was du jetzt zu tun hast, Ausbildung, Arbeit, Studium, egal wie voll der Tag ist, das Gefühl, gleich, wie sehr du jetzt auch leidest, an den politischen Zuständen oder der Liebe: Du bist frei, dich zu verbinden. Welche würde da an

Verantwortung denken, für sich, den Beruf, das Leben, die potentielle, hypothetische Gesundheit in einem fernen Lebensalter? Alles ausreizen, Gefühle heranlassen, so dicht und intensiv, dass es Schrammen macht. Und an allem schrammst du vorbei, ganz knapp. Eine „Unfallneigung“ habe sie, sagt Claudia, weil sie so schnell ist, so unruhig, wie diese Phase des Lebens, Anfang 20.

Eigentlich ist das die Zeit für die erste, die erste ernsthafte Liebe. Gab es sie? Als Kind hatte Claudia vor allem Freundinnen: „Ich hab mich mit Mädchen verstanden und ausgetauscht. Die Grenze markierten eindeutig heterosexuelles Verhalten und heterosexuelle Interessen. Den Gedanken, dass ich mich mit sexuellen Wünschen auf Mädchen oder Frauen beziehen könnte, hatte ich damals nicht. Alle, die ich kannte, erlebte, waren auf Jungs aus.“ Nur eine einzige Mitsportlerin habe „auch nicht so interessiert“ gewirkt. Statt sich wie andere Mädchen damit zu beschäftigen, sich äußerlich für Jungen schön zu machen, Spaß mit Jungen zu haben, Berührungen auszutauschen, zu knutschen, spielte Claudia lieber weiter Fußball mit ihnen. Als junge Erwachsene wohnte sie mit schwulen Männern zusammen, zog mit ihnen durch die Nacht. Es war ein Übergang. „Ich habe keine geouteten Lesben getroffen, bis ich 24 war. Auch nicht, als ich mit schwulen Jungs rumzog. Das waren für mich eher wieder die Jungen, auf die ich mich sexuell nicht beziehen musste.“ Zwar sei klar gewesen, dass „Frausein auch darin bestand, bei Männern erfolgreich zu sein“, zwar habe sie auch sexuelle Kontakte zu Männern gehabt, die seien „auch nicht alle grauenhaft“ gewesen, sogar an schönen Sex erinnert sie sich, zwar habe es Männer gegeben, die sie aufrichtig gemocht habe, geliebt womöglich... Trotzdem, in dem Augenblick, in dem sie ihre Entscheidung auch als Entscheidung begreift, wird sie einen anderen Weg wählen.

Wir sprechen darüber an einem Nachmittag Ende April 2015 in Claudias Zimmer in der Wohnung, die sie seit vielen Jahren mit ihrer Lebenspartnerin Inken bewohnt. Eine der dünnen Zwischenwände hat Claudia aufgebrochen, um einen breiten Durchgang zum Arbeitszimmer zu schaffen. Natürlich, sie ist ja gelernte Maurerin. Sie hat eine abgeschlossene Banklehre, ein abgebrochenes Ökonomiestudium, die Maurerlehre, ein abgeschlossenes Studium der Erziehungswissenschaften, und sie ist Trainerin. Sie hat in verschiedenen Berufen gearbeitet, gelebt, trainiert. Abgeschlossene Themen, unabgeschlossene Prozesse. Sogar die Diagnose Brustkrebs ist an diesem Tag im April 2015 bereits Vergangenheit. Davon wird berichtet werden, später, von Diagnosen, Heilungsansätzen, Erfolgen, Rückschlägen. Die Gegenwart der Krankheit mischt sich in die Gespräche, die um die Vergangenheit kreisen, es gibt immer diese Gleichzeitigkeit: Was war damals, was ist heute, was tut jetzt weh, was ist gut? Heute sprechen wir von Erleichterung. Die letzten Untersuchungen zeigen, dass Strahlen- und Chemotherapien gewirkt haben. Darf sie an Sieg über die Krankheit glauben, soll sie sich, vorsichtig, über Zeitgewinn und Aufschub freuen? Oder ist Heilung ohnehin mit einem anderen, besseren Konzept zu verbinden, das die Kategorien von Sieg und Zeitgewinn nicht in den Vordergrund stellt? Darf eine sich auf das Naheliegende konzentrieren, den Fahrradunfall, bei dem Claudia sich fünf Wochen zuvor die Kniescheibe brach? Fünf Wochen, in denen sie auch gereist ist, Rad gefahren, und an deren Ende sie schon beinah wieder läuft, ohne zu humpeln. Das Bein heilt. Ein Beinbruch ist ein bisschen alltäglicher als eine alkoholüberschattete Kindheit, erschreckt weniger als eine Brustkrebsdiagnose, ein Beinbruch bringt in den Alltag zurück und zum Sport.

Allerdings, viel Sport trieb Claudia nicht, damals, als sie nach dem Abitur bei der Berliner Volksbank ihre Banklehre begann. Banklehre hieß: Arbeit am Schalter, dazu Berufsschule, duales System eben, zweigliedrige Ausbildung. Abends war sie viel unterwegs. Die Arbeit am Schalter gefiel ihr nicht, nicht in der Filiale Wannsee, nicht in der Filiale Neukölln und in der Zentrale nicht, sie war mit zu viel Stress verbunden und mit zu wenig Bewegung. Bewegung fehlte ihr. Die Volksbank hätte sie übernommen, nach der Ausbildung. „Danke, ich studier erst mal“, sagte Claudia, „und komm dann darauf zurück“. Sie tat es nicht. Betriebswirtschaft an der Freien Universität studierte sie, recht energisch, legte das Vordiplom nach einer vorbildlich kurzen Zeit von vier Semestern ab, was in den 1980er Jahren, von denen die Legende sagt, es wäre so locker studiert worden, womöglich tatsächlich nicht die Regel war.

Claudias Freunde in dieser Zeit trieben keinen Sport, das war neu, Freundschaft mit Nicht-Sportlern, das ging auch vorüber. Bei der Volksbank spielte sie einmal die Woche Tischtennis in der Betriebssportgruppe, das war viel zu wenig für sie, doch immerhin etwas, was sie als Kind geliebt hatte. Einmal in diesen Jahren macht sie einen Versuch mit Karate, sie geht mit einem Freund und Mitbewohner zu einer Probestunde „in den Beton“, das Neue Kreuzberger Zentrum am Kottbusser Tor. „Einmal und nie wieder. Wir waren guten Willens eigentlich, aber dort trainierten pubertierende Jungs und ein paar junge Männer. Es war nichts, wo ein schwuler Mann und eine Frau“, sie unterbricht sich, lacht, „… das ging nicht, überhaupt nicht. 1985! Wirklich nicht.“ Sie wiederholt es noch einige Male. Das wird also nichts außer einem Hinweis, welche Richtung es einmal nehmen wird. Auch fehlt ihr die Zeit, neben Studium und Party. Zeit zum Tanzen, die hat sie, Tanzen ist kein Sport, einfach Bewegung, „Rumhopsen“, sagt sie.

Und dann verliebt sie sich, in Peter, den schwulen Freund eines schwulen Freundes, mit dem sie zum Christopher Street Day geht. „Wir haben uns ziemlich Knall auf Fall verliebt.“ Das muss eine schöne Liebe gewesen sein. Auf einem der Fotos in Claudias Album sehe ich ihr junges, glattes Gesicht, kleine Ponysträhnen wie Linien auf der Stirn, daneben sein Gesicht. Das Bild zeigt einen Mann und eine Frau, deutlich ein Paar, keine Geschwister. Sie ähneln einander auf seltsame Weise, nicht wie Verwandte, nicht, weil sie jung sind, sondern so, wie Menschen sich ähneln, die sich gut kennen, einander zugeneigt sind. Verletzlich sehen sie aus, weich. Weichheit in diesem Sinn, dass wir uns nicht falsch verstehen, ist keine Frage von schwul oder hetero, von Kontur, Magerkeit, Fülle oder sonst irgendeinem Klischee. Ihr Blick wirkt aufrichtig - gutartig, hätte man früher gesagt. Nicht bürgerlich.

Wie Claudia ihren Weg sucht, in der Mitte der 1980er Jahre, das sieht im Nachhinein aus, als hätte sie gezielt vorbeigesucht an dem, was in ihr angelegt ist, was sie wirklich will, wirklich werden wird. Es sieht aus wie Vorbereitung. Alles, was sie damals tut, wird sie benötigen: Leben in WG und zu zweit, körperlich schwer arbeiten, Verantwortung für sich und andere übernehmen, ein Unternehmen führen.

Tatsächlich, ein Unternehmen. Claudia gründete gemeinsam mit Peter, dem Liebsten, eine Firma, neben ihrem Studium. 1985 war das, die Firma eine Tischlerei, die Peter Bau- und Möbeltischlerei GmbH mit Sitz in Berlin-Kreuzberg, Oranienstraße 163, in der gemeinsamen Wohnung. Unternehmungslustig sei Peter gewesen, der aus dem Saarland kam, die Idee für die Firma hatte und Brüder, im Saarland, einer davon Tischler. „Das Saarland war strukturschwache Region. Unsere Idee war, im Saarland Fenster bauen zu lassen, die mit einem großen Bus und Hänger nach Berlin zu fahren und hier einzubauen. Ging auch.“ Auf dem Bus stand: „Peter Bau- und Möbeltischlerei GmbH“. Claudia übernahm die Buchhaltung, Rechnungswesen hatte sie ja gelernt. Und einer von Peters Brüdern arbeitete mit in Berlin. Viel körperliche Arbeit, „ich hab immer mit angefasst, wenn noch ne Hand gebraucht wurde. Das konnte ich." Das kann sie immer noch, das sieht man ihr immer noch an, sogar an diesem Aprilnachmittag 2015, an dem sie ein bisschen fragil ist nach all den Chemotherapien und dem Kniebruch. Damals schleppte sie die Fenster mit hoch, baute sie mit ein bei den Kunden, das war ihr Sport zu der Zeit, für mehr hätte sie ohnehin keine Zeit gehabt. Ernsthaft ehrlich sagt sie: „Ich habe jetzt nicht genau so viel geschleppt wie die Jungs", es war immer noch genug. Einmal machen sie gemeinsam Urlaub auf Ibiza, einmal reisen sie nach Las Palmas auf Gran Canaria, „auch sehr schwul", kommentiert sie das und fasst alles zusammen: „Das war meine sportmaue Phase. Ich war am Studieren, Arbeiten, Buchhaltung machen, weiter mit den Jungs abhängen und Party machen. Damit war ich busy."

Ein Unternehmen, das funktioniert. Sie probiert das aus, das könnte das Leben werden, eine Firma, eine Beziehung, Kinder womöglich. „Mein Vater war so wahnsinnig homophob, für den war das eine echte Herausforderung." Aber auf einem der Fotos ist er mit Peter zu sehen, in Freundlichkeit und Einvernehmen. Welche Eltern wünschten sich nicht Enkel? Da nimmt man etwas in Kauf. Natürlich, und ihr Vater, Jurist,

Notar, in einem der bürgerlichsten Berufe, die man sich nur denken kann, auf all diesen Fotos mit Edith und Claudia und eben auch auf diesem Foto mit Peter, wirkt nicht so sehr an den bürgerlichen Konventionen orientiert. Was auch täuschen kann.

1987 beendet Claudia das BWL-Grundstudium, im Wintersemester. Für das Hauptstudium hätte sie sich nun entscheiden müssen: „Marketing, Rechnungswesen, eher volkswirtschaftlich sich orientieren? Da hab ich gestanden und gedacht: Möchtest du das machen? Nein. Das? Nein. Am ehesten blieb noch Marketing von all den Sachen. Ich dachte: Will ich mein Leben damit verbringen, Menschen Dinge zu verkaufen, die sie nicht wollen und nicht brauchen? Da hatte ich eine kleine Flaute, diesbezüglich. Mitte April hätte das neue Semester angefangen, und ich wusste nicht, wie weiter."

Betriebswirtschaft: Nichts von dem, was sie da gelernt hatte, Formen und Strukturen von Unternehmen, Controlling, Management, fand sie spektakulär. Rechnungswesen und Buchführung kannte sie dank der Banklehre sowieso. Spektakulär fand sie Volkswirtschaftslehre, die Auseinandersetzung mit der Struktur ganzer Volkswirtschaften, ihrer Leistung, Arbeit und Arbeitslosigkeit, mit Reichtum und Armut. Das ging an die Quelle. Sie war fasziniert. Was ist real, was irreal? Das Materiellste überhaupt, was es gibt, sei in ihrer Vorstellung bis dahin das Geld gewesen. Nun erkannte sie eben darin, in der materiellen Wirklichkeit des Geldes, einen Mangel. Hatte Geld überhaupt einen realen Gegenwert? Und was war real in diesem Zusammenhang? Spielte sich nicht alles bloß auf der Oberfläche ab? Gab es überhaupt etwas, das dahinter, darunter lag? Die Wirtschaft schien ihr ein System von Übereinkünften, das auf gegenseitiger Akzeptanz beruhte, nicht auf Gesetzmäßigkeiten, die Naturgesetzen auch nur entfernt vergleichbar gewesen wären. Hingegen Machtstrukturen gab es, in Herrschaft geronnene Macht, die existierte. Ausbeutung, Kinderarbeit, Not, Giftgasunfälle wie in Seveso und Bhopal: All das existierte wirklich. Doch die Volkswirtschaftslehre hatte damit nichts zu tun, so empfand sie das. Ob man nun „gut wirtschaftete", faul war oder fleißig: Auf der globalen Ebene zeigte sich ihr keine ökonomische Logik. Das Studium beantwortete ihre Fragen nicht, sondern führte in eine Sackgasse. Und die Firma? „Zwei, drei Jahre. Total anstrengend." Sie trennten sich, nicht im Streit. „Wir lösten die Firma auf. 1987 war ein entscheidendes Jahr. Ich schmiss alles hin. Mein ganzes Leben habe ich hingeworfen. Mein Leben teilt sich in die Zeit bis 1987 und in die Zeit danach."

Ihr Leben, genau gesagt, teilt sich in die Zeit vor und nach dem 1. Mai 1987.

Der 1. Mai 1987. Das Datum ist legendär, es fehlt niemals, wenn über den 1. Mai in Berlin berichtet wird, über Protest und Feiern. Seit Jahrzehnten bleibt der 1. Mai 1987 kaum je unerwähnt, wenn ausführlicher über Berlin-Kreuzberg berichtet wird. Selten wird eine Gelegenheit ausgelassen, mit dem Datum zu drohen, Beunruhigung zu streuen, Angst zu schüren, vor Autonomen, Jugendlichen, marginalisierten Gruppen oder Gruppen, die man gern marginalisiert sehen will. Es geht um Angst vor Steinewürfen, Plünderung, Chaos, vor Gewaltdelikten aller Art. Bisweilen wird der Tag romantisch verklärt. Auch wer sich links, grün, alternativ oder basisdemokratisch versteht, hat meistens eine Meinung dazu, wie der 1. Mai in Kreuzberg früher war und heute ist. Wer in den 1980er Jahren jung war, überlegte noch in den 1990ern und in den Nullerjahren, ob man hingehen soll oder Kreuzberg an diesem Tag meidet. Inzwischen weicht die Überlegung zuweilen leisem Kopfschütteln, selbst bei Menschen, die den 1. Mai noch immer nicht als arbeitsfreien, sondern als Tag des sozialen Protests betrachten.

1987, der Zustand: Berlin-Kreuzberg, lese ich im „Sozialmagazin“ vom Juli/August 1987, sei ein Ort für alle, die „ein wenig anders leben wollen“, zugleich aber eine Durchgangsstation für sozial Schwache, die nur so lange im Bezirk blieben, bis es ihnen materiell besser gehe. Dieser Quelle zufolge hat die Wiener Straße im Jahr 1987 das niedrigste Pro-Kopf-Einkommen in West-Berlin. Für die Wiener und angrenzende Straßen wird eine Arbeitslosigkeit von 40 Prozent genannt. Die Jugendarbeitslosigkeit sei eklatant. Ein erhaltenes Flugblatt zum 1. Mai nennt für SO 36, den ärmsten Teil Kreuzbergs, ein Durchschnittseinkommen von 684 D-Mark, für „Restberlin“ wird es mit 1.400 D-Mark angegeben. Die Zahlen lassen sich heute auch mit Hilfe des Statistischen Landesamtes nicht nachvollziehen, doch dass Kreuzberg einer der ärmsten Bezirke Berlins war, ist gewiss.

Altbauten verkommen. Seit Beginn der 1980er Jahre wurden in Kreuzberg (und nicht nur da) zahlreiche Häuser besetzt, und nicht ohne Grund heißt das „Instandbesetzung“. Wohnungsnot auf der einen Seite, Entmietung, Leerstand und Abriss auf der anderen. Kein Wunder, dass die geplanten Feiern zum 750. Stadtjubiläum vielen Menschen obszön erschienen. Die damalige Alternative Liste, aus der später die Berliner

Grünen wurden, konstatierte in einer Stellungnahme zum 1. Mai 1987, es habe sich „hinter den blankgeputzten Fassaden der 750-Jahr-Feier ein hohes Maß an Unzufriedenheit und sozialer Spannung angesammelt“. Wieviel Wahrheit in diesem Fazit steckte, zeigte sich am Folgemorgen des 1. Mai, als Walter Momper, damals Fraktionsvorsitzender der oppositionellen SPD im CDU-regierten Abgeordnetenhaus und Vorsitzender des Landesvorstands der Berliner SPD, einen Rundgang durch Kreuzberg machte und mit AnwohnerInnen sprach. „Betroffenheit“ stellte er dem oben zitierten Sozialmagazin zufolge fest, doch „keine Distanzierung“. Es wäre „eh alles verbrannt“, was man nicht genommen hätte, wird eine Anwohnerin zitiert. Eine andere Frau soll lediglich beklagt haben, selbst nicht plündern zu dürfen: „Die dürfen das, wir nicht.“ Momper konstatierte, dass diejenigen, die in der Nacht unterwegs gewesen seien, sich vom Senat „schlichtweg vergessen“ gefühlt hätten.

Was war geschehen?

Am 1. Mai 1987 fand das traditionelle Maifest am Lausitzer Platz statt, es wird im Nachhinein als „zunächst ruhig“ beschrieben. Die Stimmung muss bereits gereizt gewesen sein. In der Nacht zum 1. Mai war nämlich die Polizei in das Büro der Bewegung zum Volkszählungsboykott (VoBo) eingedrungen, ohne Durchsuchungsbeschluss. Unter dem Vorwand „Gefahr in Verzug" wurden diese und weitere Räume im Mehringhof durchsucht, mit massivem Einsatz. Die Volkszählung und ihr massenhafter Zugriff auf die Daten der Bevölkerung war 1987 und über Jahre hinweg eines der wichtigsten Themen der linken Szene, bis in linksliberale Kreise hinein. Der Widerstand dagegen war breit, informiert und begründet. Datenschutz war ein öffentlich diskutiertes Thema, „VoBo" das Stichwort. Die Prozesse gegen BoykotteurInnen der Volkszählung zogen sich jahrelang hin. In der Folge boykottierten Einzelpersonen gelegentlich auch den Mikrozensus. Die Proteste zeigten Wirkung, selbst über zwanzig Jahre später wirkte die vergleichsweise zurückhaltende Ausgestaltung des Zensus 2011 durch den sie veranstaltenden Staat wie ein Reflex der Vorsicht. Ob der noch nötig war, sei dahingestellt, denn inzwischen ist das Speichern und Sammeln von Daten durch staatliche Behörden für viele Menschen kein Skandal mehr. Im Gegenteil, oft stellen sie ihre Daten selbst Wirtschaftsunternehmen freigebig oder resignierend zur Verfügung. Damals war der Mehringhof, ein alternatives Kultur- und Bildungszentrum, das bis heute besteht, ein Treffpunkt und Zentrum des Widerstands gegen die Volkszählung. Polizeiliche

Maßnahmen gegen den Mehringhof wurden und werden bis heute als Angriff auf die gesamte linke Szene verstanden.

Am 1. Mai 1987 kam zur Wut über die Durchsuchung des Mehringhofs die Tatsache, dass bereits gegen einen Block der DGB-Demonstration Polizei eingesetzt worden war. Die Betroffenen verließen die Demo und schlossen sich dem Straßenfest an. Am Nachmittag warfen Autonome einen Streifenwagen um, später dann wurden zwei Bauwagen auf die Straße geschoben. Die Polizei löste daraufhin das Straßenfest gewaltsam auf, Schlagstöcke und Tränengas wurden eingesetzt. Was dann geschah, wird bis heute als die schwerste Straßenschlacht dieser Jahre beschrieben. Wer das nicht einzuordnen weiß, möge sich erinnern, dass es in Berlin schon im Verlauf der kritischen 1968er Bewegung zahlreiche große Protestkundgebungen, Demonstrationen und in diesem Zusammenhang auch Straßenschlachten mit der Polizei gegeben hatte.

Der Straßenkampf ging weiter, bis sich die 400 eingesetzten Polizeibeamten gegen 23 Uhr vollständig aus Kreuzberg zurückzogen. Der U-Bahn-Verkehr war eingestellt, alle Zugänge nach Kreuzberg durch Barrikaden versperrt, Autos brannten. Kreuzberg war zu Zeiten der Mauer, bekanntermaßen einer mit deutscher Gründlichkeit bewachten

Grenze, leicht abzuriegeln. Sechs Wochen später beim Reagan-Besuch würde das erneut und planvoll geschehen, dann von Seiten der Polizei.

Vier Supermärkte, später auch kleinere Läden, insgesamt 36 Geschäfte wurden geplündert. Ein Bolle-Supermarkt am Görlitzer Bahnhof brannte vollkommen aus. Diese Brandstiftung sollte sich Jahre später als die Tat eines unpolitischen Einzeltäters erweisen, der zahlreiche Brandstiftungen in ganz Deutschland verübte und u.a. auch für den Brand des U-Bahnhofs Dahlem-Dorf verantwortlich war. Doch wen interessiert das im Rückblick auf den 1. Mai 1987? Am Folgetag hatte die Boulevardpresse ihr Fest: Sie jubelte von „Chaoten“ und „Feuer-Gangstern“. An den Plünderungen hatten sich freilich auch „ganz normale Familienväter“ beteiligt. „Selbst Rentner aus den Seniorenkreisen der Kirchen“, wird in einem zeitgenössischen Bericht an der Legende gestrickt, „trugen Lebensmittel nach Hause. Und auch einige der sonst zurückhaltenden Türken ließen sich diesmal von den Deutschen mitreißen.“ Wer sich nicht traute, sah mit Neid auf die Plündernden. Die gesamte gewohnte Alltagswelt war aus dem Lot gegangen, für Stunden, in denen nichts war wie zuvor.

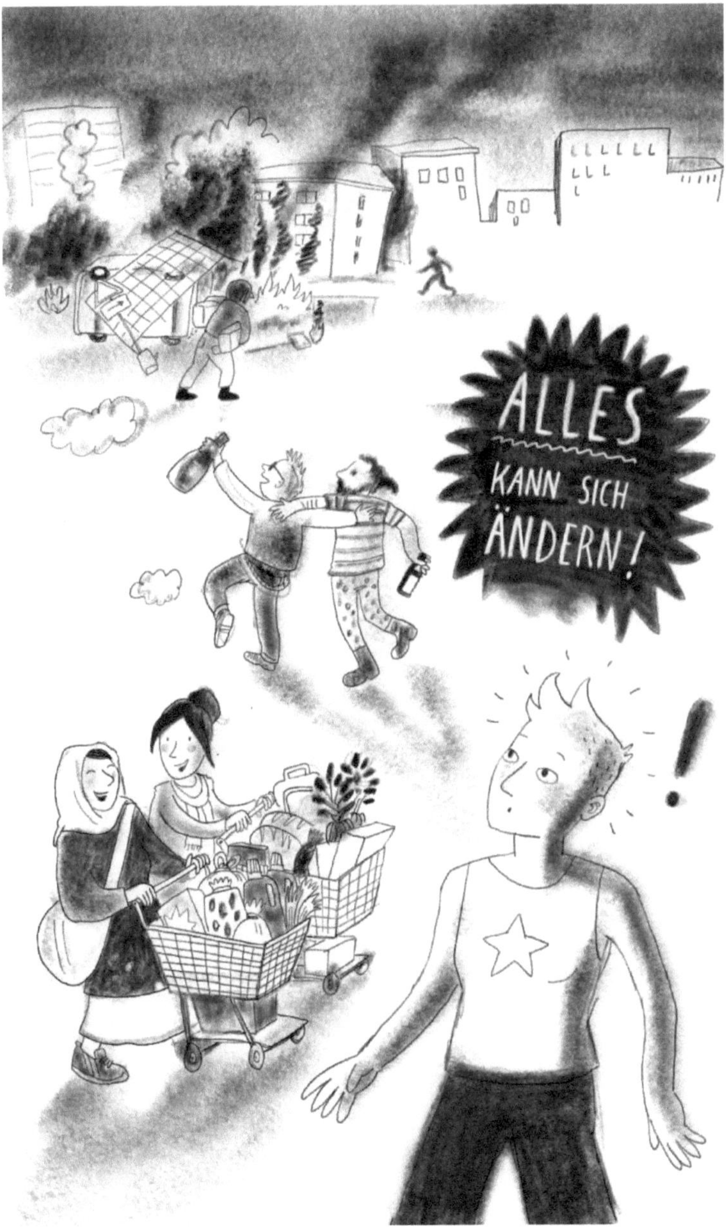
ALLES KANN SICH ÄNDERN!

Der 1. Mai 1987, wie Claudia sich an ihn erinnert: „Auf den Straßen brannte es, Autos kamen keine mehr durch. Die BVG war zertrümmert, der U-Bahn-Verkehr war nicht mehr. Ampeln waren abgeschaltet. Keine Polizei kam mehr rein, die Leute hatten die Straßen gesperrt, die Barrikaden standen sozusagen an den richtigen Stellen. Über Stunden, über Stunden, über Stunden." Sie erlebte, wie Autonome und andere DemonstrantInnen Geschäfte, Zigarettenläden, Supermärkte „einfach aufgemacht und geplündert" haben. „Überall fuhren Leute mit Einkaufswagen herum, alles konnte man nehmen."

Zum ersten Mal geriet für Claudia die Welt, wie sie war, ins Wanken, dafür gleich richtig. Ihre Kindheit und Jugend hindurch hatte sie die Verhältnisse als die angesehen, die sie waren, sein sollten, unverrückbar. Hineingeboren eben, in Kapitalismus, Mitteleuropa, West-Berlin, Blockkonfrontation… „Dass ich mich nicht gefragt habe: ‚Warum sind die Sachen so?', war auch eine Bewältigungsstrategie. Die Verhältnisse waren so, und ich ging damit um." Nun: eine andere Realität. Menschen, die auf den Straßen feiern, entgrenzt, fasziniert, faszinierend, unheimlich, sie sieht auch Prügeleien und „miese Sachen". Der Gedanke, dass der Straßenverkehr stillsteht, keine U-Bahn geht, vermischt sich mit dem Gedanken, dass jetzt alle alles haben, alle feiern. „So kann es also auch sein. Es kann alles auch anders sein.“ Das Chaos, die Plünderung, heute oft das einzige, was über diese Tage berichtet wird: Claudia interessierte sich gar nicht dafür. „Ich wollte nichts. Ich war eh so konsumkritisch die ganze Zeit, ich wollte davon gar nichts, Zigaretten, ja, aber ich hab nicht abgeräumt. Ich bin einfach nur rumgelaufen, allein, den ganzen Abend. Peter war nicht da, war, glaub ich, im Saarland. Es war wirklich. So einen Moment gab es nie wieder, es war eine einmalige Sache, das zu erleben. Die Staatsgewalt hatte wirklich keine Schnitte.“

In der unmittelbaren Rückschau eines autonomen Diskussionspapiers aus dem Jahr 1987 heißt es: „In der Diskussion um die 1. Mai-Demo geht es für uns um einen Prozess, der den Widerstand in dieser Stadt zusammenführt, aber nicht über eine formale ‚Einheit in der Vielfalt‘, sondern über eine Einheit, die sich über ein gemeinsames Ziel und eine gemeinsame Strategie, d. h. über die Entwicklung von Angriffslinien für den Widerstand herstellt.“ Es gehe nicht darum, einzelne Bereiche, wie etwa Internationalismus, Antifa, Stadtteilpolitik, Flüchtlingsarbeit und so fort, in einem „zentralen Kampfgebiet“ zusammenzuführen, sondern darum: „daß die Kämpfe in all diesen

Bereichen aus einem gemeinsamen Bewusstsein geführt werden“. Der Begriff der „sozialen Umzingelung“ fällt.

Der über die Jahre gepflegte Mythos einer entfesselten autonomen Jugend, die ohne Sinn und Verstand plünderte und randalierte, verfehlt in seinem Kern, worum es am 1. Mai 1987 ging: Viele Menschen waren unzufrieden. Die Freiräume wurden enger. Es fehlte an gutem, bezahlbarem Wohnraum, während gleichzeitig die alte Bausubstanz vor allem in den einfacheren Wohngegenden verfiel. Darauf hatte bereits die Bewegung der Hausbesetzungen reagiert, die 1980/81 begonnen hatte. Sie hatte zum Ziel, für sich und andere bezahlbare Wohnungen zu schaffen, die Bausubstanz zu retten, neue Formen gemeinschaftlichen Wohnens auszuprobieren. Jugendzentren waren seit Jahren von Schließung bedroht, natürlich immer da, wo sie am nötigsten waren. Die Jugendarbeitslosigkeit war hoch, gerade unter Kreuzberger Jugendlichen. Zeitgenössische Publikationen sprechen davon, dass jeder 10. in Kreuzberg von Sozialhilfe, im Volksmund: „Stütze“, gelebt habe. Sehnsucht nach Veränderung, wachsende Wut, in zeitgenössischen Dokumentationen wird das sehr anschaulich so beschrieben: „Rechts ein Polizist, links ein Sozialarbeiter: ein Konzept, das Kreuzberger Probleme nicht lösen kann.“

Ob die kapitalismuskritische Haltung vieler Menschen auf Alltagserfahrungen und Bauchgefühl basierte oder theoretisch untermauert war, in diesem Augenblick, an diesem 1. Mai war das nicht entscheidend. Deshalb war die Erfahrung, dass sich innerhalb von Stunden alles ändern kann, so bezaubernd radikal, deshalb berührte sie Claudia und viele andere an den Wurzeln ihrer Existenz. Nicht weil jemand einen Supermarkt stürmte und plünderte, sondern weil für Stunden das vollkommen festgefügte Gebäude der Gesellschaft verschwunden schien und Freiheit und Anarchie… eben nicht herrschten.

Kapitel Fünf. Aufregendes Leben

Claudia, warum warst du im Gefängnis?

„Wegen Landfriedensbruch. 87. Zuerst war der 1. Mai in Berlin, und sieben Wochen später kam Reagan. Die Bullen haben den ganzen Kiez zugemacht. Ich war eigentlich nicht in der Polit-Szene, ich bin einfach nur rumgelaufen." Während der Proteste gegen den Besuch des amerikanischen Präsidenten Ronald Reagan kam Claudia unter dem Vorwurf schweren Landfriedensbruchs im Sommer 1987 zwei Monate in Untersuchungshaft. Claudias auffällige Erscheinung, so groß, so blond, so sportlich, hatte dazu beigetragen, dass man sie aus der Menge herausgriff. Sie war nicht die einzige, die unter solchen und ähnlichen Vorwürfen angeklagt wurde, sondern zahlreiche TeilnehmerInnen an den Protesten wurden beschuldigt. „Es wurden drakonische Strafen verhängt in dem Jahr", sagt sie, „wegen Landfriedensbruchs, gegen viele."

Am 12. Juni 1987 sollte der US-amerikanische Präsident Ronald Reagan West-Berlin besuchen. Anlass war die 750-Jahr-Feier der Stadt, sowohl in Berlin-Hauptstadt-der-DDR als auch in West-Berlin ein groß bejubelter Jahrestag. Beide Seiten nutzten die Gelegenheit zu ausgedehnter Propaganda. Zwei Sätze Ronald Reagans aus seiner Rede am Brandenburger Tor sollten wenig später, 1989, in die nationale und nationalistische Geschichtsschreibung Berlins eingehen: „General Secretary Gorbachev: Open this gate. Tear down this wall!" Nachträglich wurden sie als Vorboten des Mauerfalls interpretiert, oft zitiert und dudelten in den 1990er Jahren als Teil eines Berlin-Songs in Radiosendungen. Diese beiden Sätze waren sicher noch stärker propagandistisch gedacht als der Rest der Rede.

Die 750-Jahr-Feier war an sich schon ein Witz. Verglichen mit anderen großen Städten Europas ist Berlin eher jung. Die urkundliche Erwähnung Cöllns im Jahr 1237 gilt zwar tatsächlich als Gründungsdatum der Doppelstadt Cölln-Berlin. Doch um 1300 herum hatte Berlin 2.600, Cölln 1.400 EinwohnerInnen, mit Städten wie Köln oder Erfurt, deren Einwohnerzahl im Hochmittelalter fünfstellig war, nicht zu vergleichen, schon gar nicht mit Paris, wo bereits im Mittelalter 100.000 Menschen lebten. Eine zusammenhängende Altstadt sucht man in Berlin vergebens, mittelalterliche Bauten sind in der Stadtmitte nur ganz vereinzelt erhalten und finden sich eher an der Peripherie, wie die St.-Annen-Kirche im erst 1920 eingemeindeten Dahlem. In deren unmittelbarer Nähe wuchs Claudia vom sechsten Lebensjahr an auf, dort befindet sich auch das Arndt-Gymnasium, das sie besuchte. Berlin ist durch und durch neuzeitlich, geprägt von der Industrie und vom Fleiß seiner BewohnerInnen. Erst im späten 18. Jahrhundert wuchs ihre Zahl deutlich, um im 19. Jahrhundert zu explodieren. Damals wie heute kamen die Menschen von überall her, um existenzsichernde Arbeit und vielleicht das Glück zu finden. Oft flohen, oft fliehen Menschen bis heute vor der Enge ihres Herkunftsortes nach Berlin. Oft war und oft ist Berlin noch heute das Ziel einer Flucht vor Verfolgung. Keine muss hier geboren sein, um sich als Berlinerin zu fühlen. Neuzeitliche Geschichte steht uns in Berlin ständig vor Augen und nötigt zur politischen Auseinandersetzung: die autoritäre Tradition preußischer Könige und Kaiser, gescheiterte Revolutionen, Kriege, die deutsche Staaten führten, vor allem die Verbrechen des NS. Worauf wir uns positiv beziehen können in der Geschichte Berlins, das ist die Widerständigkeit vieler seiner BewohnerInnen und das Neben- und Miteinander von Frauen und Männern, die aus vielen unterschiedlichen Regionen Europas und der Welt nach Berlin kamen und kommen. Kritisch Denkenden, der linken und alternativen Bewegung in West-Berlin und der kleinen, aber wachsenden dissidenten Bewegung im Osten, konnte es 1987 nicht anders als absurd erscheinen, dass in der geteilten und politisch zerrissenen Stadt ausgerechnet 750 Jahre Berlin groß gefeiert werden sollten. Den Protesten zum Trotz und auch deswegen war den Herrschenden sowohl im Osten als auch im Westen der Stadt der 750. Jahrestag der urkundlichen Erwähnung Berlins willkommener Anlass zu nationaler Selbstfeier und ideologischer Aufrüstung.

Die Stimmung in West-Berlin war aufgeheizt. US-Präsident Reagan sollte den Jubelfeiern in West-Berlin durch seine Anwesenheit Glanz und politische Bedeutsamkeit verleihen und demonstrieren, in welches politische Lager West-Berlin und in diesem Verständnis eigentlich ganz Berlin gehörten. Das „Jubeljahr der Bonzen" kam nicht gut an, der 1. Mai hatte die Stimmung nicht verbessert, im Gegenteil. Ein erhaltenes Flugblatt lädt zur Aktionswoche vor dem Reagan-Besuch ein, in dem sich die Unzufriedenheit so großmäulig wie spielerisch artikuliert: „High Mr. President. Die Hönkel laden alle Rebellinnen, Chaoten, Pyromanen, Jumperinnen und Jobber, Gelegenheitsdiebe und Plünderinnen, Outlaws, Girls and

Boys, Lesben, Schwule und Heteros, die Unverbesserlichen zur Woche des Hönkel-Rauschs in Dead-Wall-City ein. Hönkel sind Büchsenöffner im Supermarkt des Lebens (…) Wir fangen eine Woche vorher an und hören überhaupt nicht mehr auf. Scheiß auf die Rumkugel, her mit der ganzen Bäckerei.“ Die „Hönkel“, ein Begriff nicht ganz zu klärender Herkunft und Bedeutung zwischen Beschimpfung und Kampfruf, zwischen bös gemeinter Fremd- und stolzer Selbstdefinition, die Unverbesserlichen, Outlaws, Rebellinnen, Chaoten also: Damit waren diejenigen gemeint, die zu den Ausgebeuteten und Ärmsten gehören oder aber, das vor allem, sich ihnen zugehörig fühlen. Gemeint waren nicht nur die ärmsten KreuzbergerInnen, sondern vor allem alle, die weltweit in die Kolonie ihrer Beherrscher gezwungen sind. Sich mit den Verdammten dieser Erde zu identifizieren, ob zu Recht oder nicht, das war mehr als eine Pose, es ergab sich aus einer kapitalismuskritischen Haltung wie von selbst. Und Frechheit gehört sich, wenn die Idee der Befreiung laut wird: „In den Tränen des Volks sind die Herrschenden noch nie untergegangen.“

Wer links stand, stellte jetzt grundsätzliche politische Fragen umso lauter und kritisierte die Rüstungs- und Außenpolitik der USA und ihrer Verbündeten. Und nichts war dem

Berliner Senat, regiert von CDU und FDP, wichtiger, als die Proteste zu verhindern, gerade nach diesem chaotischen, rebellischen 1. Mai in Kreuzberg. In diesen sechs Wochen zwischen dem 1. Mai und dem Reagan-Besuch, in diesem Beinahe-Belagerungszustand, in dem Kreuzberg sich befindet, ist Claudia mit ihren aufgewühlten Empfindungen, mit ihrer Wut nicht allein und nicht allein unterwegs: „Wir wohnen hier, ja! Haut ab."

Bereits tagelang vor Reagans Besuch war die Polizei in Kreuzberg präsent. Kontrollen, Durchsuchungen, Polizeigewalt. Wer zuvor ärgerlich, dann wütend gewesen war, war mittlerweile vielleicht auch bereit, einen Stein zu werfen. Am Vorabend des 12. Juni demonstrierten mehrere Zehntausend Menschen gegen die Rüstungspolitik der USA und ihre Kriegspolitik in Mittelamerika, sprich die Unterstützung der nikaraguanischen Contrarebellen. Massiver Polizeieinsatz. Die Demonstration, die keineswegs allein oder auch nur überwiegend von Autonomen getragen wurde und zu der 150 Organisationen und Gruppen aufgerufen hatten, verlief überwiegend friedlich. Erst an ihrem Ende zwischen Nollendorfplatz und Kadewe wurden zahlreiche Fenster „entglast". Es wird wohl ewig ein Geheimnis bleiben, ob es wirklich Provokateure waren, die die

Schaufensterscheiben zerstörten. Der CDU-Innensenator Kewenig sah sich durch diese Sachschäden im groben polizeilichen Vorgehen gegen die Protestierenden bestätigt. Am folgenden Tag, dem 12. Juni, an dem der US-Präsident für fünf Stunden Berlin besuchte, wurde Kreuzberg polizeilich abgeriegelt inklusive Checkpoints zum Zweck von Auto- und Gesichtskontrollen. Das Quartier, über das gehetzt wurde, dort würden „die Gewalttäter sitzen, ruhen, essen und schlafen", Kreuzberg SO 36, war für solche polizeilichen Maßnahmen ideal gelegen. SO 36, begrenzt von Landwehrkanal und Mauer, wurde abgeriegelt, indem die U-Bahn-Linie U1 zwischen Schlesischem Tor und Gleisdreieck und die U6 zwischen Volta- und Hermannstraße eingestellt wurden. Ersatzverkehr gab es nicht, im Gegenteil, auch reguläre Busse fuhren nicht mehr. Der Innensenator wurde mit dem kraftmeierischen Satz zitiert, man brauche die U-Bahn nicht „Gewaltverbrechern" zur Verfügung zu stellen. Der Ort, an dem Reagan sprechen sollte, in unmittelbarer Nähe der Mauer im Bezirk Tiergarten, unterlag verschärften Sicherheitsmaßnahmen. Drei angekündigte Kundgebungen wurden verboten. Bei einer Spontandemo auf dem Tauentzien wurden mehrere hundert Menschen stundenlang eingekesselt, viele verprügelt. Der Spiegel wird das Geschehen am 22. Juni 1987 nachträglich so zusammenfassen: „Da sollte wohl mal gezeigt werden, was die Polizei alles kann. Als sich nach einer Spontan-Demonstration einige Teilnehmer, darunter die Grünen-Vorstandssprecherin Jutta Ditfurth, in der Nähe der Gedächtniskirche versammelten, schloß die Polizei ihren Kordon: 507 Menschen, darunter unbeteiligte Passanten, wurden bis zu fünfeinhalb Stunden lang eingekesselt. Heraus durfte nur, wer sich einer Körperkontrolle und Personalienfeststellung unterzog."

Der autonome Ermittlungsausschuss ist eine linke Berliner Institution, die bei Demonstrationen polizeiliche Maßnahmen beobachtet, die Namen von Gefangenen aufnimmt und dafür sorgt, dass niemand ohne anwaltliche Begleitung vor dem Haftrichter steht. Für den 12. Juni 1987 bilanzierte der Ermittlungsausschuss 162 Festnahmen, acht Menschen wurden dem Haftrichter vorgeführt, gegen sieben Haftbefehle ausgesprochen. In der Nacht vom 12. zum 13. Juni, der später sogenannten Kreuzberger Nacht, sperrte die Polizei die Oranienstraße, Knüppel und Tränengas wurden eingesetzt, zahlreiche Menschen verletzt. Auch an den Folgetagen kam es zu vielen Festnahmen und weiteren Haftbefehlen. Die Staatsanwaltschaft forderte für Delikte wie Steinwürfe Haftstrafen, die Jahre währen sollten, und zwar ohne Bewährung.

Claudia wurde schon am 11. Juni festgenommen und inhaftiert.

Der Vorwurf lautete schwerer Landfriedensbruch. 1987 erging das erstinstanzliche Urteil gegen Claudia und verfügte eine Haftstrafe von 12 Monaten mit Bewährung. Die Staatsanwaltschaft ging dagegen in Berufung und forderte eine Haftstrafe ohne Bewährung. In der zweiten Instanz sollte die Verhandlung fünf Tage dauern, ein Riesenprozess, insbesondere angesichts des Vorwurfs, aber auch überhaupt. Und er sollte, ein Jahr später, 1988, mit einem Urteil auf 15 Monate Haft ohne Bewährung zu Ende gehen. Dann wird Claudia gegen das Urteil in Revision gehen, diese wird abgelehnt werden.

Die Zeit in der Untersuchungshaft wird von diesem über Jahre sich hinziehenden Prozess die wichtigste Erfahrung bleiben. Entscheidend in der politischen Biographie eines Menschen ist die erste Politisierung. Claudia erlebte sie nach diesem 1. Mai 1987, in den Protesten gegen den Reagan-Besuch, während der U-Haft, in der sie das Leben mit anderen inhaftierten Frauen teilte. In dieser Zeit erfuhr sie Solidarität von draußen und war, aus der U-Haft entlassen, auch selbst solidarisch mit inhaftierten Frauen. Zwei Monate U-Haft. „Das ging vom 11. Juni bis zum 12. August 87.“ Sie weiß es auswendig: „Das war sehr intensiv. Dadurch ist meine Politisierung mit Siebenmeilenstiefeln vorangegangen.“ Unpolitisch war sie auch zuvor nicht gewesen. So, wie sie darüber berichtet, scheint sich eine kapitalismus- und konsumkritische Haltung für sie als eine junge Frau und Studentin in der zweiten Hälfte der 1980er Jahre fast von selbst verstanden zu haben. Quasi natürlich sei es gewesen, sagt sie, „anti-atom-politisiert“ zu sein. Und nun, in diesem Sommer 1987 erlebte sie eine Politisierung, die ging durch und durch. Dazu gehörte, tief in eine politische Diskussion und politische Praxis involviert zu sein. Tief involviert zu sein, das bedeutet: Informationen stürmen ständig auf dich ein, müssen weitergesagt werden, es ist eine Zeit, in der du jeden Tag mit FreundInnen, GenossInnen, MitkämpferInnen sprichst. Empörung. Das ganze Dasein konzentriert sich auf ein Thema, du gerätst in diesen Zustand schwebender Erregung, fühlst, dass alles andere unwichtig ist. Nur die Beteiligung am selbstgewählten Kampf zählt.

Am Beginn dieses Prozesses steht die Untersuchungshaft. „Ich war anfangs im Terroristentrakt in Plötzensee, der eigens für drei Häftlinge der Bewegung 2. Juni eingerichtet worden war.“ Die Bewegung 2. Juni hatte sich Anfang der 1970er Jahre in West-Berlin gegründet und bezog sich mit ihrem Namen auf den Tag, an dem während einer Demonstration gegen den Besuch des iranischen Schahs der Student Benno Ohnesorg von einem Polizisten erschossen wurde. Die Bewegung 2. Juni verübte Bombenattentate, Mitglieder des 2. Juni erschossen bei einem Entführungsversuch 1974 den Präsi-denten des Berliner Kammergerichts, Günter von Drenkmann, und entführten im Jahr darauf den CDU-Spitzenkandidaten Peter Lorenz, um inhaftierte Genossen freizupressen. Soviel zum Verständnis und zur Bestimmung des Ortes, an dem Claudia zunächst inhaftiert wurde.

Claudias Biographie ist nicht der Ort, an dem die Geschichte einer Untergrundorganisation auserzählt wird, der schwere Gewalttaten angelastet wurden. Nicht die Personen, nur ihre Geschichten berühren sich an dem Ort ihrer Inhaftierung, einem Sondertrakt mit speziell gesicherten Zellen. Frauen aus der Bewegung 2. Juni waren nicht anwesend. Claudia hatte niemanden erschossen und niemanden entführt, und das wurde ihr auch nicht vorgeworfen. Der Vorwurf lautete Landfriedensbruch. Dass sie aber hier und nirgendwo anders inhaftiert wurde, bewirkte, dass sie sich unter Terrorismus-Verdacht gestellt fühlte, in die Nähe schwerer Gewalttaten gerückt, die sie nicht begangen hatte. „Die ersten zwei Wochen waren extrem krass, ich habe Zeit gebraucht, das alles überhaupt mal zu kapieren." Dass der Trakt ausschließlich für sie in Betrieb genommen wurde, ist eine Maßnahme, die auf kuriose Weise überzogen wirkt. Doch 23 Stunden am Tag eingeschlossen zu sein, bei einer einzigen Stunde Hofgang, allein mit einer Schließerin, hat nichts Kurioses für die, die es erlebt. Hochspielen will sie ihre Erfahrung nicht, sie weist darauf hin, dass die Räume jedenfalls nicht geräuschisoliert waren. Neben den Schließerinnen bekommt sie niemanden zu Gesicht als ihren Anwalt und den katholischen Pfarrer. Der Pfarrer kommt fast täglich, er bringt ihr auch Farben, mit denen sie ihre Haare blau färbt, sie ist dankbar. Nach zwei Wochen endlich der Haftprüfungstermin. „Da hatten sie wohl beschlossen, dass es bescheuert ist, nur für mich diesen Trakt aufrechtzuerhalten."

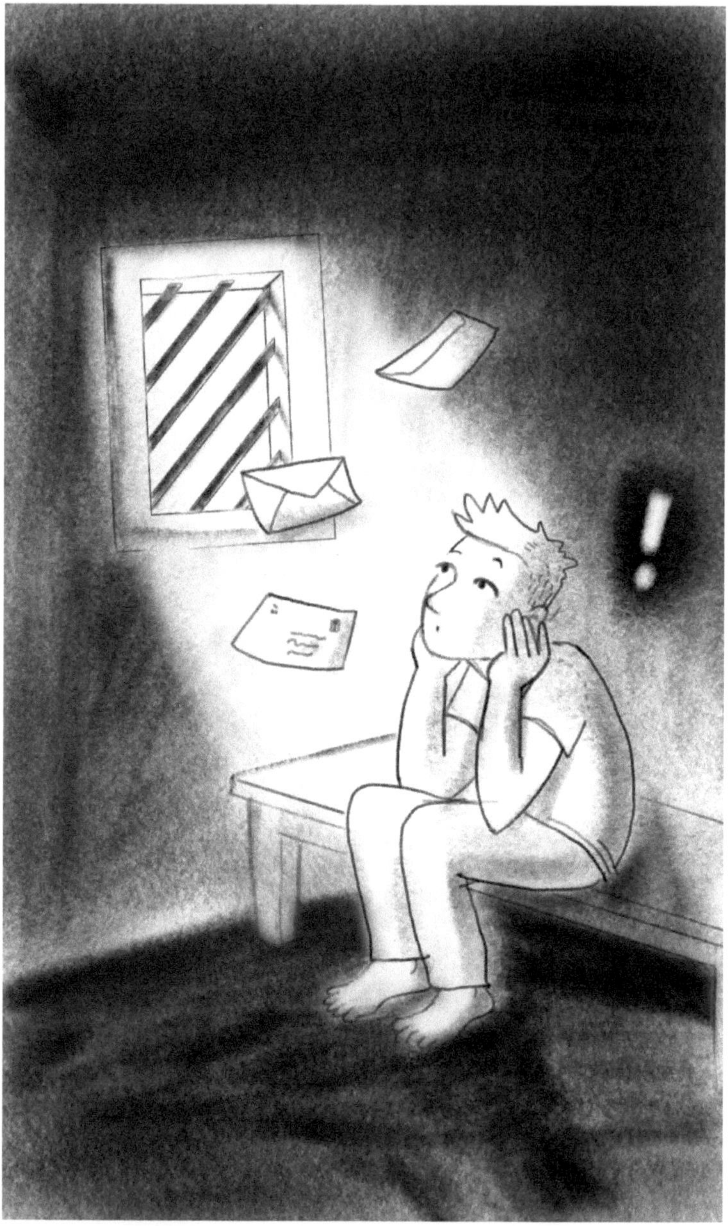

Nach der Haftprüfung wurde Claudia in den normalen Flügel verlegt zu anderen Häftlingen und konnte in der Gärtnerei arbeiten. Sie erinnert sich, dass unter den inhaftierten Frauen eine Mörderin gewesen sei, die ihren Mann getötet hatte, und einige Frauen, denen Betrugsdelikte vorgeworfen wurden. Die meisten anderen aber waren Junkies. Alle, denen „BTM-Delikte", Verstöße gegen das Betäubungsmittelgesetz vorgeworfen wurden, hatten ihren eigenen Trakt, in dem sie auch den Drogenentzug durchleben mussten. Claudia sah diese Frauen beim Hofgang. Es ist das erste Mal, dass sie in einer reinen Frauengemeinschaft lebt, und sie verliebt sich, unsterblich, in Ramona. Das geht eine kurze Zeit, denn am Tag ihrer Verhandlung, dem 12. August 1987, wird Claudia auch entlassen. Ihre Haftstrafe wird in der ersten Instanz zur Bewährung ausgesetzt. Am nächsten Tag beginnt im Frauengefängnis Plötzensee ein Hungerstreik, mit dem die Häftlinge eine Verbesserung ihrer Haftbedingungen verlangen, eine große Sache. Hungerstreiks im Gefängnis wurden in den 1980er Jahren durch eine breite Solidarisierung von draußen begleitet. Im Berliner Archiv Papiertiger sind zahlreiche Presseberichte erhalten, die die Haftbedingungen in Plötzensee dokumentieren, auch die besonders entwürdigenden Umstände, unter denen drogenabhängige Frauen inhaftiert waren. Und diese

Berichte stammen keineswegs alle aus der damals deutlich links stehenden, alternativen Berliner taz, sondern auch aus der bürgerlichen Presse.

Heute wird es, nicht nur unter politisch besonders engagierten Frauen, oft leichthin gesagt: Das Private ist politisch. Für Claudia ist das kein Gemeinplatz. Sondern sie hat das in ihrem Leben tief erfahren. Das betrifft auch den Augenblick ihrer Haftentlassung, in dem sie die inhaftierten Frauen weiter unterstützt: „Ich war engagiert, weil ich in Ramona so verliebt war.“ Ramona sitzt ihre Haftstrafe weiter ab, Claudia besucht sie, alles endet, als Ramonas Haft endet, im Winter des nächsten Jahres. Claudia und ihre Freundinnen versuchen noch etwas, sorgen dafür, dass Ramona bei einer politischen Freundin wohnen kann. „Aber dann ist sie in ihre alten Kontakte zurückgegangen, kam wieder mit ihrem Lover von vorher zusammen, hatte ein Kind und… hat gedrückt.“ Es muss Claudia frustriert haben, Ramona nicht von der Droge weg, nicht auf ihre politische Seite ziehen zu können.

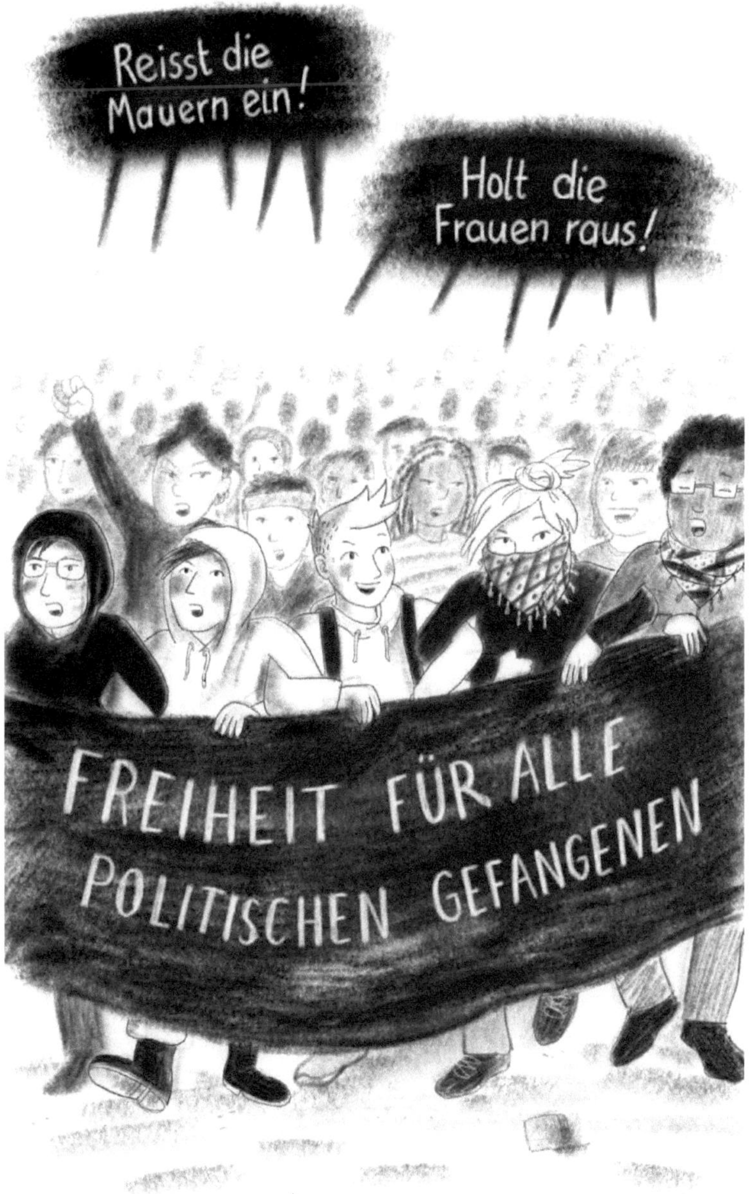
Reisst die Mauern ein!
Holt die Frauen raus!
FREIHEIT FÜR ALLE POLITISCHEN GEFANGENEN

Die große Veränderung in Claudias Leben, für die der 1. Mai 1987 symbolisch und buchstäblich steht, hatte bereits früher begonnen. Denn während sie, in ihren Worten, „immer mit diesen schwulen Jungs lebte“, zuletzt auch sehr nah in der Beziehung zu Peter, begann sie schon zu denken, dass es so nicht weiterging. „Ich wurde langsam ein bisschen unglücklich. Denn ein prägender Bestandteil dieser ganzen schwulen Szene, mit der ich da mein Leben verbrachte, war… Konsum. Wer hat die bessere Uhr und den tolleren Job und den hübscheren Lover? Dass ältere Typen sich jüngere Männer mit Konsum kaufen konnten, wurde von manchen durchaus akzeptiert.“ Flapsig setzt sie hinzu: „Und das ist nicht so meins.“ Sie steckt schon mitten in diesen Gedanken, im Mai 1987, im Juni 1987, in der U-Haft, als sie Solidarität von Menschen erlebt, die sich als links verstehen, die in linken Initiativen verbunden, in „Knastgruppen“ aktiv sind, Briefe schicken. In der taz jener Jahre wurde regelmäßig dafür geworben, Gefangenen Abonnements zu spenden, damit deren Kontakt zur Wirklichkeit außerhalb der Gefängnismauern nicht abreißen sollte. Auch Claudia wurde während der U-Haft von UnterstützerInnen angeschrieben. „Und als ich dann rauskam, hatte ich tacktacktack Kontakte mit vielen und habe sozusagen angefangen, mich in die Szene hinein zu orientieren.“

Nachdem sie fünf Jahre in Kreuzberg gelebt hatte, ohne mit der Kreuzberger Szene in Kontakt zu kommen, verdichteten sich ihre Kontakte in die politische Szene nun rasch. Studieren? Nicht daran zu denken. Stattdessen verbringt sie ihre Zeit mit Prozessvorbereitung und politischer Arbeit. Ihr Anwalt ist Thomas H., ein auf Strafrecht spezialisierter Szeneanwalt, der noch heute sein Anwaltsbüro im Herzen der Szenegegend hat. Sie wohnt sogar bei ihm, als sie aus dem Knast kommt, und lernt, sich in der Szene zurechtzufinden. Nach den ersten Wochen zieht sie in eine WG in der Cuvry-, lernt mehr Frauen kennen, zieht um in eine WG in der Liegnitzer, so sagt man in Berlin und schenkt sich Kleinigkeiten wie das Wort Straße. Anfänglich bewegt sie sich in der gemischten Szene, dann unter Frauen, bald auch in der Lesbenszene. Sie lernt alle kennen, die bereits damals in ziemlich ausdifferenzierten Zusammenhängen aktiv sind, Autonome, Antiimps. Bald bewegt sie sich überwiegend in der Frauen-Lesben-Szene. Das ist eine Zeit, in der sie jede Woche mehrere politische Termine hat, „Plenum Plenum Plenum, ich hab eigentlich nur noch das gemacht". Es ist eine Zeit, in der sie sich „immerzu" mit anderen trifft, in einer Knastgruppe mitarbeitet; dazu kommt „dies und das mit meiner WG" und sehr bald auch die Vorbereitung der Proteste gegen die Tagung von Weltbank und Internationalem Währungsfonds, die 1988 in West-Berlin stattfinden sollte.

Mit der IWF-Tagung beschäftigt die West-Berliner Szene sich bereits 1987, sogar in den Aufrufen zum 1. Mai 1987 und zu den Protesten gegen den Reagan-Besuch sind Hinweise darauf zu finden. Kritisiert wurde die Politik von IWF und Weltbank in der Schulden- bzw. Verschuldungskrise, in der hochverschuldete Entwicklungsländer keinen Schuldendienst mehr zu leisten imstande waren und gnadenlos ausgepresst wurden. Der Protest richtete sich gegen die neoliberale Politik der „Strukturanpassung“, die zu einer zunehmenden Verelendung der Bevölkerungen in den verschuldeten Ländern führte. Die beiden mächtigsten internationalen Finanzorganisationen, IWF und Weltbank, standen nicht nur symbolisch, sondern real für diese Verschuldungspolitik und ihre Folgen, darunter die Ausplünderungen von Rohstoffreserven der ärmeren Länder und die zunehmende ökologische Krise. Die Bundesrepublik Deutschland wurde als Nutznießerin neokolonialer Ausbeutungsverhältnisse kritisiert. Die Anti-IWF-Proteste, an denen viele Gruppen und viele Einzelne teilnehmen, so auch sie, Claudia, werden im folgenden Jahr, 1988, eine große Sache in West-Berlin mit Massendemonstrationen, Protestaktionen, wie einem symbolischen Schuldenturm am Wittenbergplatz, und dem großen Gegenkongress, alles unter der Losung „IWF-Mördertreff!“ So öffentlichkeits- und massenwirksam ist die Mobilisierung, dass viele Banker in Ostberliner Hotels wohnen, wo Polizei und Stasi sie gegen DemonstrantInnen abschirmen, auch gegen die versprengten Proteste, die von einem kleinen oppositionellen Gegenkongress im Osten ausgehen. Die Mauer bekommt eine neue Funktion: Der „antifaschistische Schutzwall“ schützt jetzt die ökonomisch Herrschenden vor den linken KritikerInnen ihrer Politik und bringt, sehr angenehmer Nebeneffekt für den wirtschaftlich geschwächten SED-Staat, die begehrten Devisen vom „Klassenfeind“.

Nicht nur ans Studieren, auch an Lohnarbeit war kaum zu denken, während der Prozess wegen des Vorwurfs des Landfriedensbruchs läuft. Claudia wurde von ihrem Vater unterstützt, finanziell und mit juristischer Beratung. Begeistert kann er nicht gewesen sein: „Er wollte mich mit der Strategie rausholen, dass ich eine Bürgerstochter und eigentlich ganz brav bin. Ich hatte eine komplett andere Prozessstrategie. Am Ende habe ich meinen Richter beleidigt, die ganze Szene war da.“ Es kam zu Tumulten, sie zog ein pinkfarbenes Plastikschwein aus der Hosentasche und blies es auf, der „Schweinejustiz“ wegen. Dieses Verhalten konnte der Vater nicht nachvollziehen. „Er fand, dass ich jetzt lauter anarchistische Politik mache, ganz schlimm.“ Sie selbst allerdings bezeichnet sich auch im Rückblick nicht als Anarchistin, klassisch-anarchistisch sei ihre Politik nicht gewesen, eher „autonome Szenepolitik, schon staatsfeindlich und radikal und so… schon sehr dagegen“. Es ging um Demonstrationen, Aktionen, die Szene las „radikal“ und wollte vor allem eines: an die Wurzel gehen. Das Niveau der theoretischen Auseinandersetzung war dabei unterschiedlich. Teils wurde – Originalton Claudia – „nach dem Prinzip Bimbam-Schweinesystem und fertig“ gewertet, teils ernsthaft theoretisch gearbeitet, wie eben in der Anti-IWF-Kampagne. Ihr Vater freilich wird den Unterschied zwischen autonom und anarchistisch kaum gesehen und wenn doch, kaum ernst genommen haben.

1989 stand der Haftantritt an. „Ich habe nach langem Überlegen ein Gnadengesuch gestellt. Ich war zwei Monate im Knast gewesen, in U-Haft, 13 Monate standen noch aus.“ Für das Gnadengesuch sammelte sie „Pro-Claudia-Schreiben“, bei der Kirchgemeinde unter anderem, bei der Humanistischen Union. Auch ihre Mutter verfasste so einen Brief, der Vater aber verweigerte ihn. „Er fand, wenn ich politisch so radikal bin, soll ich gefälligst auch in den Knast gehen. Das würde dann wohl dazu gehören. Er könnte nicht schreiben, dass er sich wünscht, dass ich nicht in den Knast gehe. Das war son bisschen… Ui.“ Sie klingt noch heute erstaunt. „Liebe Claudia, ein schlimmes Urteil steht zur Vollstreckung an.“ Der Brief in der schönen Handschrift des Vaters wirkt nicht, als sei er im Affekt verfasst. Der Jurist fürchtet, dass die Haftstrafe auch jene akademische Laufbahn verbaut, die er ihr zutraut, die er sich von ihr wünscht. Zu seinem Gram strebt sie diese Laufbahn gar nicht an, will den bürgerlichen Lebensweg nicht einschlagen, den er sich erarbeitet, vielleicht erkämpft hatte. Zu durchsichtig ist ihm, dass sie 1987, nachdem sie das Betriebswirtschaftsstudium mit dem Abschluss des Grundstudiums abbrach, sich einschrieb für Jura. Hier exmatrikuliert, dort immatrikuliert. „Das habe ich nicht wirklich studiert, ich habe es bei den BewährungshelferInnen so angegeben.“ Und das ist nichts, womit sie dem Vater imponieren kann. „Ich werde Dir nicht zu erklären brauchen, daß ich das“, ein Gnadengesuch zu unterstützen, „nicht aus mangelnder Zuneigung nicht tun kann, sondern gerade ihretwegen. (…) Wie soll ich als Vater und geduldeter Mitverteidiger wg. der bürgerlichen Staffage einer Gnadeninstanz klarmachen, warum Du Dich so verhieltest wie Du es tatest, nur darauf bedacht, Deinen Freunden aus 36 eine beeindruckende Rolle als Widerstandskämpferin vorzuleben, wenn Du mir auf meine drängenden Fragen nur lächelnd erklärst, daß das so richtig war, ohne artikulieren zu können, was denn heute richtig und nicht nur opportun wäre?“ Feierlich erklärt er, ein „wahrhafter Fürsprech“ nicht sein zu können. Umarmung und der Wunsch, alles möge so verlaufen, dass es ihr, Claudia, helfe. Ein Bruch für lange Zeit, auch nach Ibiza darf sie vorerst nicht kommen. Claudias Gnadengesuch wurde Ende 1989 akzeptiert, die 13 Monate auf vier Jahre zur Bewährung ausgesetzt. Jahrelang war sie damit beschäftigt, nach dem Prozess hatte sie sich bei Bewährungshelfern zu melden. 1990, 91, 92, 93.

Es änderte sich für Claudia ständig etwas in dieser Zeit, in der das Strafverfahren stattfand, von 1987 bis 1989, in diesen Jahren. Aber alles änderte sich schnell, in Tagen, Wochen, Monaten. Man kann das einen Prozess der Bewusstwerdung nennen. 1987 lernte Claudia Inken Waehner kennen, mit der sie bis heute zusammenlebt. „Aber wir haben uns erst ein Jahr später, Ende 88 zueinander-“, sie unterbricht sich in der ihr eigenen, charakteristischen Art, in ihre Erzählung immer wieder neue Stücke, andere Details einzufügen, „da habe ich, glaube ich, schon in der Walde“ - der Waldemarstraße, einer Parallelstraße der Oranienstraße - „gewohnt. Ich weiß nicht mehr genau, wann ich bei denen eingezogen bin, 88, 89, irgendwann.“ Dann aber weiß sie es doch. Der Orientierungspunkt ist 1989, da zog sie zu Inken. Das war eine Zeit, in der sie „echt total wild in der Szene rumflippte“, sie machte alles, lernte alles kennen, organisierte vieles und viele. Das war auch mit Beziehungen verbunden, zunächst kürzeren. Entscheidend dabei war: „Ich habe überhaupt zum ersten Mal eine Beziehung mit einer Frau angefangen. Der Knast war meine erste Frauengruppe.“ Sie lacht dabei. Jede denkt an ihre erste Frauengruppe.

„Solidarität heißt Widerstand. Internationaler Frauenkampf“, steht auf einer Häuserwand, daneben ein roter Stern im Kreis und eine Doppelaxt. Die späten 1980er Jahre. Frauenbewegung heißt vor allem und so klar wie später nie mehr: Frauenbefreiungsbewegung. Frauenbefreiung, das meint die Befreiung aus den gewaltförmigen Verhältnissen von Patriarchat und Kapital. Genau so, nämlich „Patriarchat und Kapital“, heißt auch das berühmte Buch der Ökofeministin Maria Mies. In Flugblättern, Plakaten, Broschüren und anderer grauer Literatur, die aus den späten 1980ern erhalten sind, finde ich Losungen wie „Für eine starke internationale Frauenbefreiungsbewegung! Kampf dem imperialistisch-patriarchalen System!“

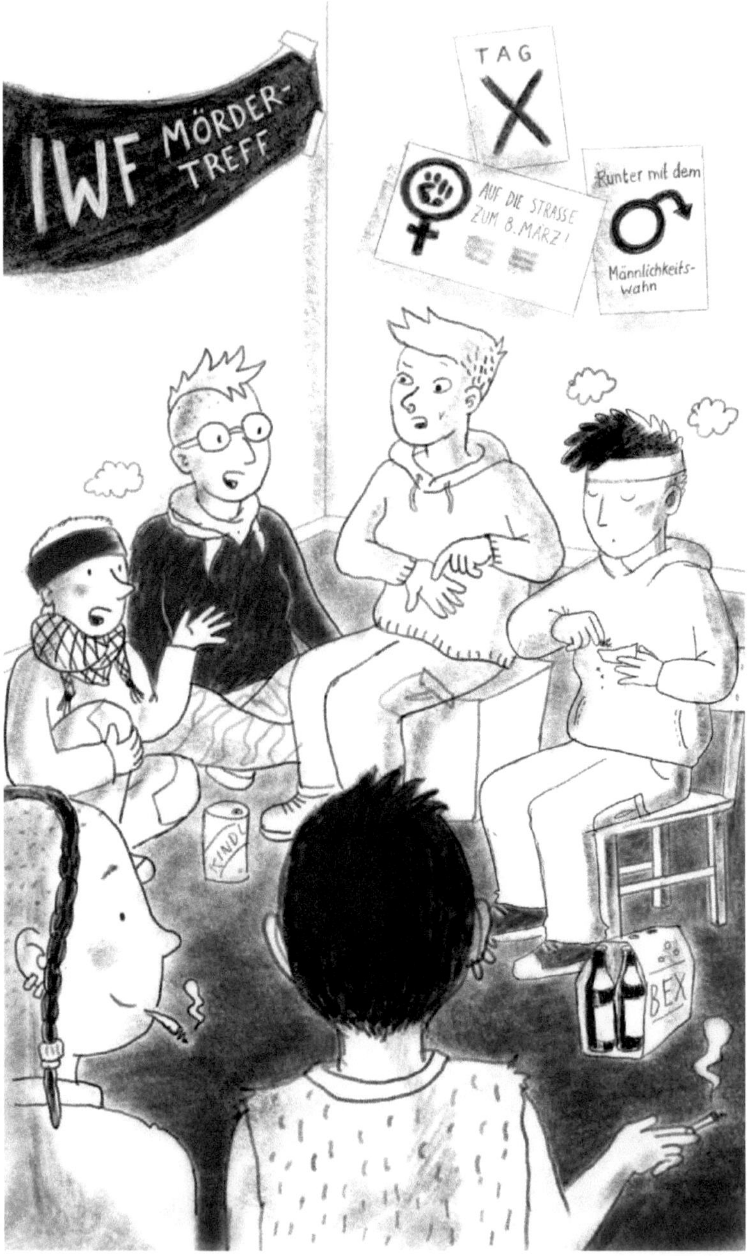
IWF MÖRDER-TREFF
TAG X
AUF DIE STRASSE ZUM 8. MÄRZ!
Runter mit dem Männlichkeitswahn
KINDL
BEX

Alle Themen sind schon da, die bis heute linke, antikapitalistische und antifaschistische Politik prägen, aber seit dem Scheitern des Realsozialismus und dem vermeintlichen historischen Sieg des Kapitalismus kompliziert geworden sind und auf neue Weise differenziert erarbeitet werden müssen. Manche Texte dieser Zeit lesen sich wie Vorbotinnen, beispielsweise wenn sie sich mit der „genetischen Beratung" von Frauen auseinandersetzen und sie als Fortsetzung „rassehygienischer" und „eugenischer" Maßnahmen des NS-Staats kritisieren. Diese Themen haben in den Jahrzehnten seither beständig an Brisanz gewonnen.

„Was wir in der Lesbenszene auch hatten, waren Diskussionen um Rassismus, um Behindertenfeindlichkeit. Die waren nicht auf einem brillanten intellektuellen Niveau, aber wurden mit Herz und Verstand geführt." Eine breite Solidarisierung von Frauen und vor allem der genaue Blick auf die Umstände, denen jede Einzelne ausgesetzt ist, waren die Stärken der Frauenbewegung in dieser Zeit. Was wir daraus gelernt haben, wirkt heute auch in anderen politischen Zusammenhängen: dass Menschenrechte keine abstrakte Forderung sind, sondern im Leben jeder Einzelnen, auch jedes Einzelnen gelten müssen. Darin war, ist Utopisches enthalten, vor allem indem wir uns fragen, wie das „gute Leben" für alle und als gutes irdisches Leben zu haben ist. Gesellschaftsutopien hingegen, erinnert Claudia sich, „das war kein wirklich gut entwickelter Bereich. Vorstellungen, wie eine nachrevolutionäre Gesellschaft tatsächlich aussehen könnte, haben mir immer gefehlt. Viel blieb in Aktionismus stecken oder darin, wie wir im konkreten Umgang miteinander Probleme bewältigen, die an diesen Konfliktlinien von Rassismus und Behindertenfeindlichkeit verliefen." Das sind auch persönliche Diskussionen und Auseinandersetzungen, sie gingen tief, und Beziehungen und ganze Lebenszusammenhänge konnten daran zerbrechen. „Wir waren viel in diesen Dingen gebunden: Wo kommt die tägliche Kohle her? Wie gehen wir miteinander um? Wie möchten wir in der WG konkret zusammenleben? Was passiert auf unseren Treffen? Strukturen wurden in Frage gestellt, wenn welche kamen und sagten: ‚Hier, Rassismus, unter uns.' Das Diskussionsniveau, teilweise… Manchmal konnte man schon fast nicht mehr anders, als sich die Köpfe einzuschlagen. Deswegen bin ich schnell durch die Szene gerauscht und auch wieder raus." Die Intensität von Konfrontationen, gar nicht unbedingt persönlichen, ist für sie nicht auszuhalten, von Gruppenkonfrontationen, deren Teil sie plötzlich wird. „Ganz unerfreuliche

Sachen oft. Aber dann haben wir uns tatsächlich viel um den Sport Gedanken gemacht.“

Sport, endlich wieder Sport in dieser Geschichte! Und deshalb muss jetzt, endlich, die Rede von Inken sein.

Kapitel Sechs. Inken und Claudia

Für mich war Lesbe ein durch und durch politischer Begriff, ich habe es nicht für möglich gehalten, dass es welche gibt, für die das nicht so ist. (Inken Waehner)

Inken Waehner. Sie ist groß, stark, hat viel Kraft und viel Geschichte. Inken und Claudia teilen seit so vielen Jahren Training, Leben und Liebe, dass ich ausholen will, um von Inken zu sprechen. Auch Inken ist 1963 geboren, auch sie in West-Berlin. Sie wuchs im Norden auf, in Tegel. Tegel ist nicht nur ein Flughafen, sondern und vor allem ein großer, grüner, wald- und wasserreicher Ortsteil im Berliner Bezirk Reinickendorf. Diese eher kleinbürgerliche Gegend war, während die Mauer stand, bei BerlinerInnen, die in weniger begrünten Stadtteilen wohnten, als Ausflugsgebiet überaus beliebt. 1981, als sehr junge Frau, wohnte Inken eine Zeitlang in einem besetzten Haus in der Schöneberger Winterfeldstraße, das geräumt wurde, anschließend in anderen besetzten Häusern. Zuletzt, es war

Winter und sie hatten schon das halbe Treppengeländer verheizt, kam der Plan auf, nach Sizilien zu gehen, wo es warm wäre. Es war eine wirre Zeit in Inkens Leben, und am Ende ging sie über München und Venedig nicht nach Sizilien, sondern nach Göttingen, wo sie ein paar Jahre blieb, Abitur machte und sich an der Universität einschrieb. Genau gesagt wohnte sie nicht direkt in Göttingen, sondern auf einem Dorf zehn Kilometer vor der Stadt, in einem Fachwerkhäuschen, in einer Frauen-WG. Was sie im Rückblick „romantische Vorstellung vom Landleben" nennt, kam ihr dort schnell abhanden. Kaum jemand von den Leuten im Dorf wechselte ein Wort mit den WG-Bewohnerinnen, nur eine Bäckerin und eine Frau, die als Hilfskraft im Supermarkt beschäftigt war, sympathisierten ein bisschen mit ihnen. „Aber es war klar: Vier Frauen, die zusammenleben, und das auch noch ohne Vorhänge in den Fenstern, werden geächtet. Drohungen... Leute haben uns die Scheiben eingeschmissen und Eier an die Tür. Wir hatten natürlich unser Dings, uns nicht vertreiben zu lassen, und haben das tapfer immer wieder klargestellt." Am aggressivsten waren einige jüngere Männer, fest verankert im Dorf und von der restlichen Bevölkerung unterstützt. Alle politischen Grundsätze über Bord werfend, suchte die WG Unterstützung bei der SPD-Ortsvorsitzenden, doch die wiegelte ab. Selbst an den Pfarrer wendeten sich die Frauen, weil sie es satt hatten, ständig um ihr Häuschen Wache schieben zu müssen. Der Pfarrer hätte wohl helfen wollen, fühlte sich aber als ein „Zugezogener“, erst seit zwei Generationen im Dorf, macht- und einflusslos.

Allerdings, an der Göttinger Uni existierten linke Strukturen. Inken machte Politik. Welche Art Politik? „Viel.“ Vor allem trainierte sie seit 1983 Wendo. Wendo, der „Weg der Frauen“, ist ein Selbstverteidigungskonzept, das ursprünglich einem Selbsthilfeansatz folgte. Die Frauen begannen einfach zu trainieren, und welche nach einem halben Anfängerinnen-Jahr weitertrainierte, demzufolge fortgeschritten war, konnte ab diesem Zeitpunkt auch selbst Training geben. Rasch übernahm das Wendotraining die Grundstruktur von Inkens Terminplan: Training mit Anfängerinnen, Training mit Fortgeschrittenen, samstags im Frauenzentrum Theorie, einmal im Monat Trainerinnentreffen. „Das war viel Beschäftigung. Wenn du selbst Trainings gegeben hast, hast du dich auch mit der Frau getroffen, die das mit dir zusammen gemacht hat.“ In Göttingen gab es damals sieben oder acht Wendotrainerinnen, erinnert sie sich, alle in der Uni. „Göttingen“ ist, auch heute, die Uni, und selbst heute existieren Rudimente einer sehr aktiven linken Szene. „Göttingen war in jedem Fall besonders.“ Inken hatte bereits Kontakte nach Göttingen gepflegt, als sie „hier noch in den Häusern“ wohnte. Sie mochte Göttingen, auch wegen der großen und aufgeschlossenen Szene, in der eine „nicht erst einmal ein halbes Jahr bei jedem Treffen wichtige Dinge sagen musste, ehe ihr zum ersten Mal zugenickt wurde.“ So nämlich hatte sie das in Berlin erlebt. Aus der großen Göttinger autonomen Szene wanderten viele Frauen ab in die Frauenszene, blieben aber oft zusätzlich in gemischten Zusammenhängen aktiv. Die Vorteile einer kleinen Stadt: „Man hatte miteinander zu tun. Antiimps zum Beispiel haben mit den Autonomen geredet, nicht wie hier in Berlin. Die Szene war eben auch klein genug. Wenn du Stress mit welchen hattest, musstest du das in kurzer Zeit klären. Du musstest mit allen ein Verhältnis aufbauen, dass du dir in die Augen gucken konntest. Wir konnten einander nicht aus dem Weg gehen.“ Möglich, dass darin die loyale, tolerante Haltung wurzelt, die Frauen auch heute im Umgang mit Inken spüren. Doch nicht nur die linke Szene war groß, auch die rechte. In Göttingen erlebte Inken, dass Burschenschaften wirklich und in der Gegenwart existierten, nicht nur im 19. Jahrhundert. Als ich einwerfe, dass Burschenschaftler dort ein Studentenwohnheim betrieben, bemerkt sie trocken, es seien mehrere gewesen. Fuhr Inken Ende der achtziger Jahre nach Berlin, setzte sie sich zum Ankommen zwei Stunden in der Wilmersdorfer Straße auf eine Bank und genoss, wie Menschen an ihr vorüberströmten, die sie nicht kannte. Sie genoss, dass es nicht eng war wie in Göttingen, wo sie sich in den Gassen mit den hübschen, frisch sanierten Fachwerkhäusern erdrückt fühlte. Als sich 1986 die Frauen-WG auflöste, nicht zuletzt der Repressionen im Dorf wegen, kehrte sie nach Berlin zurück, zu ihren Freundinnen und in die starke politische Lesbenszene, die es zu dieser Zeit gab. 1986 begann sie an der Heilpraktikerschule zu studieren. Ihren Unterhalt finanzierte sie, indem sie Büros putzte. Gemeinsam mit einer zweiten Wendotrainerin baute sie Kontakte nach Berlin-Hauptstadt-der-DDR auf und trainierte auch dort mit Frauen einer bereits bestehenden Frauen-Lesben-Gruppe. Solches grenzüberschreitendes Engagement von Linken in die Ostberliner Szene hinein war sehr selten.

Schon 1984 war Inken dem Kickboxen begegnet, bei einem Frauencamp in Lutter. Dort stellten Frauen das Kickboxen vor, die es beim Feminist International Summer Training (FIST) in den Niederlanden kennengelernt hatten. Sie waren der Weltmeisterin im Kickboxen begegnet und verbreiteten die Techniken sofort weiter. Begonnen haben diese Frauen mit sehr, sehr wenig Vorkenntnissen, dafür umso mehr

Interesse. Und schon bald fanden in Düsseldorf Fortbildungen im Kickboxen statt, die von Frauen aus den Niederlanden angeleitet wurden. Dieser Weg ist charakteristisch dafür, wie sich Selbstverteidigungssportarten in den 1980er Jahren unter Frauen verbreiteten: ohne gut ausgestattete Kampfsportschulen, ohne eine spezielle Trainingsinfrastruktur, dafür mit Neugier, Improvisationstalent und der nötigen Energie, das, was eine eben erst gelernt hat, auch gleich weiterzugeben. Eines Tages wird Kickboxen zu den Dingen gehören, die Inken und Claudia verbinden. Jetzt, 1986, wissen beide noch nichts davon. Claudia lebt mit Peter und produziert Holzfenster. Inken studiert, putzt, trainiert, ist in der Frauenszene unterwegs.

Und dann wird es Sommer 1987, Inken ist in diesem Urlaub gewesen, auf diesem Berg, bei dieser Freundin, und es war schön, bisschen schwierig war es, jetzt ist sie wieder da. Und gleich am nächsten Tag findet eine Kundgebung statt, um die hungerstreikenden Frauen im Frauengefängnis Plötzensee, der „Plötze“, zu unterstützen. „Da bin ich hin, und auf einmal stand Claudia dort vor der Plötze. Ich hab sie gesehen und mich sofort bei meinen Nachbarinnen erkundigt, ob irgendeine diese Frau kennt. Keine kannte sie. Ninua behauptete, sie schon einmal gesehen zu haben, was nicht stimmte. Ich dachte: Die muss ich kennenlernen. Aber Claudia war für sich, hat Böller geworfen, irgendetwas gemacht. Wir waren eine Art assoziierter Gruppe von Frauen, die sich kannten; wir waren mit einem großen Transparent da und was weiß ich, womit noch, und haben Parolen gerufen. Alle beachteten uns. Die einzige, die uns nicht beachtete, war Claudia.“ Die Demo zog von Plötzensee zur Lehrter Straße, wo sich ein weiterer Knast befand. Inken dachte: Die Frau muss mich doch mal beachten! Sie stellte sich auf den Lautsprecherwagen, brüllte Parolen, schwenkte Transparente. Alle schauten hoch - alle bis auf Claudia. Am Ende fuhr die ganze Demo in der U-Bahn von der Turmstraße zurück nach Kreuzberg. Inken: „Ich dachte: Wenn ich sie jetzt nicht anspreche, wird das nie mehr was. Denn keine hatte sie zuvor gesehen, keine kannte sie, keine konnte sagen, wohin sie gehört. Und ich hab mich auf ihren Schoß gesetzt und gefragt, wo sie hinfährt … nein, ich hab ihr meinen Schoß angeboten, so war’s.

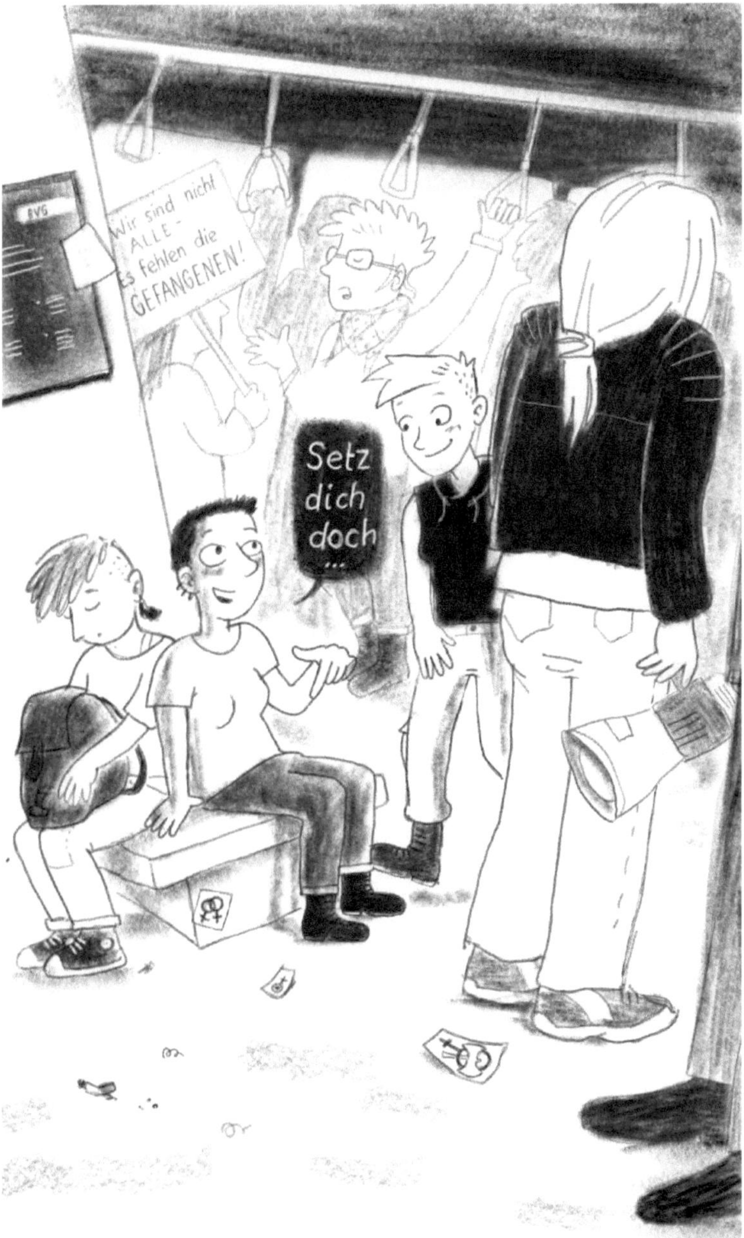
BVG
Wir sind nicht ALLE - Es fehlen die GEFANGENEN!
Setz dich doch ...

Heraus kam, dass auch sie nach Kreuzberg fährt. Ich kriegte sie dazu, bei uns in der Walde Kaffee trinken zu wollen." Gemeint ist die Waldemarstraße, wo Inken in einer WG wohnte. „Ich kriegte sie in die Wohnung bugsiert und bekam heraus, wo sie wohnt und zugehört." Besonders ge-sprächig scheint Claudia jedoch nicht gewesen zu sein, denn noch ehe der Kaffee fertig war, fiel ihr ein, dass sie ihr Fahrrad vorm Tommy-Weisbecker-Haus, einem selbstverwalteten Wohnprojekt, geparkt hatte und sofort dort hinmusste, es zu holen. Schon ist sie fort, ein Streif am Horizont. „Sie versprach noch, sie kommt die Tage rum mit Brötchen zum Frühstück."

Das also geschieht im August 1987, während Claudia, nicht lange aus der Haft entlassen, noch bei Thomas H. wohnt, ihrem Anwalt. Und wann immer wer aus Inkens Umfeld etwas bei Thomas H. will, möchte Inken anbieten, sie könnte das doch besorgen. Doch gerade jetzt legt sich bei all den Leuten, die sonst oft mit dem Anwalt zu tun haben, eine Flaute über ihre wichtigen Angelegenheiten. Schließlich trifft Inken den Anwalt auf der Straße, doch da ist Claudia schon ausgezogen. Und sie kommt nicht und kommt nicht. All die Vormittage, an denen Inken die Tür freudestrahlend aufreißt, und stets steht da der Briefträger mit der Post. Claudia nie. Zeit vergeht. Inken trennt sich von Tina und kommt mit Kira zusammen. Und jetzt plötzlich sieht sie Claudia wieder, auf der ersten Party mit Kira, die ihr einen Schweif von Anweisungen gegeben hat, wie sie und wie sie nicht mit ihrer Liebsten auf eine Party geht: „Ich soll ihr nicht am Rockzipfel hängen, bloß nicht denken, dass sie den ganzen Abend mit mir tanzen würde. Ich soll akzeptieren, dass sie nicht nur mit mir, sondern auch mit ihren Freundinnen dort ist. Sie geht dahin, um andere Menschen zu treffen, wir hätten uns ja heute schon gesehen.“ Inken wird das richtig ernst nehmen. Denn gleich im Eingang läuft sie in Claudia hinein und bleibt da stehen den Rest des Abends, sie unterhält sich wunderbar mit einer Heike und - eben - Claudia. Diese Heike, die dort bis eben mit Claudia allein gestanden hat, ist vielleicht nicht ganz so begeistert. „Aber wir haben uns wunderbar unterhalten“, erinnert sich Inken genau, „es war eine nette Party, wer sonst noch da war, weiß ich nicht. Wir gingen zusammen nach Hause, Claudia und ich, saßen noch auf irgendwelchen Stufen und redeten.“ Irgendwann wird es hell. Irgendwann wird Kira verschnupft sein, dass Inken ihre Anweisungen so ernst genommen hat. Später wird es zur Anekdote: „Ach, das ist eine schöne Geschichte.“

Das ist im Februar 1988. Sie lernen einander kennen. Und bald, eigentlich schon gleich, lernt Claudia durch Inken das Kickboxen kennen. Claudia ist begeistert, entzückt, findet es „total super. Inken hat mir das gezeigt!“ Inken hat einen kleinen Sandsack in ihrem Zimmer und erklärt Claudia daran die Grundlagen. Claudia will unbedingt Kickboxen lernen, und sie will es auch den Liegnitzerinnen, ihren Mitbewohnerinnen in der Liegnitzer Straße, zeigen. Inken und Claudia mieten das Dojo im Heilehaus, einem aus der BesetzerInnenbewegung heraus entstandenen Gesundheitsprojekt in der Kreuzberger Waldemarstraße. Beim ersten Mal erscheinen die Liegnitzerinnen nicht, Inken und Claudia sitzen fröhlich biertrinkend auf den Stufen. Beim zweiten Mal beschließen sie, allein zu trainieren. Inken berichtet: „Ein bisschen konnte sie durch unsere ersten Übungen schon. Den Rest an grundlegenden Angriffs- und Abwehrtechniken haben wir dann in zwei oder drei Stunden im Heilehaus gelernt. Das Angenehme dabei war, dass Claudia alles nur einmal gezeigt und beigebracht werden musste, dann konnte sie es. Sie konnte es auch mit den anderen Techniken zusammensetzen, die sie genauso einmal gezeigt bekommen und einmal ausprobiert hatte“, Akzent auf „einmal“. Claudia relativiert das ein wenig, die Grundtechniken seien nicht kompliziert und sie mit ihrer Sportsozialisation habe die Bewegungsabläufe leicht lernen können. Inken - „das war noch im Winter, wir mussten heizen“ - und Claudia erzählen gemeinsam davon, erzählen nahtlos, eine die andere ergänzend, sich mit der alten Begeisterung neu ansteckend.

„Danach haben wir schon gleich zusammen Training gegeben, Dienstagstraining, Schöneberg, Kolonnenstraße.“

„Es war gerade wieder mal nicht klar, welche das Training anleitet.“

„Claudia kam und sagte: ‚Guten Tag, ich bin die Neue, und übrigens hab ich das Training mit vorbereitet.‘“

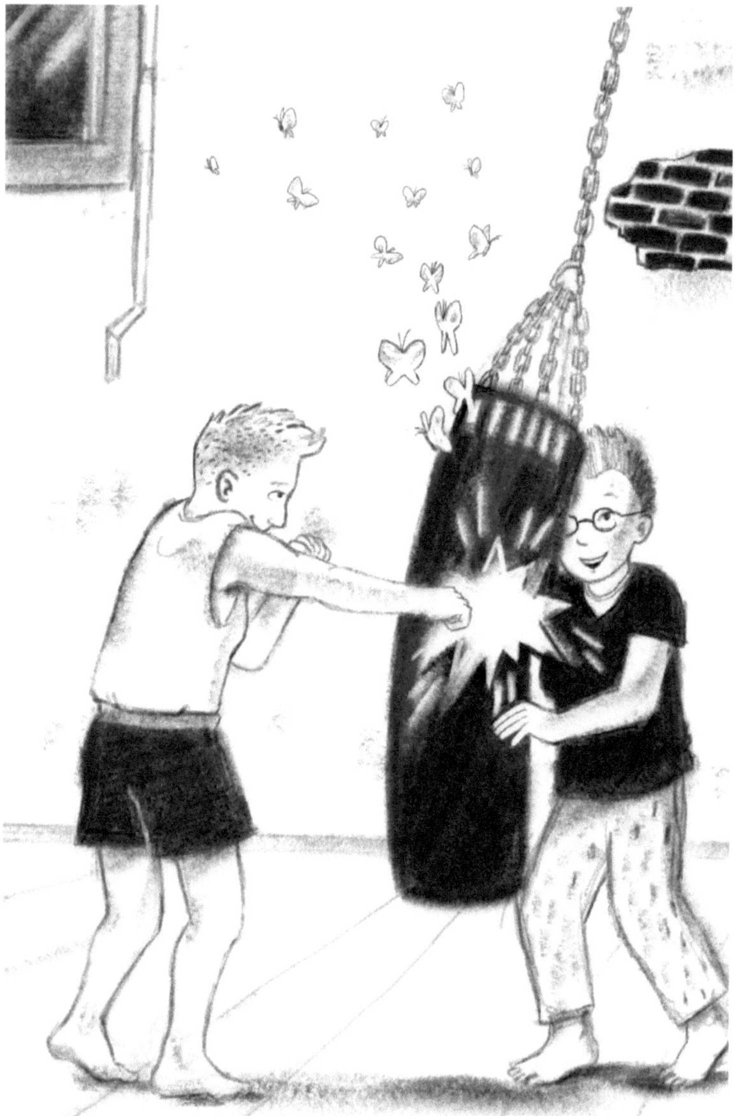

In dieser autonomen, das heißt hier: unabhängigen, Trainingsgruppe habe damals der Anspruch bestanden, dass alle sich für das Training verantwortlich fühlen und jedes Mal eine andere es vorbereitet. In der autonomen Praxis funktionierte es leider nicht ganz so gut. Der hohe Anspruch an gemeinsame Verantwortlichkeit scheiterte an der unterschiedlichen Fähigkeit und Bereitschaft der Teilnehmerinnen, sich mit gleich großer Energie einzubringen. Manchmal, vielleicht öfter sagten Frauen, die das Training vorbereiten wollten, sehr kurzfristig, etwa eine Stunde vorher, ab - „Und das ohne Handy!" - und andere mussten das Training dann anleiten. Inken vor allem. Dazu kamen Probleme mit der Turnhalle, die in diesen sagenhaften Zeiten stets noch vom Hausmeister persönlich aufgeschlossen wurde. Der Hausmeister tat das aber nur, wenn die Gruppe seiner Ansicht nach groß genug war. Und das, wo offizielle „Hallenzeiten" schwer zu ergattern waren, bis heute schwer zu ergattern sind. Es kam zu kuriosen Situationen, in denen Frauen sich blicken ließen, kurz weggingen und wiederkehrten, ohne Mütze zum Beispiel, um vom Hausmeister erneut gezählt zu werden. Und es kam zur Erfindung der „heimlichen Trainerin", die eben doch öfter als andere das Training vorbereitete und anleitete. Claudia, die mit solchen Gruppenprozessen zu diesem Zeitpunkt noch wenig vertraut war, wunderte sich.

„Mir war nicht geläufig, dass das, warum man sich eigentlich trifft, dann plötzlich hinter der Problematisierung der Frage zurücktritt, warum man es jetzt aber doch nicht macht. Das kannte ich nicht, als ich in die Gruppe kam."

Inken: „Du warst auf jeden Fall sehr erfrischend."

Claudia: „Ja, das macht so Spaß! Dann lasst es uns doch machen. Jetzt machen!"

Dazu kam: Je besser die Frauen die Techniken zu beherrschen begannen, umso anspruchsvoller wurde die Vorbereitung des Trainings. Auch deswegen war es gut, dass Claudia interessiert, bereit, fähig war, sich intensiv und dauerhaft an den Trainings zu beteiligen. In dieser ersten Dienstags-Kickboxgruppe entstanden zwei Trainerinnenteams, eines bestand ab sofort aus Inken und Claudia. Die anstrengenden Diskussionen um die Struktur der Gruppe seien dennoch ergiebig gewesen, höre ich von Inken und Claudia. Es habe sich dabei nämlich gezeigt, welche Art des Lernens am Ende auch zu Veränderung führte. Schließlich ging es um Selbstverteidigung, also nicht ums bloße Anhäufen von Wissen, sondern darum, etwas zu lernen, das dann auch zur Verfügung steht, wenn eine es benötigt. Auf welchen Wegen begreifen Frauen etwas? Nicht jede Art von Bewegung ist für jede geeignet. Es ging eben nicht nur darum, sich warmzumachen und dann loszuboxen. Eine der Frauen interessierte sich für Musik und Tanz, und während Inken und Claudia zunächst nicht begeistert reagierten, weil dieses Interesse sich vorwiegend auf Standard-Tanzmusik bezog, ist zumeist sehr rhythmische Musik heute tatsächlich Bestandteil fast aller ihrer Trainings. Dass Claudia Musik verwendet, hat sie sich regelrecht erarbeitet. So hört es sich natürlich nicht an, wenn Inken und Claudia darüber sprechen. Vielmehr erzählen sie, dass sie bei Kiezdiskos im SO 36 statt zu tanzen leichte Kämpfe mit „soft touch" übten. „Das fiel nicht auf, weil andere zur Punkmusik Pogo tanzten, da sprang man sich ohnehin gegenseitig an." Besonders verabreden musste man sich nicht, zur Frauendisko seien ohnehin „alle" gekommen. „Alle", das waren sicher 150 Frauen in der Szene, die im Kiez wohnten und sich gemeinsam engagierten. Inken: „Es gab wenig Ausreden, warum man dort nicht hinging. Wenn man mal einen faulen Abend wollte, musste man sich etwas Besseres überlegen." Einfach wegbleiben, ob nun von der ersten Reihe bei Frauendemos oder von der Frauendisko, das gab es nicht,

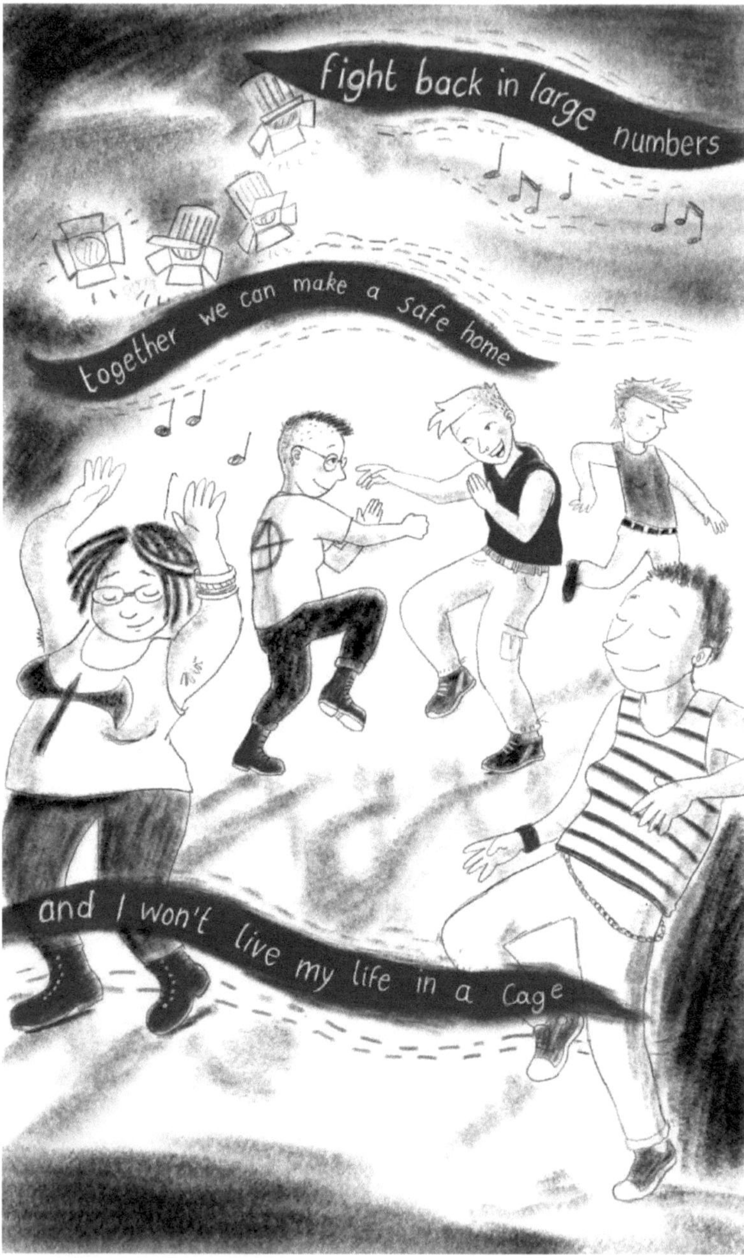
fight back in large numbers
together we can make a safe home
and I won't live my life in a cage

am ehesten noch von der geschlechtergemischten Kiezdisko. „Das ist ja wie auf dem Dorf!“, sage ich angesichts dieser sozialen Kontrolle, und Claudia antwortet trocken: „Ich war auch erstaunt.“

Und wieder diese Synchronizität im Geschehen, Politisierung, Liebe zu Frauen, Sport mit Frauen. Claudias physische, sportliche Fähigkeiten verwirklichen sich ab jetzt in einem Zusammenhang, in dem sie endlich denken kann: „Ich bin das.“ Das heißt: Sie kann Frau sein, endlich findet sie eine Zuflucht in dieser Kategorie. So sagt sie das: Zuflucht, und sie meint damit genau jene Zuflucht, für die sie früher vermeintlich zu groß war, zu stark, zu exotisch. Ab jetzt wird sie dafür bewundert, begehrt, geliebt. Ein Foto von Ibiza, aus den späten Achtzigern zeigt Claudia in der Rückansicht, unbekleidet. „Da bin ich schon mit Inken zusammen“, sagt sie. Ihr athletischer Rücken ist rot und bunt bemalt, eine Drachin, züngelnde Farben. Inken hat das gemalt, es ist ihr Motiv, die Drachin, und ihre Art zu malen. Claudias Bewegung denkt sich die Betrachterin dazu, lässig, ab und zu eine schnelle, nur auf den ersten Blick linkisch wirkende Geste.

Man sieht diese Bewegungen auch später, 2016 zum Beispiel, beim Stockkampftraining. Zuschauen ist ein Vergnügen, Mitmachen das größere. Claudia, die 2016 chronische Beschwerden des Knies kennt, deren Körper und Geist inzwischen mehrfach durch Krebserkrankung und aggressive Therapien gegen den Krebs gegangen sind, wirkt hinreißend, mitreißend wie immer. Sie federt, schnippt beim Erwärmen von einem Bein aufs andere. Es muss sie oft gekränkt haben, „Tier" genannt zu werden, auch wenn es scherzhaft gemeint war. Wir haben so oft darüber gesprochen, dass ich das Tier nicht aus dem Kopf bekomme. Welches Tier könnte es sein? Auch jetzt, obwohl sie doch gar nicht mehr jung ist, denke ich zuerst an ein Fohlen. Eine Assoziation, die sie immerhin nicht kränkt, ich habe gefragt. Der Eindruck hat mit ihren langen, schlanken Gliedmaßen zu tun, mit den Mustern, die sie in die Luft zeichnen, mit einer zügigen Bewegtheit, Lockerheit, Anstrengungslosigkeit. Natürlich, auch das sind Klischees, an denen schon grundsätzlich zu zweifeln ist. Doch es fehlt jedes Indiz, dass Claudia ihre Leichtigkeit in tiefer Anstrengung produziert. Allerdings, die jahrzehntelange Übung spielt dabei sehr wohl eine Rolle. Und da sehe ich auch, woran Claudia mich erinnert, viel mehr als an ein Tier und sei es ein Fohlen: Claudia erinnert an eine dieser erfahrenen Frauen, älter und sogar alt, denen ich zuweilen im Gebirge begegnet bin. Gar nicht so schnell, aber pausenlos setzen sie einen Fuß vor den anderen, ohne jemals nach Luft zu ringen oder zu verschnaufen. Zäh. Trittsicher. Unermüdlich. So ist Claudia. Wenn sie und Inken gemeinsam demonstrieren, wie ein Angriff abzuwehren ist, offenbaren sich ihre typischen Stärken. Inken, körperlich kaum kleiner, wirkt kräftig, bodenständig, schier nicht umzuwerfen. Sie steht gut, ihr Körperschwerpunkt liegt tief, in der Deckung zeigt sie keine Lücke. Claudia bleibt in einer lockeren, nie aussetzenden Bewegung, hinter der ihre Schlagkraft spürbar ist. Intuitiv spürt die Übungspartnerin, dass Claudia jede Deckungslücke finden und sie mit viel Energie ausnutzen kann.

Als Inken und durch sie auch Claudia das Kickboxen kennenlernten, gab es diese Sportart noch nicht lange. An ihrem Beginn stand der Wunsch, kontrolliert und sicher zu kämpfen. Kickboxen entstand Ende der 1970er Jahre in den USA und Europa unter Männern, die bis zu diesem Zeitpunkt Karate trainiert hatten und nun „realer" kämpfen wollten. Der Wunsch nach Veränderung hatte seine Wurzel in der Tatsache, dass die Bewegungsabläufe des modernen Karate relativ festgelegt sind. Einige in realen Kampfsituationen sehr effektive Techniken sind ausgeschlossen, weil sie schwer kontrollierbar sind. Deshalb erschien Karate den Erfindern des späteren Kickboxens ungeeignet für realistischere Freikämpfe. Sie übernahmen stattdessen Techniken von anderen Kampfsportarten, vom Boxen und vom Muay Thai, dem Thaiboxen. Den neuen Sport nannten sie „All-Style-Karate“ oder auch „Contact Karate“. Nun wurden Freikämpfe möglich und das, was man als „Vollkontakt“ bezeichnet, ein handfestes Aufeinandertreffen.

Claudia muss es wie eine Erlösung erschienen sein, endlich einen Sport zu trainieren, dessen Grundmotorik eben nicht grazil sein sollte. In Kampfsportarten und Selbstverteidigungskonzepten sorgen genau jene Bewegungen, die üblicherweise als unweiblich gelten, dafür, dass Frauen so gehen, stehen und atmen, dass sie sich gut wehren können. Das führt zu grundsätzlichen Fragen, die unsere Kultur betreffen: Warum gilt es als weiblich, die Füße beim Gehen wie in einer Perlenschnur hintereinander zu setzen, was einen eher instabilen Gang erzeugt? Warum gilt ein hüftbreiter Stand, der uns stabilisiert und mit dem Boden verbindet, als unelegant und unweiblich? Hat das nur ästhetische Hintergründe? Und wer profitiert davon, wenn alle oder doch die meisten das für ästhetisch halten?

Claudia beschreibt in ihrer Diplomarbeit (2011), dass das Interesse feministischer und frauenbewegter Frauen am Sport in den 1970er und 1980er Jahren zunächst gering war. Frauen, die sich für Sport interessierten, schlossen sich traditionellen Sportvereinen an oder nahmen Angebote kommerzieller Anbieter wahr. „Erinnert sei“, schreibt Claudia in ihrer Arbeit, „an dieser Stelle an die ab etwa 1983 auch in der BRD populäre Aerobic-Welle, ein für Frauen trotz des extrem instruktiven Unterrichtsstiles eher lukratives Angebot, da es die zunehmend wichtiger werdenden Aspekte von Fitness, Gesundheit und Körper-Styling in einem Bewegungsangebot präsentierte, das Frauen nicht in Konflikt mit Weiblichkeitsnormen brachte.“ Mit genau diesem Konflikt um Weiblichkeitsnormen setzten sich die neue Frauenbewegung und die zweite Welle des Feminismus, die im emanzipatorischen Kontext der neuen sozialen Bewegungen der 1960er und 1970er Jahre entstanden waren, bevorzugt auseinander. In der Frühphase der neuen Frauenbewegung, also in den 1970er Jahren, war Sport noch kein dringliches Anliegen. In den 1980er Jahren wurde durch die intensive Auseinandersetzung mit dem Thema Gewalt gegen Frauen das Bedürfnis nach wirkungsvollen Selbstverteidigungskonzepten stärker. Claudia schreibt: „Die Beschäftigung mit Selbstverteidigung bzw. mit Kampfkünsten, zu denen Frauen über den Wunsch nach wirksamen Techniken zur Selbstverteidigung einen Zugang fanden, war bereits Mitte der 1970er Jahre weit verbreitet. (…) Frauen tauschten sich in Selbsterfahrungs- und Selbsthilfegruppen über die alltäglich erlebte Gewalt aus, über

Demütigungen, Herabsetzungen, Grenzverletzungen und Respektlosigkeiten, über erlebte, beobachtete oder befürchtete Gewalt von Männern sowie über die Schwierigkeiten, das Recht auf sexuelle Selbstbestimmung einzufordern und durchzusetzen." So entwickelte sich das Bedürfnis nach wirksamer Selbstbehauptung und Selbstverteidigung.

Inken war durch ihr Wendotraining bereits vertraut damit und gab ihr Wissen aktiv weiter, als sie Claudia kennenlernte. Aber auch wenn die Initiative von Inken ausging, ausschließlich Inken zuliebe hat Claudia ihre Wahl für Selbstverteidigung und Kampfsport kaum getroffen. „Das war in einen politischen Kontext eingebunden. Es war das Gefühl, damit umgehen zu müssen, dass auf Demonstrationen häufig gerangelt und geschoben wird und dass es zu Auseinandersetzungen mit der Polizei kommen kann. Wir konnten uns auch vorstellen, dass uns Nazis angreifen würden, wir waren antifaschistisch." Demonstrationen waren keine Spaziergänge, Frauen-Lesben-Veranstaltungen mussten geschützt werden, und Frauen fragten sich, was zu tun ist, wenn Männer uns attackieren: „Das waren die Situationen, die wir mit unserem Training verbunden haben." Beim Wendotraining geht es darum, wie man Konflikte entschärft, löst, beendet, notfalls mit physischer Gewalt. Und es geht um komplexe Situationen: „Wie werfen wir einen ungebetenen Gast aus der Lesbenparty? Und zwar, ohne dass er großen Schaden anrichtet oder diejenigen, die ihn hinauskomplimentieren, verletzt?“ Mit Männern umgehen zu müssen, die pöbeln und um jeden Preis ausgerechnet in eine Frauenkneipe oder Frauenveranstaltung eindringen wollen, kam in den 1990er Jahren in Frauentreffpunkten häufig vor. Dass es heute seltener vorkommt, liegt auch daran, dass es weniger Frauenkneipen gibt.

Claudia ist wichtig, dass Selbstverteidigungstraining auch und vor allem einüben soll, wie Frauen Konflikte ohne Schläge lösen: „Es ging nicht darum, die Speerspitze einer Demo zu sein, die dann losschoss, sondern eher darum, stehenzubleiben, wenn die Polizei in keilförmiger Formation in eine Demonstration reinging.“ Vor allem aber wurde Frauenselbstverteidigung aus einem feministischen Bewusstsein heraus trainiert: „Wir waren Teil der Frauen-Lesben-Bewegung, die ein Bewusstsein über das Ausmaß gesellschaftlicher Gewalt gegen Frauen entwickelt hat. Wir waren bei den ersten, die begriffen haben, dass die Gewalt eines fremden Täters, der nachts aus dem Busch springt, weitaus weniger wahrscheinlich ist als Gewalt, die von bekannten Personen ausgeht, von Freunden, Liebhabern, Ex-Liebhabern. Vätern."

Um erneut die Diplomarbeit zu zitieren: „In den Selbstbehauptungstrainings, die zu dieser Zeit im Kontext der Frauenbewegung entwickelt wurden, ging es zunächst darum, sich als Frauen miteinander die Fähigkeit zu erarbeiten, zu den eigenen Rechten zu stehen, sich nicht von abwertenden Bemerkungen, Kritik und Schuldgefühlen von der Artikulation eigener Wünsche abhalten zu lassen. Frauen wollten gegen die ihnen ansozialisierte Nachgiebigkeit und die Tendenzen, die eigenen Belange zurückzustellen, angehen. Die Organisationsform waren Frauengruppen von maximal acht Teilnehmerinnen, die abwechselnd jeweils zu zweit ein Treffen leiteten. Die Anzahl der Treffen war auf sieben bis zehn begrenzt. Jede Teilnehmerin bestimmte selber, was für sie das Hauptproblem war, an dem sie arbeiten wollte. Es ging um gegenseitige Unterstützung und darum, sich ernsthaft zuzuhören und sich gegenseitig ein Forum zu bieten, in dem persönliche Entwicklungsschritte und Schwierigkeiten reflektiert werden konnten. Es gab ein allgemeines Konzept, nach dem vorgegangen werden konnte. Übungsschritte waren das klare Formulieren von Wünschen sowie von Dingen, die eine stören, Beharrlichkeit als Strategie gegen Einschüchterungen, Umgang mit überzogener Kritik, klärendes Nachfragen bei Streitigkeiten und das Beanspruchen von bestimmten, Frauen häufig vorenthaltenen Rechten."

In den späten 1980er, beginnenden 1990er Jahren wird das Bewusstsein, dass Frauen im Nahbereich Gewalt erleben, wie viele Frauen das erlebt haben, wie oft auch schon als Mädchen, zu einem Wissen, das viele teilen. Es wird öffentlich. „Wir haben angefangen, das zu begreifen. Unser Training war immer ein Ort, in dem wir uns Fähigkeiten aneignen, das Nein-Sagen in Beziehungen zu Freunden und Bekannten zum Beispiel, bis dahin, sich in allen möglichen handgreiflichen Auseinandersetzungen auch körperlich wehren zu können." Frauen sind in ihrer Lebensgeschichte so oft und so sehr von Gewalt betroffen, und viele haben nie gelernt, sich dagegen zur Wehr zu setzen. Das ist keine Charakterschwäche, sondern wird systematisch anerzogen. Aber jetzt begannen Frauen, ihre erlernte Wehrlosigkeit aufzugeben. Claudia sagt: „Wir mussten anfangen, uns Know-how dafür zu vermitteln. Das war einer der Hauptinhalte unseres Trainings. Das war für politische Themen nützlich, aber auch dafür, ein ganz anderes Standing im Leben zu finden. Wir wollten vermitteln: Ich bin nicht hilflos, wenn mich einer würgt oder schubst oder schiebt oder schlagen möchte oder mich anbrüllt, und kann sein, dass sich das in einer handgreiflichen Auseinandersetzung fortsetzt. Man verhält sich anders, wenn man weiß: Im Notfall hau ich dir eins auf die Schnauze. Man kann sich anders verhalten, wenn man weiß, dass man dazu in der Lage ist."

Und Wendo ist dafür deshalb so gut, weil es für eine Selbstverteidigungstechnik steht, die darauf basiert, dass jede Frau sich durch Aufmerksamkeit, sicheres Auftreten und wenn nötig durch Körpertechniken vor Übergriffen schützen kann. Anders als in klassischen Kampfkünsten wird dabei nicht durch die jeweilige Technik - Karate, Boxen etc. - vordefiniert, wie eine Frau auf eine Angriffstechnik reagiert. Sondern es werden Techniken aus verschiedenen Kampfsportarten vermittelt, die von jeder Frau individuell angewendet werden können. Gezeigt wird, wie eine mit Anforderungen kreativ umgeht und die Technik anwendet, die ihren individuellen Voraussetzungen am besten entspricht, dem eigenen Körperbau, der eigenen Art zu reagieren. Wendo orientiert sich am Alltag, daran, was und wer mich unterstützen kann, wenn ich mit einem Übergriff, einer Aggression umgehen muss. Obwohl im Verlauf des Trainings jede Frau auch an Fitness hinzugewinnt, ist „Sportlichkeit" nicht Voraussetzung und „Fitness“ nicht das vordergründige Ziel des Trainings. Alter und körperliche Einschränkungen bis hin zu Behinderungen stellen kein Hindernis dar, mit Wendo zu beginnen. Ein wesentlicher Teil des Trainings sind Übungen in Aufmerksamkeit und Achtsamkeit. Frauen lernen, ihrem Gefühl zu vertrauen, unbewusst Wahrgenommenes auf eine bewusste Ebene zu befördern und es ernst zu nehmen. Abstrakte Regeln, wie „Geh nicht im Dunklen durch den Park!“, spielen keine Rolle. Stattdessen sollen Frauen ein Gespür dafür entwickeln, wahrzunehmen, wann und wo sie sich sicher oder unsicher fühlen. Sie sollen lernen, in konkreten Situationen ihrem Gespür zu folgen, anstatt zu denken, dass sie sich etwas „nur einbilden“. Im Wendo werden gesellschaftliche Zustände und die Erfahrungen der Teilnehmerinnen nicht ausgeblendet. Gewalt wird nicht als abstrakte Bedrohung an die Wand gemalt, sondern in ihrem konkreten sozialen Kontext benannt.

Wenn eine beginnt, sich mit dem Thema Gewalt zu beschäftigen, noch dazu, wenn sie selbst als Kind die Erfahrung gemacht hat, Gewalt ausgesetzt zu sein, andauernd, ohne dem entgehen zu können, dann ist es keine kleine Sache, Gewalt in ihrem konkreten sozialen Kontext zu begreifen und zu benennen. Auch die theoretische Auseinandersetzung mit Gewalt ist äußerst konfrontativ für eine, die Gewalt bereits real erfahren hat. Das ist ein Grund, warum viele Frauen, viele Menschen es vermeiden oder vermeiden möchten, sich mit Gewalt auseinanderzusetzen. Sich der Frage der Gewalt zu stellen, heißt ja auch, sich die Gewalt und sich selbst in der Gewaltsituation vorzustellen.

Wie war das für Claudia?

Claudia: „Na, das war schon ein Prozess. Er lief eruptiv ab.“ Manchmal packten sie die Wut, der Hass, die Ohnmacht. „Wir waren oft verzweifelt. Auch ich kenne eine Riesenportion Verzweiflung, ohnmächtige Wut und Hass gegen gesellschaftliche Gewaltstrukturen, gegen staatliche Organe, Polizei und Justiz, die Demos angriffen, Häuser räumten, massenhaft Menschen kriminalisierten. Dazu kam, dass wir begriffen, dass auch innerhalb der Szene, innerhalb der gemischten Szene, Gewalt herrscht. Ende der 1980er hatten wir eine große Diskussion über Gewalt in der Szene. Zusätzlich wurde in der Lesbenszene auch Gewalt von Lesben thematisiert.“ Ich erinnere mich an diese Diskussionen. War Gewalt von Lesben gegen Lesben tatsächlich ein gravierendes Problem? Claudia: „Das war kein so großes Problem. Solche Dinge geschehen. Statistisch betrachtet geschehen sie selten. Trotzdem, jede einzelne Frau, die einer anderen gegenüber Gewalt ausgeübt hat, verursachte damit einen Riesenaufschrei, und das zu Recht." Denn für Claudia und andere Frauen brach damit eine, ihre Welt zusammen. „Wir sind eigentlich damit aufgebrochen, dass Frauen solidarisch sind und einander helfen. Und dann erlebten wir die ganze verinnerlichte Gewalt, den verinnerlichten Frauenhass, die Lesbenphobie, all das, bis hin zu Behindertenhass, rassistischen Strukturen und so weiter. Es ist alles in uns, und wenn wir uns miteinander organisieren, wird es nicht automatisch besser. Diese Erkenntnis war das Schlimmste." Und in dieser Phase, als sie anfing, sich die Strukturen der Gewalt anzuschauen, erinnerte sie sich auch an die selbst erlebte sexualisierte Gewalt, den Missbrauch, und musste das begreifen. Das tat weh. Die Erkenntnis, dass Frauen, auch politisch bewusste Frauen und Lesben, erfahrene Gewalt untereinander reproduzieren, ist sehr schmerzhaft. „Ich glaube", sagt Claudia, „das war für viele so schlimm, dass sie sich aus der Szene und vom Feminismus abgewandt haben. In den 1990er Jahren sind viele tanzen gegangen, Standardtänze. Es kam zu einer großen Bewegung raus aus den Kampfsportzusammenhängen. Viele Frauen konnten nicht noch ein Gramm Gewalt mehr ertragen; viele wollten lieber tanzen. Das war eine wilde Zeit, auch emotional. Konflikte kochten wahnsinnig hoch. Viele verzweifelten an sich selbst. Verstehst du das?“ Ja, ich verstehe es und bin selbst ein Teil davon gewesen.

Ein Begriff wie „sexueller Missbrauch“ wurde damals überhaupt erst in der kritischen Öffentlichkeit etabliert. Dieser Schritt wurde maßgeblich durch die Frauenbewegung geleistet. Das gilt weiterhin, auch, wenn der Begriff „Missbrauch“ inzwischen zu Recht kritisiert wird und durch den genaueren, die Betroffenen weniger diskriminierenden Ausdruck „sexualisierte Gewalt“ abgelöst wurde. Entscheidend wurde, dass die sexualisierte Gewalt gegen Mädchen (und Jungen) nicht mehr nur ein kleines, dunkles, individuell zu verarbeitendes Geheimnis blieb. Entscheidend war, dass der gewöhnliche Ort dieser Gewaltausübung benannt wurde: die Familie. Claudia erinnert sich, wie bahnbrechend das Buch „Trotz allem“ von Ellen Bass und Laura Davis war, als es erschien Anfang der 1990er Jahre. In den Gruppen, in denen Claudia trainierte, war es auch kein Thema, über das die Frauen viel sprachen. Aber in Claudias Lebenszusammenhängen war es ein Thema: „Und klar war, dass viele betroffen sind, wir wussten es voneinander. Auch ich habe begonnen, darüber zu sprechen. Ungern, aber ja… Wer tut das schon gern? Wir haben darüber gesprochen, und irgendwann wurde dann auch nicht mehr von Opfern gesprochen, sondern von Betroffenen, von Überlebenden. Ich finde, dass ‚Überlebende' nach wie vor ein sehr guter Begriff ist. Obwohl: Ich will mehr sein als das! Es war ein Schritt, nicht ausschließlich zu überleben, sondern das Leben in die eigenen Hände zu nehmen und zu gestalten." Denn die erlebte Gewalt definiert nicht das ganze eigene Leben, sie sollte es weder definieren noch dominieren. Feministinnen werden oft gefragt, von Außenstehenden: „Wieso bist du denn Feministin? Hast du etwas Schlimmes mit Männern erlebt?" Diese Frage ist anmaßend. Denn Frauen können sich für den Feminismus als politische Überzeugung entscheiden, ohne erst „etwas Schlimmes" erleben zu müssen. Freilich, Gewalt erlebt zu haben, ist ein sehr guter Grund, Feministin zu werden. Frauen begannen, sich im Sinne von Selbsthilfe kritisch mit ihrer Gesundheit zu beschäftigen. Sie begannen, ein neues Verhältnis zu ihren Körpern zu entwickeln, den männlich dominierten Blick auf sich und ihre Körper nicht länger zu reproduzieren, sondern eine eigene Perspektive zu finden. Der Körper rückte ins Blickfeld des akademischen Feminismus, bereits vor der Entstehung der Gender Theory.

Und daneben gibt es zugleich, gibt es immer auch das private Leben.

Seit Anfang 1988 waren Inken und Claudia einander nähergekommen, im Dezember 1988 schenkte Claudia Inken eine halbe Tonne Kohlen. Sie kannten sich ein Jahr. Es war Winter geworden, und Inken heizte mit einem Spartrick, sie hielt ihren Kachelofen mit viel nassem Zeitungspapier und drei Kohlen am Laufen, nicht ungefährlich, denn dabei kann Kohlenmonoxid entstehen. Und der Ofen wurde gerade so ein bisschen warm. Claudia fror. Sie wollte es schöner haben, öfter zu Inken kommen, ihr das auch zeigen. „Das war ein Zeichen, dass sie öfter da sein wollte.“ Claudia beheizte gewissermaßen die Beziehung. Geld war kein Selbstzweck, sondern zum Ausgeben da, und das beschreibt Claudias Haltung dazu ganz gut. Inken: „Wir haben unser Geld von Anfang an zusammen gehabt und zusammen ausgegeben, ohne dass wir je darüber verhandelt haben.“ Das ist eine private Geschichte, doch in ihrem konkreten sozialen Zusammenhang ist sie politisch. Sie führt zu der berühmten und wichtigen Frage, was ein gutes Leben ist, wann unser Leben gut ist.

Von einer Frau, die Inken und Claudia bereits in den 1980er Jahren begegnet ist, hörte ich im Winter 2016: „Ja, die hatten damals schon so eine Liebe.“

Kapitel Sieben. Bewegendes Leben

1999 habe ich mich dem Leistungssport zugewendet, ohne es zu merken oder es so aufzufassen. Was mein Körper geleistet hat, war Leistungssport. Ich habe das nie so gesehen, aber meine Physiologie war die einer Leistungssportlerin.

Als Inken und Claudia miteinander zu leben begannen, trainierten sie mehrmals die Woche: Wendo, Kickboxen und andere Techniken. Sport und Politik waren in diesem Augenblick schon nicht mehr zweierlei, Sport und Politik bestimmten ihr Leben, ihren Alltag, ihre Praxis. Wie sah das aus? Den Alltag rekonstruieren. Zunächst lebten Inken und Claudia noch eine Zeitlang in verschiedenen Wohngemeinschaften, 1991 zog Claudia zu Inken in die Kreuzberger Adalbertstraße. Zuerst teilten sie die Wohnung mit Ninua, ebenfalls Wendotrainerin und bis heute im Frauensport aktiv. Später blieben Claudia und Inken allein in der Wohnung, einer typischen Berliner Altbauwohnung mit Durchgangszimmern. Sie liegt in einem Mietshaus aus der Mitte des 19. Jahrhunderts mit einem geschwungenen Treppenlauf im Vorderhaus, einer wackligen Treppe im Seitenflügel. Zu zweit zu wohnen war ein großer Schritt.

Worin bestand die Erwerbsarbeit, die diesen Alltag ernährte? Claudia beschreibt ihre Haltung dazu so: „Ich hatte das Gefühl, ohne Arbeit und Geld kann kein Leben stattfinden. Ich bin eine, die Geld zusammenhält und eine Menge arbeitet. Obwohl ich politisch eigentlich dagegen angetreten war."

In den Jahren 1988 und 1989 arbeiteten Claudia und Inken zweimal die Woche je dreieinhalb Stunden in Putzjobs, meistens nachts. Bereits ab 1989 gaben sie Training bei Seitenwechsel, dem 1988 gegründeten Berliner Sportverein für Lesben und Frauen (heute: Seitenwechsel - Sportverein für FrauenLesbenTrans*Inter* und Mädchen e.V.). Das war Honorartätigkeit, genau wie die Trainings, die sie im Auftrag des AStA der Freien Universität gaben. Dazu kamen Wochenendworkshops. Zweimal die Woche unterrichteten sie so Kickboxen, bis zu viermal Wendo. Daneben absolvierte Inken noch ihre Ausbildung zur Heilpraktikerin und Phytotherapeutin, die sie 1991 abschloss; seitdem arbeitet sie auch als Homöopathin.

Claudia brach ihr Studium 1990 ab, um als Bauhelferin für Stattbau zu arbeiten. Stattbau betrieb seit Beginn der 1980er Jahre Stadtsanierung in Berlin und wurde im Zusammenhang mit der Legalisierung und Sanierung eines Teils der besetzten Häuser bekannt; die Aktivitäten von Stattbau wurden von politischen AkteurInnen und AktivistInnen teils unterstützt, teils kritisiert. Claudia begann, auf dem Bau zu arbeiten.

Das brachte sie in unmittelbare Verbindung mit einem grundlegenden politischen Thema. In Berlin existieren bis heute, den Kriegszerstörungen zum Trotz, viele Wohngebäude aus dem 19. und vom Anfang des 20. Jahrhunderts. In den Berliner Mietskasernen hatten im Verlauf eines Jahrhunderts Hunderttausende gelebt, wurden geboren, gründeten Familien, starben, all das oft in überbelegten Zimmern. Viele Mietskasernen und auch „bessere" Häuser aus der Gründerzeit waren in den 1980ern in einem schlechten Zustand. Nicht nur in Berlin-Hauptstadt-der-DDR, sondern auch in West-Berlin wurde vielfach mit Kohle geheizt. Städtebauliche Konzepte im Osten wie im Westen sahen vor, das Wohnen als soziales Problem in neuen Stadtteilen mit teilweise vielgeschossigen Neubaublocks zu lösen. Wo das im Ansatz gelang, entstanden zugleich neue soziale Probleme, nun in diesen Neubauvierteln.

Und keineswegs wollten alle Menschen gern in Neubaukiezen wohnen. Gegen den Abriss der Altbauten wurde, wie schon mehrfach erwähnt, massenhaft protestiert; viele West-Berliner Häuser und Häuser in großen und kleinen westdeutschen Städten wurden „instandbesetzt“. Der Häuserkampf war laut, sichtbar, politisch und öffentlichkeitswirksam. (Vergleichbare Proteste im Osten verliefen eher leise durch stillschweigende Inbesitznahme leerstehender Wohnungen.)

Stattbau wurde 1982 gegründet und steht für Ziele wie „behutsame Stadterneuerung“ und „kritische Rekonstruktion“. In den Jahren ab 1982 entstanden bei Stattbau mehrere Projekte, darunter 1985 ein Projekt zur Beschäftigung von Langzeitarbeitslosen, 1988 das Qualifizierungsprojekt ComboBau, 1990 das Projekt „Rat und Tat“ und der KirchBauhof, auch das ein Projekt, mit dem Arbeitssuchende im ökologischen Stadtumbau qualifiziert wurden. Die Altbausanierung war auch darum ein soziales Projekt, das unter anderem mit vom Arbeitsamt geförderten Stellen, sogenannten ABM-Stellen, betrieben wurde. Claudia bewarb sich zunächst bei ComboBau und erfuhr, dass der KirchBauhof für die Sanierung der Heilig-Kreuz-Kirche am Blücherplatz in Kreuzberg BauhelferInnen suchte. Sie wollte gern Bauhelferin sein. Doch für diese Jobs konnten sich nur

SozialhilfeempfängerInnen bewerben. Wer keine Transferleistungen erhielt, kam nicht in Frage. Claudia also exmatrikulierte sich, ging zum Sozialamt und beantragte Sozialhilfe. In der Behörde erklärte sie mit entwaffnender Ehrlichkeit: „Ich brauche das nicht lange, sondern nur, um mich zu bewerben.“ Und es funktionierte. Zwar wandte sich das Sozialamt an Claudias Eltern, die den Unterhalt übernehmen sollten, doch als die Eltern ablehnten, ließ man sie bald in Ruhe. Claudia wurde also Sozialhilfeempfängerin, bewarb sich erfolgreich als Bauhelferin und war fortan keine Sozialhilfeempfängerin mehr.

Zwei Jahre arbeitete sie in Vollzeit als Bauhelferin, pausierte 1993. Sie bildete sich von 1994 bis 1996 beim Kirch-Bauhof zur Maurerin aus, lernte das Mauern mit der Hand und Techniken des Lehmbaus. 1994 arbeitete sie in Schöneiche auf einer Lehmbaustelle. Wenigstens einmal konnte sie ihre Fähigkeiten im Lehmbau sogar in Eigenregie anwenden, beim Bau eines Häuschens im eigenen Garten Ende der 1990er Jahre. Den theoretischen Teil der Ausbildung empfand sie als „albern“, zumindest für sich selbst. „Den Jungs“, wie sie ihre damaligen Ausbildungskollegen nennt, versuchte sie das Rechnen beizubringen: „Sie hatten kaum schulisches Vorwissen. Ich, mit

Abitur und Banklehre, war immer überqualifiziert." Und nach der Ausbildung arbeitete sie als Maurerin.

1993 sah Claudias Trainingswoche so aus: zweimal die Woche Training in mehreren Gruppen, dienstags und freitags, immer in Kreuzberg, oft in der Mariannenhalle, die heute, nach Umbau und Sanierung, Mariannenarena heißt. In dieser Halle in der Nähe des Kreuzberger Heinrichplatzes habe auch ich Ende der 1990er Jahre an Workshops teilgenommen. Sie war heruntergekommen, doch durchflossen von diffusem, im Sommer sehr hellem Licht, das durch die verstaubten Fenster fiel. In Trainingspausen saß man auf den Stufen am Eingang, ließ sich von der Sonne bescheinen und schaute dabei in das verwilderte Grün des Hinterhofs. Berlin konnte in den 1990ern manchmal noch eine Idylle sein. Claudia: „Dienstags hatten wir unser eigenes Training in einer autonomen Gruppe, die sich sozusagen selbst trainierte. In den Hallenzeiten davor gaben wir Training in Stockkampf und Selbstverteidigung." Trainings, die der AStA der Freien Universität trug, fanden in der benachbarten Schokofabrik statt, einem wichtigen Frauenzentrum, dessen dauerhafter Fortbestand inzwischen durch die Gründung einer Genossinnenschaft, die das Gebäude besitzt, gesichert wurde. Auch in dem nahegelegenen Frauengesundheitszentrum

Akarsu in der Oranienstraße boten Inken und Claudia über Jahre hinweg Kurse an. Donnerstags trainierte Inken darüber hinaus noch eine Wendo-Gruppe. Sie besteht bis in die Gegenwart, heute bei Lowkick in der Urbanstraße, in dem Verein, den Claudia und Inken erfanden und 2009 gemeinsam mit anderen Frauen gründeten. Weiter im Wochenplan der 1990er: Freitags trainierten Inken und Claudia gemeinsam Kickboxerinnen für den Frauen-Lesben-Sportverein Seitenwechsel. Dazu kamen Wochenendworkshops in Berlin in verschiedenen Selbstverteidigungssportarten und gelegentliche Kampfsportcamps außerhalb.

„Glücklicherweise“, sagt Claudia, sei das mit dem Arbeiten und den Baustellen morgens ja immer erst um 7.30 Uhr losgegangen. „Ich hatte nie so einen Lebenswandel, der sich an der Arbeit ausrichtete.“ Das mag zutreffen, wenn man unter Arbeit Erwerbsarbeit versteht, die wochentags zwischen 8 oder 9 vormittags und 4 oder 5 nachmittags stattfindet. Claudia: „Mein Lebenswandel richtete sich an meinem Abend aus. Ich ging immer noch gelegentlich zu Polittreffen, wir hatten immer noch die Putzstelle. Zeitweise habe ich auf dem Bau gearbeitet, die Trainings gegeben und mit geputzt.“ Das private Leben ging völlig in diesen Beschäftigungen auf und wurde davon verschluckt. Ein Doppel- und Dreifachleben war das, „krass anstrengend“ sei es gewesen und doch gut gegangen. Gesund freilich war es nicht. Müssen sich nicht auch Menschen mit guter Kondition von körperlichen Anstrengungen erholen? „Ach, es gibt Fotos von mir von 1995, wo ich entzückt bin, wenn ich mich da sehe, auf der Baustelle. Ich war gut trainiert, super hoch trainiert, fit und muskulös.“ Mit Rückenschmerzen kämpfte sie gleichwohl, schon seit 1987. Sie ging zu einer Feldenkrais-Therapeutin, aber, denn nichts war Selbstzweck, zog daraus auch Nutzen für ihre Arbeit als Trainerin. „Sie gab uns Input für gesundes Aufwärmen in unseren Gruppen.“ In jeder Sache das sehen, was sich dem Eigenen anverwandeln lässt.

Die Trainingsgruppen waren groß, allein die Freitagsgruppe hatte an die dreißig Teilnehmerinnen, Gruppen, in denen Selbstverteidigung trainiert wurde, hatten immerhin zehn, zwölf Mitfrauen. Zu den Workshops kamen heterogene Gruppen zahlreicher Teilnehmerinnen zusammen, die sonst in unterschiedlichen Kontexten trainierten. Lediglich die autonome Kickboxgruppe, in der Inken und Claudia selbst trainierten und sich gemeinsam weiterbildeten, blieb klein mit oft nur vier oder fünf Teilnehmerinnen.

Von Routine konnte in keiner der Gruppen die Rede sein. Inken und Claudia entwickelten die Trainings im Laufe der Zeit weiter. Wendo folgt ursprünglich einem Selbsthilfekonzept. Im Lauf der Jahre, inzwischen der Jahrzehnte wurde daraus ein Mix aus Selbstbehauptungs- und Selbstverteidigungstraining, der sich mit einem Selbsthilfeansatz verträgt, aber auch einem Konzept mit Trainerin nicht entgegensteht. Und es kam Abwechslung ins Training. Zu kämpferischen, körperlich und seelisch anstrengenden Trainings kamen Abende, bei denen die Teilnehmerinnen sich vor allem wohlfühlen sollen. Denn ein wichtiges Ziel im Wendo ist, dass die Frauen ein besseres Selbstgefühl, ein Gefühl für den eigenen Körper und seine Fähigkeiten aufbauen. Sie erwerben ein intuitives Wissen, mit dem sie dieses bessere Selbstgefühl aufbauen können. Sie erlernen Elemente aus dem Boxen, Kickboxen und anderen Kampfsporttechniken und verbessern über einen längeren Zeitraum ihre körperliche Kondition. Wendo ist kein Wettkampfsport, es wird nicht nach definierten Regeln gekämpft, sondern alle Techniken sollen praxisnah, zweckmäßig, situativ sinnvoll eingesetzt werden. Entscheidend ist, was für die Einzelne funktioniert. Frauen lernen auch, Grenzen zu setzen, Grenzüberschreitungen zu erkennen und zurückzuweisen. In einem geschützten Raum können sie eigene Grenzen ausloten und spielerisch erfahren. Sich zu konzentrieren und Ressourcen aufzuspüren, ist ein wesentlicher Bestandteil der Trainings. Wendo richtet sich ausdrücklich an alle Frauen. Es gibt Trainingskonzepte, die an Defiziten anknüpfen, nicht so Wendo. Wendo verlangt keine besondere „Sportlichkeit", nicht einmal die Abwesenheit jeglicher Art von Einschränkung. Der „Weg der Frauen" kann für jede ein wenig anders verlaufen. Für die Trainerin ist er anspruchsvoll, kann seelisch belastend sein. Denn wenn es darum geht, dass wir lernen, uns zu verteidigen, berührt das unser ganzes Leben, unsere Erfahrungen, auch unsere Erfahrungen mit Gewalt.

Als Inken in den 1980er Jahren damit begann, stellte sie sich diese Arbeit nicht als einen wesentlichen Inhalt ihrer Berufstätigkeit der kommenden Jahrzehnte vor. Aber genau das wurden Selbstverteidigungs- und Kampfsporttraining für sie und Claudia. In den 1990er Jahren verstetigte sich die Arbeit im Miteinander, professionalisierte sich. Beide arbeiteten als Trainerinnen für mehrere Auftraggeberinnen. Als das mit großer Folgerichtigkeit 2009 in die Gründung des Vereins Lowkick e.V. - Selbstverteidigung und Thai/Kickboxen für Frauen und Mädchen mündet, bleiben die Grundprinzipien der Arbeit erhalten. Weder Leistungs- noch Wettkampfsport stehen im Vordergrund, sondern das Motto lautet: „Du musst keine geborene Kämpferin sein, um mit uns zu trainieren." Die Gründung dieses Vereins, in dem Kampfsportarten als Selbstverteidigungssport (im Unterschied zum Wettkampfsport) getrieben werden, wird nicht nur mit Claudia Fingerhuths Arbeit zu tun haben, sondern in gleichem Maß mit derjenigen von Inken Waehner.

Seit den 1990er Jahren gelingt Inken und Claudia etwas, was selten gelingt: dass zwei, die sich lieben, auch gut miteinander arbeiten. Inken beschreibt es so: „Es ist die richtige Mischung zwischen Reiberei und Zusammenarbeit. In Phasen, in denen wir zum Beispiel einen Workshop vorbereiten, stürzen wir uns fast in einen ‚Psycho', weil jede etwas ganz Anderes will, jede es anders meint, keine es richtig ausdrücken kann, was sie will. Bis es sich dann so zusammengetan hat." Dass es sich zusammentut, gelingt durch Auseinandersetzung, lautes Denken, miteinander reden, Kommunikation eben. „Und dann wird es ein phantastischer Workshop, weil alles dreimal umgedreht, beleuchtet und angeguckt worden ist." Beide seien sie zielorientiert bei der Arbeit, machen sich klar, was sie wollen und wie sie es erreichen.

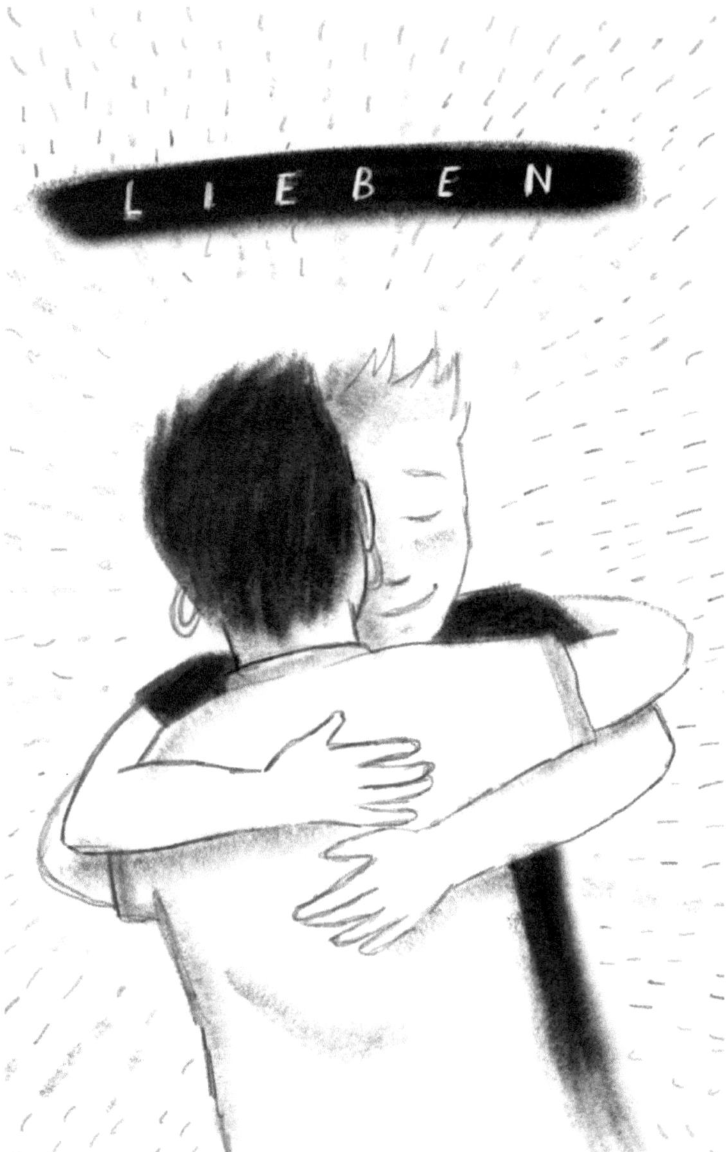
LIEBEN

Claudias Arbeitsweise, aus Inkens Perspektive: „Claudia ist sehr gründlich darin, Details durchzudenken. So: Wenn da siebenundzwanzig Frauen stehen und wir diese und jene Übung machen, welche und wie viele Pads werden dafür benötigt? Darin ist sie besser als ich. Ich denke: Da nimmt man halt Pads. Ich bin gut für den großen Überblick, dafür, herauszufinden, wo wir eigentlich hinwollen. Wenn sich das ergänzt, sind wir ein Superteam, wenn wir nicht erwarten, dass die eine den Blick der anderen übernimmt. Claudia ist auch gut darin, sich im Sport etwas Neues zu eigen zu machen, sie ist bereit, sich mit irgendwelchen Männern neue Kickboxtechniken anzueignen. Ich bin meistens erst einmal abwehrend: Wozu brauchen wir das, was soll das denn? Dadurch muss Claudia ihre Position genau erklären. Von außen nehmen wir das, was für unser Training brauchbar ist. Das ist unsere Art Teamarbeit." Gemeinsam arbeiten, nicht als Einzelkämpferin. „Claudia und ich haben keine Konkurrenz, es geht nicht darum, dass eine die andere wegschubst. Wenn dieses Gefühl aufkommt, reden wir darüber. Wir sind so verschieden, dass wir auch unterschiedliche Bedürfnisse von Frauen bedienen können. Ich würde nicht versuchen, so fit zu werden, wie Claudia ist, oder das anderen aufdrücken wollen." Intensität bedeutet, eine gemeinsame Lösung zu finden, ohne dass die eine sich der anderen angleicht.

„Wir kriegen es inzwischen so hin, dass Verletzungen, die auf dem Weg dahin geschehen, nicht gravierend sind oder wir sie wieder ausbügeln können. Das hat mit Vertrauen zu tun. Wir lieben uns, und wir wollen beide das Beste, sowohl für uns als auch für den Workshop." So sei es eben auch in jeder anderen Hinsicht. Und so, mit Liebe, wird 2009 die Gründung des Vereins Lowkick e.V. gelingen.

Zurück in die 1990er. 1996 beendete Claudia ihre Ausbildung zur Maurerin und bekam bei KirchBauhof eine Stelle als Bauarbeiterin angeboten. Sie trat sie an. Sie war nicht die einzige Frau dort, schon als Bauhelferin hatte sie mehrere Kolleginnen gehabt. Mit ihr ausgebildet wurden zwei weitere Frauen, eine blieb. Die männlichen Kollegen waren überwiegend ältere Bauarbeiter. Stattbau beschäftigte auch über 50-jährige, die vielfach in vom Arbeitsamt geförderten Stellen tätig waren. Nicht wenige erlebte Claudia als sozial schwache, müde Menschen, nicht alle von ihnen ertrugen die körperlich belastende Arbeit gut. Sie kennt die spezifischen Anstrengungen genau, denen BauarbeiterInnen ausgesetzt sind: „Du musst immer diese Gewichte über den Körper bewegen. Es ist immer kalt. Morgens ist es dunkel. Eisregen fällt. Warum steht man da? Weil der LKW kommt, den man abladen soll. Dabei gibt es keinen Grund, warum der morgens um sieben kommt im Dezember." Die arbeitsbezogenen Abläufe werden auf alle möglichen Erfordernisse abgestimmt, nur nicht auf die Beschäftigten. Sondern diese körperlich schwer arbeitenden Menschen müssen sich den Abläufen anpassen.

In welcher Welt lebte sie? „Ich lebte immer noch in der Szenewelt. Im Sport. In meiner Bauwelt." In ihrer Bauwelt scheint sie trotz KollegInnen ziemlich allein gewesen zu sein. Nach sieben Jahren auf dem Bau, Ende April 1997, erlebt sie einen schweren Arbeitsunfall. Als sie ein Gerüst aufbauen, kracht ihr eine Bohle auf den Kopf. Zum Glück kommt die Bohle nicht von ganz oben, sondern aus der ersten Lage, und, Glück im Unglück, sie trifft horizontal, also nicht mit der Kante auf Claudias Kopf. Das Wort Glück fällt ziemlich oft, wenn Claudia von diesem Unfall spricht. „Ich befand mich ganz unten in der Hocke, das war wirklich Glück. Ich bin einfach grade hoch und hab meinen Kopf grade gehalten. Sonst hätte es mir übel ergehen können. Das war so ein Gefühl", sie stockt, „oh, ich war dem Tod grad noch mal von der Schippe gesprungen. Da hatte ich richtig Glück. Es war im Herbst, und ich arbeitete auf einem Friedhof. Der Weg wär nicht weit gewesen." Auf den Unfall folgt eine lange Zeit mit vielen Schmerzen und wiederholten Krankschreibungen. Dann beginnt sie wieder zu arbeiten, nach dem „Hamburger Modell“, in einer Woche täglich drei Stunden, in der zweiten täglich vier und so weiter, bis sie nach sechs Wochen wieder bei einer Vollzeittätigkeit anlangt. Doch die Luft ist raus. Sie arbeitet noch eine Weile in Teilzeit und kündigt schließlich doch. Immer im Dreck, fast taub von der Steinsäge und all dem anderen Lärm, immer ist es kalt, immer wieder die Arbeit zu schwer. Dazu kommt der Zustand vieler männlicher Kollegen, nicht selten Alkoholiker. „Ich hab sie irgendwann nicht mehr ausgehalten. Ich dachte: ‚Ich muss doch noch mal was andres in meinem Leben machen.‘ Die Szenewelt ging nie abends um zehn ins Bett, aber ich musste morgens um sieben wieder auf die Baustelle. Dazu die Wochenendworkshops. Den Putzjob haben wir irgendwann aufgegeben. Trotzdem, alles zusammen ging über meine Kräfte.“ Denn alles zusammen war das: drei, vier Leben auf einmal leben.

Die Mehrfachbelastung ist charakteristisch für Claudias Biographie. Sie geht an die Grenze, lotet die Kraft aus, die zur Verfügung steht, überdehnt die eigene Belastbarkeit. Das ist eine zwiegesichtige Fähigkeit. Eine Frau, die gelernt hat, ihre Grenzen, auch ihre Begrenzungen zu missachten, schafft eine Menge. Zugleich konfrontiert sie sich mit einem großen krankmachenden Potential. Selbsterkenntnis: „Ich bin unter dem Banner der Selbstbestimmung in gnadenlose Selbstausbeutung verfallen. Das ging vielen so in der Projekteszene, die sich in den 1980er Jahren aufgebaut hat und auch wieder in sich zusammengefallen ist. Manche Projekte waren tragfähig, andere liefen nur aus der Substanz von Frauen heraus, die sich völlig verpulverten." Viele, die sich über Jahre und Jahrzehnte intensiv und aus Überzeugung einsetzten, haben Erfahrungen damit, wie engagierte, kämpferische Menschen, Frauen, gefährdet sind, sich krankzulaufen, kaputtzumachen, auszubrennen.

Claudia kündigte und blieb ein Jahr arbeitslos, von Sommer 1997 bis nach 1998 hinein. Was nicht hieß, dass sie in dieser Zeit nichts zu tun hatte. Sie bekam Jobangebote, wurde, sagt sie, „geradezu damit zugeschmissen." Aber Jobs wollte sie keine mehr, sondern selbstbestimmte Arbeit, selbst wenn das Geld dann knapp wäre oder noch knapper.

„Ich gehe also in den Sport, so richtig", beschloss Claudia 1999. Im gleichen Sommer immatrikulierte sie sich zusätzlich erneut an der Freien Universität, um Erziehungswissenschaften zu studieren. Sie arbeitete als Trainerin und studierte ernsthaft. Sie und Inken arbeiteten nun beide freiberuflich für verschiedene Sportvereine und Auftraggeberinnen. Das bedeutete auch, von Honoraren zu leben, die teilweise über viele Jahre hinweg nicht erhöht wurden. Manche Honorare, die sie anfangs super fanden, waren es zwanzig Jahre später ganz und gar nicht mehr. Dennoch trugen die Trainings wesentlich zum Lebensunterhalt bei. „Ich bekam längst keine Unterstützung mehr von meinem Vater. Ich bin mit meinen verschiedenen Gehältern immer ausgekommen, auch mit dem Arbeitslosengeld. Hatte ich halt nicht viel Geld, ich war daran gewöhnt, ich war kein Konsummensch, trotz Banklehre nicht und BWL-Studium. Im Studium hatte ich erfassen wollen, nach welchen Prinzipien die Gesellschaft hier tickt. Aber auf die Ausbeuterseite gehen, das wollte ich nie. Ich habe in der Szene gelebt, spartanisch. Das fand ich nicht schlimm. Manchmal war es schade, Sachen nicht machen zu können, aber nie fand ich es ganz schlimm. Wenn wir weggefahren sind, haben wir bei Freunden gewohnt, Szene bedeutet ja auch einen organisatorischen Zusammenhalt. Man kommt bis Italien und hat dann immer noch Freundinnen, bei denen man wohnen kann." Undenkbar in diesen Zusammenhängen, sich für ein Auto oder neue Möbel zu verschulden: „Ich will keine Schrankwand in meinem Leben, ich hasse Schrankwände. Im Saarland habe ich mitbekommen, wie sich Leute wegen Haus und Fernseher verschuldet haben. Und wenn sie das unglücklich machte oder zum Alkoholiker, hat ihnen am

Ende die Bank noch das Haus zwangsversteigert. Solche Geschichten habe ich noch und nöcher beobachtet, fassungslos. Das nicht, ganz sicher nicht! Wir haben alles geschenkt bekommen. Ich war der Meinung, Möbel kauft man nicht, man muss schauen, sie loszuwerden. Ich lass mein Leben nicht von einer Schrankwand ruinieren, da lebe ich lieber in Orangenkisten."

Mit dieser Lebensweise hat es zu tun, dass hier meistens von Claudia die Rede ist und ihr voller Name, Claudia Fingerhuth, nur selten genannt wird. Die Frau Fingerhuth ist sie selten, Claudia stets. Sie sagt fast zu jeder du, und beinahe jede sagt gern du zu ihr. Das ist geblieben aus der Zeit, als Kreuzberg eine Nische war, ganz West-Berlin ein „Nischenparadies". Erst der Fall der Mauer war das Ende aller Nischen. „An der Mauer konnte man sich auch verstecken, zurückziehen. Skurrile Dinge waren möglich." Oft wird beschworen, wie Kreuzberg durch den Fall der Mauer aus seiner Randlage plötzlich ins Zentrum Berlins rückte, wie seither mehr und mehr Boden versiegelt wird, verdichtet, bebaut. Im Sommer 1987 war Claudia in eine Welt losgezogen, in der sie sich zurechtfinden musste, in der das Politische immer wichtiger wurde und Inken zu einem Fixstern darin. „Seitdem sind wir zusammen. Das waren unsere politischen Umwälzungen. Dann fiel die Mauer. Das gute alte West-Berlin von 1987 existierte schon Ende 1989 nicht mehr." Im Winter 1989 waren sie noch erfreut gewesen, hatten es den Menschen gegönnt, frei reisen zu können, auch nach West-Berlin. „Aber warum richtete sich die Priorität der Menschen plötzlich auf diesen ganzen Lifestyle?" Mit dem Nischenparadies war es vorbei, aber Claudia wollte Claudia bleiben und nicht Frau Fingerhuth werden. Leute liefen mit großen Augen durch Kreuzberg. Das Verständnis für die Lebensweise der alternativen Szene, für anders denkende oder lediglich anders aussehende Menschen schien vielen der neuen BesucherInnen abzugehen. KreuzbergerInnen fühlten sich angeschaut, ausgestellt wie im Zoo, ein vertrautes, mieses Gefühl für Claudia, das auch in der Gegenwart wirkt. Die einst randständigen Straßen in unmittelbarer Nähe der Mauer und des Grenzübergangs Oberbaumbrücke liegen heute mitten in der neu verbundenen Stadt. TouristInnen laufen durch die Straßen, um einen Atemzug wilden, alternativen Lebens einzusaugen. Ihre Augen auf das Smartphone gerichtet, bleiben viele BesucherInnen und NeubürgerInnen blind für das Leben hier, sogar in dem Augenblick, in dem sie die Stadt fotografieren. Leben: aneinander vorbei. Mieten steigen, steigen, steigen, und seitdem jahrelang in Europa und der Welt verbreitet wurde, Berlin sei

„so billig", ist ein billiges Lokal nach dem anderen verschwunden, wurde eine Wohnung nach der anderen billig saniert und teurer vermietet. Trotzig wird, in türkisch-deutscher Sprachmischung, „bizim Kiez" verteidigt, „unser Kiez". Wer lange hier lebt, weiß: Für Studierende ohne zahlungskräftige Eltern, für ArbeitsmigrantInnen und Menschen, die aus Kriegs- und Krisengebieten geflohen waren, für ArbeiterInnen und prekär Beschäftigte war es auch früher nicht so sehr „billig", allenfalls bezahlbar.

Alltag 1999: Aufwachen, Frühstück. Dann geht Claudia zur Uni, zweimal die Woche. Wenn nicht, fahren sie und Inken bei schönem Wetter in den Garten, der zum Haushalt beiträgt, oder erledigen Büroarbeit. Die Gruppen, „das waren ja alles freie Sachen, wir mussten also jede einzelne Ankündigung und Planung machen." Das heißt: Semesterplanung, Abrechnung über die Uni oder die anderen Auftraggeberinnen, Finanzamt, Steuererklärung. Organisatorisches. Wenn sie einen Workshop organisierten, kamen die telefonischen Anfragen auf ihr privates Telefon. (Fast träumerisch klingt Claudia, wenn sie dieser Beschreibung hinzufügt: „Das ist toll, dass das jetzt bei Lowkick eingeht", auch wenn sie solche Anfragen auch dort bearbeitet.) Manchmal gelang es tagsüber, Freundinnen zu sehen, am Abend war das unmöglich, da wurde gearbeitet. Sich um den eigenen Rücken zu kümmern, Feldenkrais zu üben, auch das fand nicht nach der Arbeit statt, sondern an Nachmittagen. Schnell war es später Nachmittag, sie erholten sich noch einmal kurz und bereiteten das Training vor. Mittwochs trainierte Claudia zeitweilig zu den zwei üblichen noch eine dritte Gruppe, die Betriebssportgruppe der DeTeWe, eines Herstellers von technischen Geräten.

1999 gab Claudia regelmäßig mindestens sieben Trainings die Woche. „1999 habe ich mich dem Leistungssport zugewendet, ohne es zu merken oder es so aufzufassen. Was mein Körper geleistet hat, war Leistungssport. Ich habe das nie so gesehen, aber meine Physiologie war die einer Leistungssportlerin.“ Claudia ist keine, die daneben steht und nur Anweisungen gibt. Vor allem bei der Erwärmung, und die Erwärmung ist bei ihr stets mit Hüpfen verbunden, bewegt sie sich mit, hüpft sie die ganze Zeit. Über Jahre hinweg trainierte sie selbst im Urlaub, auf Ibiza, Kickboxen, zuletzt im Winter 2013 auf 2014 in Santa Eulalia: „Dort habe ich im Wesentlichen mit Männern trainiert. Konventionelles Kickboxen. Es war immer eine Herausforderung, sich da zu behaupten.“ Wann sie das zum ersten Mal gemacht hat, hat sie vergessen. „Als ich so viele Trainings gegeben hab, ist die Idee, selbst zum Training zu gehen, an den fehlenden physischen Kapazitäten gescheitert. Ich hab's mir vorgenommen und nicht gekonnt. Da blieben nur die Urlaube übrig, in denen ich Zeit und Kraft hatte. Sicher zehn Jahre lang."

Neben Studium und Trainingsarbeit besuchte sie in den Jahren 1999 bis 2001 Lehrgänge beim Landessportbund, natürlich abends und am Wochenende. „Stress. Wenn ich nicht selber Training gegeben hab, habe ich Lehrgänge gemacht." Sie erwarb Lizenzen für „Freizeit, Fitness, Gesundheit", die Grundlizenz also, und weitere Lizenzen für Rückengymnastik und ein Training, das „Wirbelsäule, Rücken" heißt. War sie dafür nicht überqualifiziert? „Auf eine Art schon, weil ich jahrelange Trainingserfahrung hatte. Aber ich wollte endlich mal eine Lizenz haben. Es war witzig, dass sie beim Landessportbund auch anfingen, uns eine freiheitlichere und kreativere Art von Training zu vermitteln, als den neuen Hit sozusagen. Das knüpfte an das an, was wir seit Jahren praktizierten, Wahrnehmungsübungen, Gruppen nicht-autoritär zu leiten usw." Obwohl sie das also kannte und schon lang so arbeitete, musste sie darauf achten, die Kurse ernst zu nehmen. Denn wer das nicht tat, konnte durchfallen. „Eigentlich war es sogar der einzige Grund durchzufallen. Denn sie bestanden darauf, dass man alles so macht wie sie. Man durfte nicht mit der Haltung auftreten, das eigentlich alles schon zu können, weil man sonst leicht durchfallen konnte." Ist ihr das passiert? „Ach Quatsch. Ich hab das schon verstanden." Nicht alles fand sie gleich wichtig in diesen Lehrgängen, trotzdem profitierte sie: „Es waren Sachen dabei, die ich nicht konnte, natürlich, weil mir die am Sportstudium orientierte Theorie fehlte. Wir arbeiteten ja anders. Deshalb fand ich es gut, theoretische Grundlagen vermittelt zu kriegen. Auch Anregungen wie spielerisches Aufwärmen, Krafttraining, Dehnen waren hilfreich." So verbrachte sie ganze Wochenenden. An anderen tauschten sie sich mit anderen autonomen Sportgruppen aus und trainierten gemeinsam. „Bochum, Hamburg, Wendland, mal ein Camp, mal einen Hof gemietet, mal fand's in Berlin statt, mal in Marburg. Dann haben uns auch welche von außerhalb gechartert, damit wir ihnen Input-Wochenenden geben. Wir waren ziemlich busy."

Würde ich jetzt in Karlsruhe einen Selbstverteidigungskurs machen wollen, könnte Claudia mir einen Kontakt vermitteln?

„In Karlsruhe nicht."

In Frankfurt?

„Ja."

In Göttingen?

„Ja."

In Braunschweig?

„Nein. Aber es wäre möglich, Kontakte zu knüpfen. Unsere Städte waren immer Hamburg, Hannover, Bochum, Düsseldorf, Kassel, Marburg. Mit Frankfurterinnen haben wir nicht so viel gemacht, aber ich weiß, dass es dort Wendo gibt. Auch in München, die Münchnerinnen haben wir irgendwann aus den Augen verloren. Eine Weile hatten wir Kontakte zum Bodensee."

„Alle" zu kennen, bestreitet sie. Die autonome Vernetzung sei Ende der 1990er Jahre eingeschlafen, und etabliertere Schulen hätten eine andere Politik verfolgt. Aber selbst von solchen Schulen wurden sie für einzelne Workshops angefragt. „Es war immer so viel gleichzeitig. Der Tag hätte 72 Stunden haben können." Eine Überzeugung begleitet Claudia über die Zeit, „dass die Art, wie wir unseren Sport machen, auch unsere politische Arbeit ist." Selbstverteidigung also. Und Kickboxen.

Dass sie dabei blieben, war kein glücklicher Zufall wie jener, der die Gerüstbohle nicht senkrecht, sondern waagerecht in die Richtung von Claudias Kopf lenkte. Dabeibleiben, da redet man nicht von Glück, sondern das ist Glück, nämlich das, was eine am liebsten tut, zum Beruf zu machen. Claudia glüht, wenn sie davon erzählt.

Kickboxen kann ein gesunder feministischer Selbstverteidigungssport, kann ein sicherer Sport sein. Wie sicher ein Training ist, kommt darauf an, wie trainiert wird. Im nicht wettkampforientierten Frauensport kann es beim Kickboxen blaue Flecken geben, aber unterm Strich weniger Verletzungen als beispielsweise beim Volleyball. Diese Sicherheit ist nicht selbstverständlich. Sie verdankt sich klaren Regeln und einem

Trainingsbeginn mit einer Runde, in der jede Teilnehmerin ein paar Worte über ihren körperlichen und sonstigen Zustand an diesem Tag sagt, mit Konzentration und gründlicher Erwärmung. Und dass es diese Regeln gibt, da schließt sich der Kreis, hat mit dem Ziel zu tun, dass jede Teilnehmerin Spaß am Training hat, sich nicht unter Druck fühlt, dass sie kräftiger, gesünder wird und ein gutes Gefühl zu ihrem Körper entwickeln kann.

Kapitel Acht: Das Wort Brustkrebs

Ich brauche meinen Arm, hab ich gesagt, ich bin Trainerin.

Claudias Leben ist in der Zeit von der Mitte der Nullerjahre bis 2018, dem Jahr, in dem dieses Manuskript abgeschlossen wird, so ereignisreich, dass es im Chaos enden muss, es chronologisch nachzuerzählen. Zwei wichtige Themen, zwei substantielle Veränderungen prägen diese Jahre: Der Verein Lowkick – Selbstverteidigung, Thai-Kickboxen für Frauen e.V. wird gegründet. Claudia erkrankt schwer an Brustkrebs. Ist die Lowkick-Gründung Konsequenz und Fortsetzung ihrer langjährigen Arbeit als Trainerin, schneiden Erkrankung und Therapie tief in den Alltag, in die ganze Lebenspraxis und verändern sie auf unwiderrufliche Weise. Unmöglich, ein Thema vom anderen zu trennen. Weil alles so komplex ist, erzähle ich zweimal von diesen Jahren, in zwei Kapiteln. Weil alles so komplex ist, kommt dieser Bericht nicht ohne Theorie aus, nicht ohne ein bisschen Alchemie unseres Körperinneren, nicht ganz ohne die Theorie der Gifte. Alles ist so komplex, weil wir Tiere mit Seele und Verstand sind, Wesen, die den Gesetzen der Schwerkraft gehorchen und deren glückliche und schmerzende Empfindungen auch aus den chemischen Verbindungen bestehen, die mit Blut und Lymphe durch unsere Körper fließen.

Zeitraffung

1999 immatrikuliert Claudia sich für das Studium der Erziehungswissenschaften. Seitdem studiert sie neben Arbeit und Sport: langsam, aber stetig.

1999 findet Inken in ihrer rechten Brust einen Knoten, der operativ entfernt und als nicht bösartig bewertet wird. Aber der entfernte ist nicht der ursprünglich gefundene Tumor. Dieser verbleibt durch einen Irrtum im Körper und wird anschließend als mutmaßlich harmlos bewertet. Inken entscheidet sich, ihn vorerst zu beobachten.

2001 wird das Haus Im Dol verkauft.

2002 schließt Inken das Studium der Sozialpädagogik mit einer feministischen Arbeit über „die Begriffe Krankheit und Gesundheit“ ab, die sie „am Beispiel der Homöopathie mit dem Blick auf Frauen“ betrachtet.

2004 entschließt Inken sich unter dem Eindruck der schweren Brustkrebserkrankung einer engen Freundin, den Knoten in ihrer Brust entfernen zu lassen.

2005 findet im Januar diese Operation statt. Der Knoten erweist sich als Brustkrebs.

2005 stirbt, kurz vor dem 8. März, jene kranke Freundin.

2005, im November, erlebt Claudia einen persönlichen Einbruch mit massiven Rückenschmerzen, nachdem sie bereits im Frühling wegen Schmerzen im Knie am Meniskus operiert worden war.

2006 beginnt Claudia, regelmäßig während ihrer Aufenthalte auf Ibiza, Kickboxen zu trainieren.

2007 sterben Claudias Vater und seine Ehepartnerin im Alter von 70 und 88 Jahren durch Suizid.

2007 trainiert Claudia in Los Angeles in Thaiboxstudios mit „klassischen“, das heißt geschlechtergemischten, männlich dominierten Strukturen.

2007/2008 Jahreswechsel. Auf einer Reise nach La Graciosa entwickeln Inken und Claudia die Idee eines feministischen Kickboxvereins. Auf der gleichen Reise entdeckt Claudia am Strand einen Knoten in ihrer rechten Brust.

2008 hat Claudia im Studium die Voraussetzungen erfüllt, um mit den Prüfungen beginnen zu können.

2008/2009 reisen Inken und Claudia über den Jahreswechsel nach Thailand, Claudia trainiert dort Thaiboxen.

2009 steht ein wichtiger Trainingsraum, in dem Claudia rund 120 Frauen in mehreren Gruppen trainiert, kurzfristig nicht mehr zur Verfügung. Weitere Trainingsorte gehen verloren; sie trainiert die Gruppen in Provisorien, schleppt das Equipment von einem zum anderen.

2009 fällt die Entscheidung zur Gründung eines Sportvereins.

2009 finden Inken und Claudia Räume und gründen mit anderen Frauen Lowkick – Selbstverteidigung, Thai-/Kickboxen für Frauen e.V.

2009 bis 2010 ist Lowkick eine Baustelle, während in anderen Räumen im gleichen Gebäude bereits trainiert wird.

2009 schreibt Claudia ihre Diplomarbeit.

2010 beginnt im Herbsturlaub auf Ibiza der Knoten in Claudias Brust zu schmerzen.

2010 ruft Claudia am 6. Dezember im Krebszentrum des Waldkrankenhauses Spandau an. Dort wird eine Biopsie vorgenommen.

2010 werden am 21. Dezember Claudias rechte Brust und neun Lymphknoten operativ entfernt.

2010 erfährt Claudia am 29. Dezember den Befund: eine bösartige Krebserkrankung.

2011 unterzieht Claudia sich von Februar bis Juli der ersten Chemotherapie.

2011 gibt Claudia am 13. September ihre Diplomarbeit ab.

2013 stellt Claudia im November fest, dass ein Lymphknoten geschwollen ist, warum, wird durch keine der folgenden Untersuchungen geklärt.

2014, Februar und März, reisen Inken und Claudia durch die USA, die Reise ist mit viel Bewegung und Sport verbunden.

2014 wird wegen des auffälligen Lymphknotens im Mai eine PET-Computertomographie gemacht. Metastasen in den Knochen, besonders der Wirbelsäule, sowie in der Leber werden gefunden. Unmittelbar nach der Diagnose werden Claudias Halswirbel operativ mit Metallteilen versteift, um einen Wirbel-bruch auszuschließen. Die Tumoren in der Wirbelsäule werden auf dem Wege radioaktiver Bestrahlung verknöchert.

2014 beginnt im Juni Claudias zweite Chemotherapie.

2015 zeigen Untersuchungsergebnisse Ende April, dass eine Remission, das heißt: der Rückgang der Lebermetastasen erreicht wurde.

2017 stirbt im Frühling Claudias Mutter.

2017 werden im Sommer weitere Metastasen gefunden, die mit einer kontinuierlichen Chemotherapie behandelt werden. Claudia erhält weiter Antikörper und Schmerztherapien, letzteres auch gegen Arthrose.

Ende der Zeitraffung.

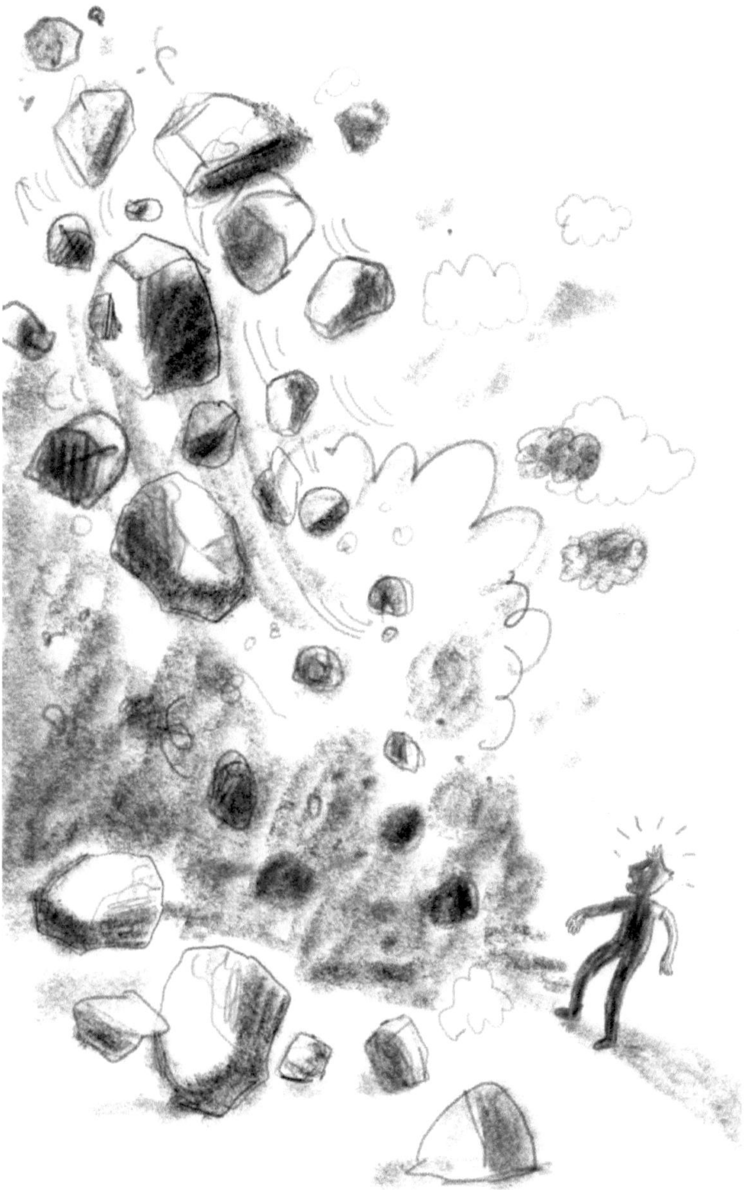

Claudias Leben ist, wie man so schön und so oberflächlich sagt, eine Biographie mit Brüchen. Bewegung und Sport ziehen den roten Faden darin. In vielen Lebenserzählungen, gedruckten und ungedruckten, ist Brustkrebs das einmalige, große Erlebnis, entweder tragischer Höhe- und Endpunkt oder Erleuchtung und brutaler Fingerzeig auf ein gebessertes Leben. Und auch das ist dann meist das Ende der Geschichte. Diesmal ist es anders. Dass Claudia an Brustkrebs erkrankt, ändert etwas, sogar vieles. Nicht alles. Die Krebserkrankung geht an die Substanz, wie könnte es anders sein? Die substantielle Konstante in Claudias Leben aber bleibt, Bewegung, Wissen über Bewegung, Freude an Bewegung, Weitergabe großen Wissens und großer Freude an andere Frauen.

Claudias Gefährtin Inken ist kompetent darin, Frauen zu unterstützen, die mit Symptomen leben, die mit ihrem Frausein und mit der Erfahrung von Gewalt und biographischen Brüchen verbunden sind. Dass zuerst Inken an Brustkrebs erkrankte und die Therapie, der sie sich unterzog: Beides schnitt tief und schwer in ihr Leben ein – in ihrer beider Leben. Inken und Claudia sammelten so viele Informationen wie möglich darüber, was die Diagnose bedeutete, welche Behandlungsmöglichkeiten es gab. Inken ließ den Brustkrebsknoten operativ entfernen. Als ihr im Anschluss zwar keine Chemotherapie, wohl aber Hormontherapie und Bestrahlung nahegelegt wurden, entschied sie sich stattdessen für eine naturheilkundliche Therapie, bei der, verkürzt gesagt, das Immunsystem gestärkt wird. Dies war und ist mit einer aufwendigen Umstellung der Lebensweise verbunden. Claudia schloss sich dieser veränderten Lebensweise an, sollte sich später, bei ihrer eigenen Krebserkrankung aber für ein anderes Vorgehen entscheiden.

Inkens Brustkrebs kehrte nicht zurück. Die Entscheidung für ein „alternatives" Verfahren stand ihrer Heilung nicht im Wege, kann sogar der entscheidende heilsame Schritt für sie gewesen sein. Ich schreibe das mit Vorsicht. Je mehr eine über Brustkrebs liest, je mehr Geschichten von Frauen sie kennt, die Brustkrebs erlebt, überlebt oder nicht überlebt haben, desto deutlicher tritt hervor: Es gibt verschiedene Wege, mit (Brust-)Krebs umzugehen. Frauen haben Entscheidungsmöglichkeiten. Es ist besonders wichtig, informierte, eigene Entscheidungen zu treffen. Keine Art von Entscheidung bietet eine Garantie, doch soviel ist sicher: Auch Frauen, die ihre Entscheidungskompetenz mit dem ersten Schritt in eine Klinik komplett abgeben und jeder Empfehlung der ÄrztInnen folgen, haben damit eine Entscheidung getroffen.

Brustkrebs ist eine Krankheit, vor der sehr viele Frauen sehr viel Angst haben. Brustkrebs und die Angst davor treffen uns im Kern. Fast ein Drittel aller Krebserkrankungen von Frauen sind Brustkrebserkrankungen. So gut wie jede von uns kennt eine oder mehrere, die daran erkrankt sind. Geschätzt eine von acht Frauen erkrankt im Laufe eines Lebens von 85 Jahren an Brustkrebs. Sehr viele Frauen überleben diese Erkrankung, zu viele sterben daran, allen Therapien, allen Veränderungen in ihrem Leben zum Trotz, und sie sterben oft unter Leiden.

Aber ist Brustkrebs nicht dennoch ein Mythos, dem wir Macht geben, weil wir Angst haben? Inken sagt: „Bei Krebs gibt es eine lange Phase, in der du ihn zunächst nicht bemerkst. Und wenn du ihn bemerkst, ist er möglicherweise schon im ganzen Körper. Eben noch geht es dir gut, du hast keine Symptome. Wenn du das erste Symptom bemerkst, kann die Krankheit bereits fortgeschritten sein. Wir kennen mehrere Frauen, die sehr früh und sehr elend an Krebs gestorben sind. Krebs hat viele, an denen mir lag, umgebracht. Die Endphasen, in denen du keine Luft mehr bekommst oder am ganzen Körper gelähmt bist, sind sehr schlimm. Vielleicht wird dir gesagt: Wie lange Sie noch leben, können wir nicht sagen. Vielleicht dauert es fünf Jahre, das bedeutet dann: Du hast noch Zeit. Die Zeit, in der du all das, was zu deinem Leben gehört, auch gut tun kannst, kann dennoch sehr kurz sein. Das liegt an der Art der Behandlung. Chemotherapie ist reines Überlebenstraining.“ Und auch der Krebs selbst kann machen, dass die Zeit, die bleibt, kurz wird und schnell vergeht.

Eine gesunde Lebensweise und ein reiches Wissen über Gesundheit und Krankheit schützen, wie Inken erfahren hat, nicht grundsätzlich davor, an Krebs zu erkranken. 2018 liegt Inkens Brustoperation dreizehn Jahre zurück, der Krebs ist nicht zurückgekehrt, andere krankmachende Beschwerden sind nicht verschwunden.

Es gibt viele Unwägbarkeiten im Umgang mit Brustkrebs. Was einer hilft, muss nicht jeder helfen. Ob sie nichts tut, ob sie handelt und wie: Was richtig war, weiß sie hinterher. Oder nicht einmal das, denn auch, wie die Erkrankung sich unter einer anderen Therapie entwickelt hätte, bleibt Spekulation. Die Vorstellung, noch unendlich viel Zeit zu haben, steht einer Frau mit Brustkrebs nicht mehr zur Verfügung. Sobald sie einmal gedacht hat: Dieses Jahr geht es noch, man weiß nicht, was nächstes Jahr ist, kann sie das nicht mehr vergessen, sich nicht mehr für unverwundbar halten. „Wenn es eine schafft, die Krebszellen zum Stillhalten zu erziehen und die anderen Zellen dazu, dass sie sich wohl entfalten, dann Claudia", das sagte Inken im Sommer 2015. Der Satz zeugt von den körperlichen Fähigkeiten, von der mentalen Kraft Claudias. Und von Hoffnung.

Als Claudia im Winter 2007/2008 den Knoten fand, wusste sie, was er bedeuten konnte. Sie legte keinen Schalter um, begab sich nicht schlagartig in einen Ausnahmezustand und Kampf. Sie entschied sich, zu warten und zu beobachten. Sie hatte begonnen, mit Brustkrebs umzugehen, als Inken daran erkrankte. Sie hatte sich schon einmal mit naturheilkundlichen Theorien zur Entstehung von (Brust-)Krebs beschäftigt. Inken weiß als Heilpraktikerin und nicht zuletzt der eigenen Erkrankung wegen viel über Theorien zur Entstehung von Krebs. Die Theorie, die für Inken wichtig, sogar entscheidend wurde, wurde von der Ärztin Waltraut Fryda (1927 bis 2009) entwickelt. Fryda vertrat die These vom „Adrenalinmangel als Ursache der Krebsentstehung". Ihr zufolge geht der Bildung bösartiger Tumoren ein Adrenalinmangel voraus. Dieser entstünde durch gehäuften negativen Stress, wenn er nicht auf gesunde Weise abgebaut wird. Adrenalin ist das körpereigene Hormon, das uns in krisenhaften Situationen Kraft und Energie gibt. Wenn der Körper es ins Blut ausschüttet, bewirkt es eine

Steigerung der Herzfrequenz, einen Blutdruckanstieg und eine Erweiterung der Bronchiolen. Adrenalin führt dazu, dass wir mehr Sauerstoff aufnehmen und Energiereserven mobilisieren können, indem Fett abgebaut wird oder Glykogenreserven verfügbar gemacht werden. Adrenalin ist unser evolutionäres Erbe, damit wir auf Stress mit Kampf oder Flucht reagieren können. Unsere Lebensweise jedoch, meinte Waltraut Fryda, verbiete das oft, und das habe soziale Gründe. Beispielsweise kontrollierten wir beruflichen Ärger oder unterdrückten ihn ganz aus Furcht vor negativen Konsequenzen. Der Körper jedoch sende weiterhin Alarmsignale in Form von Adrenalin. Wenn nun keine Reaktion erfolge, würde das Adrenalin nicht abgebaut, der Körper verbleibe im Alarm. So entstünde zuerst ein Adrenalinstau, mit der Zeit aber erschöpfe sich die Adrenalinproduktion. Das Ergebnis sei ein Adrenalinmangel. Und dieser verändere zuletzt die Vorgänge des Zellstoffwechsels in einer Weise, die die Entstehung von Krebs begünstige.

Auf der Basis ihrer Theorie hat Waltraut Fryda Vorschläge gemacht, wie Menschen diesem Geschehen vorbeugen oder es korrigieren können. Adrenalin und mobilisierte Energie könnten sehr wohl ohne Kampf und Flucht mobilisiert und abgebaut werden, wenn auch nicht ohne Anstrengung, wie beispielsweise durch schweißtreibende körperliche Arbeit, Sport, Kreativität und in konstruktiven menschlichen Beziehungen. Darauf gründet ihr Konzept für Prophylaxe und Therapie. Fryda empfahl unter anderem Bewegung, auch in Form bewegungsintensiver Hausarbeit, gesunde Ernährung, Verzicht aufs Rauchen. Das Immunsystem sei zu trainieren, fieberhafte Infekte auszukurieren anstatt sie medikamentös zu bekämpfen. Um den Organismus zu stärken, empfahl Fryda eine besondere Ernährungsweise, beispielsweise Vollkornprodukte statt „leerer" Kohlehydrate wie Zucker. Als optimal sah sie eine spezielle Kombination von Fett und Eiweiß an, nämlich die Verbindung von Quark und Leinöl. Diese ist Teil einer Ernährungsweise, die von der Apothekerin Johanna Budwig (1908 bis 2003) entwickelt wurde.

Unter Anleitung eines Arztes unterzog Inken sich einer Behandlung, die sich im Wesentlichen auf Fryda und Budwig stützte, damit ihr Immunsystem gestärkt wurde anstatt, wie es bei einer Chemotherapie geschieht, geschwächt. Elemente der Behandlung waren Sportarten wie Joggen, Schwimmen, Krafttraining und Tai Chi, die eine gute Mischung aus Anspannung und Entspannung bewirken sollten. Inken ließ sich homöopathisch behandeln. Ihre Ernährung orientierte sich an Johanna

Budwig, wozu viel frisch gepresste Gemüse- und Obstsäfte gehörten. Das war aufwendig, appellierte nicht zuletzt an hausfrauliche Ambitionen. Denn eine solche Kur gibt es nicht im Supermarkt. Ehe eine täglich frisch gepressten Möhrensaft trinken kann, muss sie viele Möhren die Treppe hinauftragen, putzen und entsaften. Ein Vierteljahr lang hielt Inken die Kur streng ein und orientiert sich bis heute immer wieder daran. Auch der Tagesablauf änderte sich, so dass Claudia im Zusammenleben kaum anders konnte als mitzumachen. So hatte Inken die Hauptmahlzeit vom Abend auf den Mittag zu verlegen, nicht einfach zu realisieren für zwei Frauen, die überwiegend am späten Nachmittag und abends Training geben, also körperlich anstrengende Arbeit leisten.

Frydas Konzept ist nicht unumstritten. Kritisiert wird es unter anderem mit dem Argument, dass die Wirksamkeit spezieller Ernährungskonzepte oder „Krebsdiäten“ nicht er-wiesen sei und dass Schlaf eine viel wichtigere Rolle spiele. Kritisiert wird auch, dass die von Fryda selbst dokumentierten Fälle erfolgreicher Therapie nach ihrem Konzept noch keinen wissenschaftlichen Nachweis darstellten. Es gibt nicht nur den schulmedizinischen Weg auf der einen und Waltraud Frydas Konzept auf der anderen Seite. Und es ist nur einer von mehreren naturheilkundlichen Ansätzen zur Krebsbehandlung. Andere Wege sind beispielsweise ayurvedische Behandlungsmethoden, die Methode Wildwuchs nach Angelika Koppe, es gibt Konzepte, die auf der Traditionellen Chinesischen Medizin basieren oder auf Chi-Gong, und natürlich Kombinationen verschiedener Methoden.

Inken hatte Erfolg mit ihrer Therapie, die Krebserkrankung kehrte nicht zurück. Dass Claudia an den Veränderungen in Inkens Lebensweise teilhatte, verhinderte gleichwohl nicht, dass sie selbst erkrankte. Dass Inkens Therapie wirkte, bedeutet keine Garantie für die Wirkung bei anderen. Und das trifft auch auf andere Vorgehensweisen zu.

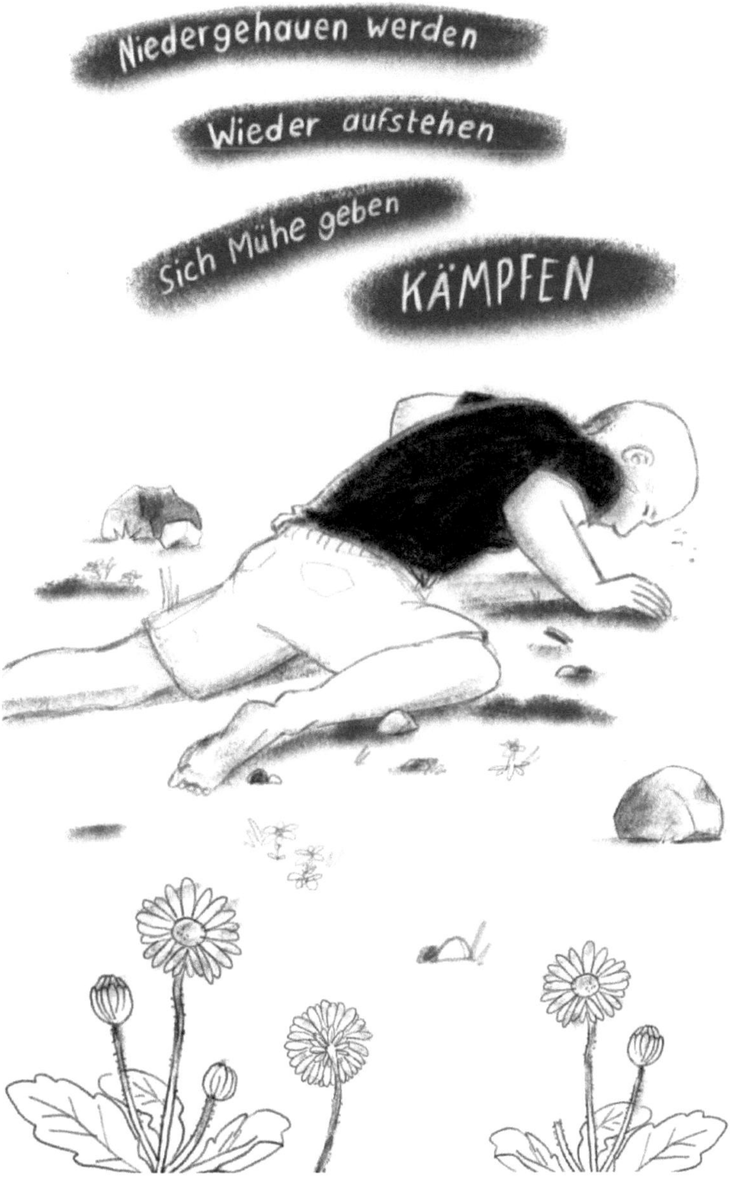
Niedergehauen werden
Wieder aufstehen
Sich Mühe geben
KÄMPFEN

Bis heute weiß man nicht sicher, warum manche Menschen an Krebs erkranken, andere nicht. Sogar wissenschaftliche Studien verweisen in letzter Zeit auf die Rolle des Zufalls. Krebsfördernde Faktoren sind bekannt, wie Radioaktivität zum Beispiel oder kanzerogene Stoffe. Aber warum manche Menschen nach Kontakt mit solchen Faktoren Krebs entwickeln und andere nicht, ist bislang unbekannt. Die Generation der in den frühen 1960er Jahren Geborenen wurde im Kindesalter mit der von oberirdischen Atomtests freigesetzten Radioaktivität konfrontiert, diese Generation hat mit DDT belastetes Gemüse gegessen, viele Menschen haben in Räumen gelebt und gearbeitet, die mit Asbest oder Holzschutzmitteln belastet waren. Heute atmen wir Luft, die stark mit Feinstaubpartikeln belastet ist. Und so weiter. Neben bekannten schädigenden Faktoren gibt es unerforschte. Auch wenn wir „gesund leben" und gut für uns sorgen, verstellt das dem Zufall nicht den Weg. Krankheit ist kein „Weg", den wir beschreiten, sondern Gesundheit wie Krankheit ist ein gesellschaftliches Phänomen.

Zeitsprung: Ein frühsommerlicher Freitag im Mai 2017, Kampfsport-Fitnesstraining nachmittags um vier, die Wärme des Tages hängt im Raum. Claudia kommt herein, sie hinkt ein wenig, wie oft. In der Anfangsrunde sagt jede in der Gruppe ihren Namen und wie es ihr heute geht. Den meisten geht es gut, manche merken an, was heute besonders ist, das Licht ist gut, ein Knie tut weh, eine hat lange nicht trainiert und ist unsicher. Claudia sagt: „Mir geht es gut, nur meine Hüfte tut weh". Vielleicht ist das Arthrose, doch der Gedanke ist da, dass jedes Ziehen, jeder Schmerz die Rückkehr der Krankheit bedeuten kann. Das Training beginnt, alle laufen auf der Stelle, wechseln von einem Fuß auf den anderen. Die Blicke gehen zu Claudia. Sobald das Training beginnt, sobald sie die Musik einschaltet, ist auch sie in lockerer Bewegung. Ich sehe sie an und vergesse rasch, dass sie ihre Hüfte erwähnt hat. Claudias Körper ist gezeichnet, die Narbe der Operation an der Halswirbelsäule, die 2014 notwendig wurde, um die von Metastasen betroffene Wirbelsäule zu stabilisieren, ist trotz ihrer sonnengebräunten Haut sichtbar. Nichts davon wird im Training unsichtbar, und doch überlagern Claudias leichte Beweglichkeit, die Freude in ihrem Gesicht jeden anderen Eindruck. Sie lacht, bewegt sich, die Teilnehmerinnen greifen ihren Rhythmus unwillkürlich auf. Ihre Stimme, mit der sie das Training anleitet, klingt wie die, mit der sie sich am Telefon meldet: „Hallo, Claudia", mit diesem offenen, fragenden Schwung nach oben, der die Frage transportiert: Und wer bist du? Die Stimme ist warm, hell, nicht grell, nicht laut, nicht schwach, und ich frage mich einmal mehr, wie man sie für einen Mann halten kann. Wenige Wochen später, als klar ist, dass die Schmerzen in Claudias Hüfte auch von neuen Metastasen kommen, wird sie sich im Training mit der gleichen Intensität bewegen wie an diesem besonderen Tag.

Sport ist etwas, das die meisten von uns erst einmal für gesund halten, jedenfalls wenn man es nicht übertreibt, und dass es eine übertreiben könnte, wird eher selten gedacht. Claudias und Inkens Lebensweise ist, was man „gesund“ nennen kann. Trotzdem sind sie von chronischen Erkrankungen begleitet. Was eine gesunde Lebensweise für uns tun kann, ist relativ. Claudias Knie sind schon lang ein Thema, auch die Hüften, überhaupt ist das Knochengerüst ihres Körpers fragil, obwohl es von dichter, fester Muskulatur umgeben ist. Sie lebt mindestens seit 1987 mit Rückenschmerzen. „Inken hatte so ein hartes Bett. In der Szene gab es nie richtige Matratzen, alle schliefen auf Decken oder einem Futon, das wurde regelrecht kultiviert. Vielleicht hatten meine Rückenschmerzen damit zu tun, sicher war der Rücken ein Schwachpunkt. Als Inken die Ausbildung zur Heilpraktikerin machte, ab 1987, begann ich darauf zu achten.“ Gemeinsam gingen sie zum Feldenkrais, obwohl Claudia die Langsamkeit jeder Bewegung beim Feldenkrais nicht gut ertrug. „Ich hätte schreien können. Dass ich nicht die Flinte ins Korn geschmissen habe, lag an Inken, die sagte: Nee, das ist gut, wir gehen weiter hin. Allein hätte ich das nicht getan." Claudias Schlüsselerlebnis mit dem Thema Gesundheit war die Begegnung mit der Homöopathie. „Es hat mich beeindruckt, das homöopathische Prinzip erklärt zu bekommen, dass alles Energie ist, dass man auf energetische Art Heilung bewirken kann. Es hat mein Körperbild verändert. Ich habe das so begriffen, dass ein Körper mehr ist als Materie, sogar mehr als das Zusammenwirken von Körper, Seele und Geist." Es überrascht mich, dass sie ein positives Schlüsselerlebnis nennt, nicht, wie viele Angehörige unserer Generation, den atomaren Gau von Tschernobyl.

In der autonomen Kickboxgruppe, in der sie ab 1988 trainierte, gab es den Anspruch, dass jede mittrainieren können sollte, auch mit körperlichen Behinderungen, wie eine Frau in der Gruppe, die nur ein Bein hatte. „Viele machten sich Gedanken um Gesundheit, gesundes Aufwärmen zum Beispiel. Frauen aus der Gruppe lernten bei einer Krankengymnastin, welche Aufwärmübungen gut sind. Und welche Übungen sind gesundheitsschädigend, welche nicht?" Auch als keine Frauen mit einer körperlichen Behinderung mehr in der Gruppe trainierten, blieben sie in der Gruppengeschichte enthalten. Alle sollten trainieren können, auch krank oder verletzt. Natürlich, lag eine mit Fieber im Bett, trainierte sie nicht. Eine verstauchte oder gebrochene Hand oder Rückenschmerzen sollten Frauen jedoch nicht am Training hindern, denn es sollte so gestaltet werden, dass jede teilnehmen konnte. „Das klappte nicht immer, aber wir haben uns damit auseinandergesetzt. Wenn eine Frau nur einhändig kämpfen konnte, nahm ihre Trainingspartnerin eben eine Hand auf den Rücken."

Der hohe Anspruch und der bewusste Umgang sind charakteristisch für die Szene damals und für Claudia heute. Fühlt sie sich krank, ist ihr erster Impuls Bewegung. „Ich musste erst lernen, dass Bewegung nicht immer hilft. Oft hilft sie, hat oft geholfen. Wenn ich körperlich geschwächt bin und mich nicht bewegen kann, bin ich traurig dazu." Was tut sie, um gesünder zu werden, gesund zu sein? „Ich weiß, dass Ernährung wichtig ist, ich bemüh mich darum", sie zögert, „aber ich bin nicht konsequent. Mir fällt es schwer, mich einzuschränken beim Essen. Ich weiß, dass bei einer Krebserkrankung Zucker eher ungünstig ist, möchte aber nicht verzichten, weil ich süße Sachen so liebe." Eine Ärztin übrigens oder ein Arzt, erzählt sie mehrfach, fast verwundert, habe sie nie deswegen kritisiert, wie ihr überhaupt während der schulmedizinischen Behandlung niemals Begründungen für ihre Krankheit genannt oder vorgehalten wurden. Nicht bewertet zu werden, sich nicht bewertet zu fühlen, das tut gut.

Im Winter 2007/08 tastet Claudia den Knoten, die erste Operation findet drei Jahre später statt, kurz vor Weihnachten 2010. Warum diese Wartezeit? „Ich habe mehrere Jahre mit diesem Knoten gelebt und mich nicht bedroht gefühlt. Das waren Jahre, in denen wir immerzu auf Beerdigungen waren. Unsere Freundin Felicianna hatte Krebs und lag im Sterben, ziemlich lange, und wir besuchten sie. Die Frau meines Stiefbruders hatte Krebs und ist daran gestorben.“ Sie spricht von vielen aus ihrem Umfeld, die Krebs hatten, damit lebten, sich auf unterschiedliche Weise behandeln ließen, teils konventionell, also schulmedizinisch, teils auf radikale Weise nicht-schulmedizinisch. Manche erlebten Heilung, andere nicht, manche lebten lange mit Brustkrebs und Metastasen. „Inken hatte sich operieren lassen, und ich hatte mich klug gemacht.“ Mit dem, was sie wusste, fragte sie sich: „Fühle ich mich bedroht? Will ich etwas unternehmen?“, und ant-wortete: „Nein, jetzt nicht.“ Nicht noch selber für sich damit umgehen müssen, wo sie schon mit der Krankheit so vieler anderer um sie herum umgehen musste. Ginge sie jetzt mit diesem Knoten zu einer Ärztin, begänne auch für sie die Diskussion, was zu tun wäre. Sie würde sich operieren lassen müssen und sich operieren lassen. Später wird sie einmal denken: Hätte ich es wie Inken machen sollen? Operation, anschließend eine unkonventionelle Form der Therapie? Aber im Nachhinein gibt es keine Antwort darauf. Im Nachhinein dominiert der Gedanke: Ich habe mich nicht bedroht gefühlt.

Die Entdeckung eines verdächtigen Knotens in der Brust führt meistens sofort zum Arzt; sofort beginnen invasive Untersuchungsmethoden wie Mammographie und Biopsien, „sofort alles raus“, sofort massive Therapien. Claudia nennt das die „Anti-Krebs-Maschine“. Ob das für andere Frauen richtig oder falsch ist, beurteilt sie nicht. Als sie und Inken sich 2004 ausführlich beraten ließen, in einer Brustkrebs-Sprechstunde, hörten sie das Versprechen: „Wir können Sie retten!“, und vernahmen den Untertext: „Frauen sind stark. Sie müssen nur dieses ganze grauenhafte Programm durchziehen!“ Sie gingen, rannten weg, entzogen sich, entschieden langsam und bewusst.

Jeder Knoten, den eine Frau heute in ihrer Brust entdeckt, ist über lange Zeit, oft Jahre in ihrem Körper entstanden. Weil sie das wusste, nahm Claudia sich Zeit für ihre Entscheidung.

Sie hörte in sich hinein, begann darauf zu achten, ob der Knoten sich veränderte. Es war ihr wichtig, doch offenbar nicht wichtiger als andere wichtige Dinge des Lebens. Sie blieb Claudia, trainierte, lernte, schrieb ihre Diplomarbeit. Als Außenstehende, die jetzt versucht, das ohne Sorge zu betrachten, fällt mir auf, wie lange das ging. Jahrelang.

Nicht sofort auf Kampf zu schalten, bedeutete nicht, untätig zu sein. Claudia ließ sich unterstützen, durch Maßnahmen der Traditionellen Chinesischen Medizin, durch Homöopathie, Osteopathie. Es wird ein Später geben, mit Operationen, Chemotherapien, anderen schulmedizinischen Maßnahmen. Später wird sie auch mit der Wildwuchs-Methode arbeiten, einem Selbstheilungsverfahren. Später wird sie versuchen, ein besseres Gleichgewicht zwischen Bewegung und Ruhe zu finden. Nicht in diesem Moment, in dem sie den Knoten entdeckt. 2008, 2009 und fast das ganze Jahr 2010 wartet sie, beobachtet, schreibt ihre Diplomarbeit, arbeitet wie besessen an der Gründung des Frauensportvereins, arbeitet viel, zu viel, es ist eine intensive Zeit, in der sie vieles bewegt, viele Bälle gleichzeitig in der Luft hat. Selbstbestimmte Arbeit heißt ohnehin oft, permanent zu arbeiten, weil man geistig so stark damit beschäftigt ist. Zu arbeiten, wie Claudia heute, viele Jahre nach Entdeckung des ersten Knotens, arbeitet, ist für eine Selbstständige stets schwierig: Heute versucht sie, das Training, die Arbeit im Verein zu lassen, im Dojo zu arbeiten und im Büro und nicht zu Hause und so ein Ebengewicht zwischen Bewegung und Ruhe auszuloten.

Sie denkt an die Zeit, in der sie den Knoten fand: „Ich war, keine Ahnung wie, esoterisch… Ich versuchte, ein Verhältnis zum Tod zu finden. Wir sterben alle. Es kann nicht schlimm sein, wir tun das alle, es ist unsinnig, sich davor zu fürchten. Wenn die Sache an sich nicht schlimm ist, kann noch der Zeitpunkt blöd sein. Für die, die weiterleben, bedeutet er etwas.“ Sie wusste nicht, wie lange sie dieses Leben leben würde, sie weiß es heute nicht, sie wird es morgen nicht wissen. „Gibt es Grund, sich zu fürchten, wenn ich es nicht schaffe?“ Sie begann bewusst, die Gegenwart zu genießen, und beschäftigte sich mit der Frage, wie sie ihre Angelegenheiten regeln und es den anderen nicht allzu schwer machen würde, wenn sie stirbt. „Ich versuche, Lowkick in gute Hände zu geben, es zu tun und dabei nicht pessimistisch draufzukommen. Ich versuche, furchtlos und mit Freude einen Weg zu finden.“ Schmerz bedeutet das dennoch, für sie, für andere.

Susun Weed, die ein Buch über Brustkrebs und Brustgesundheit geschrieben hat, meint darin, der erste Schritt sei stets: „Tue nichts. (schlafe, meditiere, stöpsel die Uhr oder das Telefon aus.)“ Wie lange das dauert, bestimmt nach Weed jede selbst. Claudias „Tue nichts“ verband sich in den Jahren, nachdem sie den Knoten entdeckte, damit, „sehr sehr busy“ zu sein, die ganze Zeit, in der sie mit dem Knoten lebte. „Ich war sehr busy. Und dazu gehörte auch die Auseinandersetzung mit Krebs, durch Freundinnen, hier mal ins Hospiz, da mal ins Krankenhaus, dort auf eine Beerdigung.“ Das nahm Raum und Zeit. Inken wusste, dass Claudia einen Knoten gefunden hatte, sie vertraute auf Claudias Körpergefühl. Claudia: „Normalerweise bin ich gut darin. Ich kenne mich, ich wusste immer, ob etwas kaputt ist, ich habe nie einen Bandscheibenvorfall befürchtet, wenn es etwas Muskuläres mit Schmerzen war. Ich lasse mich behandeln, wenn etwas behandelt werden muss. Ich kann ganz gut in mir selber reisen und die Organe befragen.“ Als sie sagte, sie fühle sich nicht bedroht, antwortete Inken: „Wenn du das meinst, wird es so sein.“ Als Inken schließlich unruhig wurde, geschah es, weil Claudia unruhig wurde.

2008 war der Knoten klein. 2009 wuchs er ein bisschen. 2008 arbeitete Claudia sehr viel, weil sie im Frauenzentrum

Akarsu nicht mehr weitertrainieren konnte und das mehrere Gruppen betraf. Sie zog mit ihren Gruppen von Ort zu Ort. Sie studierte. Im Sommer 2009 verlor sie einen weiteren Ort, an dem sie mit Gruppen von Studentinnen trainierte, Kickboxen und Kickbox-Konditionstraining. Nun waren es drei Gruppen mit insgesamt rund 120 Teilnehmerinnen, für die sie im Kiez etwas zu finden versuchte. „Aber es gelang nicht. Dass wir Lowkick gründen würden, wussten wir. Eigentlich wollten wir noch warten." Denn sie wollte zuerst ihre Diplomarbeit über Frauensport fertig schreiben.

2009, ein wildes Jahr. Sie finden die Räume in der Urbanstraße, gründen den Verein, betreiben den Winter 2009/2010 über die Baustelle. Claudia steht unter Strom, Studium, Vereinsgründung, Training – natürlich wird weiter trainiert –, Diplomarbeit. Im Herbst 2010 reist sie nach Ibiza, nicht zuletzt der Diplomarbeit wegen, an der sie dort in Ruhe arbeiten will. Sie schreibt an einem Teil ihrer Arbeit, der sich mit Gewalt gegen Frauen und Mädchen auseinandersetzt. Auf einmal spürt sie, wie der Knoten zu schmerzen beginnt. Sie fühlt Angst. Nachts schläft sie nicht mehr. Der schmerzende Knoten, die Angst, das Thema. Mitte Oktober kehren sie zurück nach Berlin. Claudia arbeitet weiter, schreibt weiter, das Bild von der Kerze, die von beiden Enden aus brennt, scheint für sie erfunden worden zu sein. Schließlich zum ersten Mal der Gedanke: Ich krieg sie nicht fertig. Ich krieg sie nicht fertig. Dann: Ich muss mich um den Knoten kümmern.

Obwohl sie sich im letzten Teil der Diplomarbeit befand und fast fertig war, rief sie am 6. Dezember 2010 im Waldkrankenhaus Spandau an, das über ein Krebszentrum verfügt: „Ich hab einen Knoten, ich gehe davon aus, dass er bösartig ist, ich möchte einen Termin." Eine Woche später fand der Termin statt. Danach wurde eine Biopsie vorgenommen, wahrscheinlich hätte man genauso gut gleich operieren können. Das geschah dann am 21. Dezember.

Sich den Knoten herausnehmen lassen, nach Hause gehen, die Diplomarbeit fertig schreiben, lautete Claudias Plan. Zwei Wochen Winterpause bei Lowkick, in dieser Zeit würde sie sich erholen, danach wieder Training geben. „Das Problem war nur..." Nicht die Operation, die Operation verlief so gut wie möglich. Claudia hatte zuvor noch um die Brustwarze gekämpft, die entfernt werden sollte, ersetzt vielleicht durch ein Stück Gewebe von einer anderen Stelle des Körpers oder tätowiert. Die Brustwarze, so wichtig, so empfindsam, sie wollte sie nicht verlieren. Die Chefärztin hatte schon Inken operiert. Sie mag, spekulieren wir miteinander, gedacht haben: Ah, das sind wieder diese Querulantinnen, die alles ablehnen, was wir standardmäßig machen. Aber sie war, in Claudias Worten: „sehr fair, interessiert, entgegenkommend und total gutherzig". Claudia verhandelte um eine brustwarzenerhaltende Operation, und es traf sich, dass eigentlich zunächst eine Mammographie gemacht werden sollte. Erst lehnte Claudia sie ab, weil die Brust sowieso amputiert werden sollte. Am Ende aber stimmte sie zu, tauschte die Mammographie gewissermaßen gegen den Erhalt der Brustwarze. Und die Ärztin ließ sich darauf ein, den Sicherheitsabstand zwischen Tumor und gesundem Gewebe minimal geringer zu halten, so die Brustwarze zu retten, Claudia unterschrieb, dass sie es selbst verantworten würde. Anschließend verhandelte sie weiter, kämpfte darum, die nicht befallenen Lymphknoten in der Achsel zu behalten. Niemand spricht es aus, trotzdem weiß Claudia, dass die MedizinerInnen sich fragen, ob sie vollkommen verrückt ist. Ihr aber geht es um die Armmuskulatur. Sie hatte bei anderen Frauen miterlebt, dass die Arme nach Entfernung der Lymphknoten immer geschwollen blieben, die Frauen Lymphdrainage um Lymphdrainage bekamen und doch den Arm nie mehr richtig bewegen konnten. „Ich brauche meinen Arm, hab ich gesagt, ich bin Trainerin." Schließlich erreichte sie, dass lediglich die befallenen Lymphknoten entfernt werden sollten, in denen sich bereits Krebszellen befanden.

Manche bewerten das vielleicht als bodenlosen Leichtsinn, andere schätzen es möglicherweise als vorbildlich für den Umgang mit ihren Brüsten, mit erkrankten Körperteilen überhaupt. Vermutlich ist es weder das eine noch das andere. Es geht ja nie nur um Körperteile, sondern immer um den ganzen Körper, die ganze Person. Es geht um eine individuelle Entscheidung, die eine trifft, idealerweise nachdem sie sich informiert und Erfahrungen anderer reflektiert hat, nachdem sie zugehört hat, was man ihr erklärt. Nachdem sie überhaupt nach Erklärungen gefragt hat statt panisch zu denken: „Bloß schnell, bloß alles raus!“ Solche Entscheidungen bewusst zu treffen und sich später auch zu erinnern, selbst etwas entschieden zu haben, setzt Nachdenken voraus. Zum Beispiel darüber, was Leben bedeutet, was Lebensqualität ist, was eine will vom Leben. Und das ist eine andere und größere Frage als die, welche zehn schönsten Plätze auf Erden sie gesehen haben will, ehe sie stirbt. Claudias Armmuskulatur ist so grundlegend wichtig für sie wegen der Dinge, die sie vom Leben will.

Soweit am Vorabend der Operation. „Morgens war ich die Erste. Ich wusste zwölf Stunden vor der Operation, dass es ungefähr so läuft, wie ich es möchte. Ich war euphorisch und bin begeistert in die Operation gegangen. Die Ärztin hat es total schön gemacht, ich hab eine so schöne Narbe, haste die schon mal gesehen?“ Wenn Claudia ihre Narbe zeigt, ist auf der linken Seite des Brustkorbs ihre kleine linke Brust zu sehen, auf der rechten eine elegante, geschwungene Narbe, auf der die Brustwarze sitzt. Es sieht aus wie ein gut trainierter Brustmuskel. „Es sieht gut aus, es sieht echt aus, es sieht aus, als ob's so sein müsste“, Claudia ist noch immer begeistert. Was sie nicht interessiert, ist dieser ganze Mythos von Brüsten als dem, was die Weiblichkeit einer Frau ausmache, den nennt sie Schnickschnack. Als man ihr anbot, mit Silikon eine Ersatzbrust aufzubauen, bat sie darum, damit in Ruhe gelassen zu werden: „Wie es aussieht, ist nicht so mein Problem.“ Bei manchen, die davon erfuhren, löste es Befremden aus, dass Claudia vieles, was freundlich angeboten wurde, einfach ablehnte, Prothese, Perücke, Silikonbrust. „Ich fass das schon nicht gern an, aber bei der Vorstellung, es in mir zu haben, hab ich mich nur geschüttelt.“ Unerwartet stieß Claudia gerade im Krankenhaus auf Verständnis mit ihrer Haltung, sie hörte: „Jaja, aber viele möchten es.“ Auch dieses Verständnisses wegen fühlte sie sich gut aufgehoben in diesem Krankenhaus, sehr gut behandelt. Es war ihr gelungen, Sonderbedingungen auszuhandeln, die Schwestern waren freundlich, der Oberarzt kümmerte sich nach der Operation gut um sie. Lymphknoten waren entfernt worden, vier befallene, fünf weitere, jedoch nicht alle. Lymphknoten sind normalerweise nur fünf bis zehn Millimeter groß, in einer Achselhöhle befinden sich zwanzig bis dreißig in Gruppen, die unterschiedlich tief im Gewebe liegen. Alles ist nicht nur klein, sondern auch glitschig, so flutschten ein paar mehr mit heraus. Es verblieben so viele, dass sie tatsächlich nie Schwierigkeiten mit dem Arm bekam.

Nach der Operation wird alles ins Labor geschickt, Claudia geht nach drei Tagen nach Hause und feiert Weihnachten. Kurz vor Silvester 2010 findet die Nachbesprechung mit der Chefärztin statt, die sie operiert hat. Dabei wird ihr jede mögliche konventionelle, schulmedizinische Therapie empfohlen: Bestrahlung, Hormontherapie (Tamoxifen), Chemotherapie und Antikörpertherapie. Claudia lehnt alles ab. Zunächst. Bis sie erfährt, wie verheerend die Untersuchung des Tumors ausgefallen ist. „Alles wurde sehr schnell sehr dramatisch. Wenn schon Tumor, muss es der böseste von allen sein, der die krassesten Maßnahmen erfordert.

Das ist für mich typisch“, sagt sie. Das Gefährliche an diesem Tumor ergibt sich aus den Laborergebnissen, die die spezifischen Eigenschaften des Tumors beschreiben; man nennt das den histologischen Befund. Für alle, die mehr wissen möchten, hier ein Exkurs:

Über Tumorzellen, ihre Wege und den Versuch, sie zu stoppen:

Tumorzellen können sich über das Blut ausbreiten, über die Nerven oder über die Lymphe. Hat eine Glück, reisen die Krebszellen lediglich über einen oder zwei dieser Wege. Die Zellen aus Claudias Tumor aber können auf jedem möglichen Weg reisen.

Der Tumor in ihrer Brust ist östrogen-sensitiv, das heißt, er reagiert auf körpereigene Hormone, indem er wächst.

Und ein weiteres wichtiges Merkmal des Tumors: Es gibt Proteine, die sich an der Oberfläche normaler Zellen befinden, aber auch auf der Oberfläche von Krebszellen, und die eine Rolle bei Wachstum und Vermehrung der Zellen spielen. Man bezeichnet sie als Rezeptoren oder Empfängermoleküle. Wie viele es sind, bestimmt ein Gen, das man HER2 nennt. Die Zahl dieser Rezeptoren bei Brustkrebszellen kann mehr oder weniger erhöht sein, bis auf das Hundertfache. Eine übermäßige Ausprägung der Wachstumsrezeptoren nennt man HER2-positiv, in Abstufungen: 1+, 2+, 3+. Je höher die Zahl, desto stärker wächst ein Tumor, desto gefährlicher ist er für den Körper. Claudias Tumor war so HER2-positiv wie möglich: 3+. Das heißt: Sie gehört unter allen Frauen, die an Brustkrebs erkranken, zu der kleinen Hochrisikogruppe. Früher war es ein Todesurteil, wenn eine Patientin zu dieser Gruppe gehörte; die Chance, die nächsten fünf Jahre zu überleben, bewegte sich gegen Null. Erst relativ kurz seit der Jahrtausendwende gibt es gegen Brustkrebs eine Antikörpertherapie. Antikörper wirken gezielt gegen die HER2-Wachstumsrezeptoren und werden angewendet, wenn das besteht, was man „HER2-Überexpression" nennt. Letzteres ist bei Claudia exemplarisch der Fall. Um die Entstehung von Metastasen zu verhindern oder zu verlangsamen, müssen Antikörper dauerhaft eingenommen werden.

Claudia war Ende 2010 gut mit naturheilkundlichen Therapien von Brustkrebs vertraut, die Frauen in ihrem Umfeld angewendet hatten oder anwendeten. Weil der Tumor aggressiv und gefährlich war, erwog sie die angebotenen schulmedizinischen Behandlungsmethoden trotzdem ernsthaft. Zwei Wochen lang las sie alles, dessen sie habhaft werden konnte, sie nennt es ihren „Schnellkurs Adjuvante Therapie des Mammakarzinoms“. Adjuvante Therapien sind unterstützende und begleitende Maßnahmen. Bei einer Krebserkrankung haben sie den Zweck, nach vollständiger Entfernung aller erkennbaren Tumorbestandteile die Entstehung von Rezidiven und Metastasen zu verhindern. Was sind Rezidive? Ein einfaches Rezidiv besteht aus gleichartigen Zellen wie der ursprüngliche Tumor, bei Brustkrebs im Brustgewebe oder dem umliegenden Muskel. Ein Sekundärrezidiv betrifft andere Organe an einem anderen Ort, und es besteht aus anderen Tumorzellen. Ein metastasiertes Rezidiv ist eine neue Anhäufung gleichartiger Zellen an anderem Ort. Bei Brustkrebs sind die betroffenen Organe häufig Lunge, Leber und Knochen. Um Rezidive und Metastasen zu verhindern, greifen Chemotherapie, Hormontherapie und Bestrahlung massiv in den Organismus ein. Denn die Tumorzellen, die sich bereits an anderen Orten im Körper befinden und nicht mit dem Tumor entfernt wurden, sollen abgetötet werden. Das ist adjuvante Therapie. Daneben gibt es Chemotherapien, mit denen man einen Tumor verkleinern oder zum Verschwinden bringen will, beispielsweise um besser operieren zu können oder um eine Operation zu vermeiden. Man nennt sie neoadjuvant.

Ende des Exkurses.

Inken hatte nach ihrer Brustkrebsoperation nichts dergleichen unternommen, sondern einer naturheilkundlichen Behandlung vertraut. Claudia hatte ihren Überlebensstil begleitet und geteilt, nun setzte sie sich mit anderen, sogar gegensätzlichen Konzepten auseinander: Sie sprach auch mit jenem Arzt, dessen Therapieansatz Inken gefolgt war. Doch der Funke sprang nicht über, sie empfand ihn dogmatisch, vermisste ein Eingehen darauf, dass ihre und Inkens Erkrankung sich unterschieden. Er, dessen alternatives Konzept bei Inken gut angeschlagen hatte, schien es für allgemeingültig zu halten. So fasste sie kein Vertrauen. Ihr war klar, dass Inken von dem Konzept profitiert hatte, und doch gelang es ihr nicht, auch für sich daran zu glauben.

Radikal wollte sie jetzt alles wissen, setzte sich mit statistischen Daten auseinander, spekulierte und errechnete mit

Hilfe ihrer Laborwerte eine statistische Wahrscheinlichkeit von 15 Prozent, zehn Jahre tumorfrei zu überleben. Eine Zahl, die ihr im Krankenhaus niemand hatte vorrechnen wollen. Und als sie diese Zahl sah, kam sie zu dem Ergebnis: „Wenn ich schulmedizinische Anschlussbehandlung will, muss ich mir dann diese 85 Prozent naturheilkundlich in Eigenverantwortung erarbeiten? Ich hatte das Gefühl, das schaffe ich nicht.“ Sie ließ sich, unüblich, einen zweiten Besprechungstermin geben, überwand das Sekretariat, das sie abwimmeln wollte, als sie anführte, die Chefärztin habe ihr angeboten wiederzukommen. Dann gelang es. Und die Ärztin war mit dem Herzen bei der Sache. Sie fanden den Weg, den Claudia zu gehen bereit war.

Die Hormontherapie mit Tamoxifen lehnte Claudia ab. Tamoxifen wird bei östrogen-sensitiven Brustkrebsarten gegeben, um die Östrogenproduktion des Körpers zu bremsen. Obwohl diese Maßnahme weniger negative Begleiterscheinungen haben soll als die früher übliche Entfernung der Eierstöcke, geht es vielen Frauen noch immer sehr schlecht damit.

Bestrahlung? „Die Brust war weg. Den Torso bestrahlen? Fand ich ne grandiose Idee“, sagt Claudia sarkastisch. Die Ärztin räumte ein, darauf könne unter Umständen verzichtet werden, nur nicht auf Tamoxifen. Als Claudia sich am Ende zu Chemotherapie und Antikörperbehandlung entschloss, war sie dennoch zufrieden, sogar „total glücklich“, so soll sie gesagt haben, erleichtert, dass Claudia genau dem Teil der Behandlung zustimmte, der ihr aus medizinischer Sicht am dringlichsten erschien. Ohnehin würde die Chemotherapie die Menopause auslösen, auch ohne Tamoxifen, der Körper damit weniger Östrogen produzieren. So geschah es tatsächlich bereits nach dem ersten Chemotherapie-Zyklus. Über die anschließenden Hitzewallungen sagt Claudia: „Die haben mich nicht gestört, ich wusste ja, was es ist. Die Chemotherapie hat mich gebeutelt vor und zurück. *Das* war krass.“

Ein großer Schmerz und Schicksalsschlag traf Inken und Claudia in eben dieser Zeit. Monika, ihre Heilpraktikerin und Homöopathin, wurde im Januar 2011 in Mexiko grausam ermordet. Sie wurde mit einer Machete erschlagen. Tausende Morde werden in Mexiko in jedem Jahr verübt, und wie die meisten blieb der Mord an Monika und ihrem Ehepartner unaufgeklärt, ungesühnt. Über Monika habe ich von Menschen, die sie kannten, stets mit Hochachtung und Liebe sprechen gehört, von ihrem tiefen Wissen und Verstehen. Worte wie das vom persönlichen Verlust, vom Verlust einer Kollegin Inkens, einer Lehrerin, wichtigen Unterstützerin in gesundheitlichen Belangen, vom Verlust der so wichtigen Beraterin und Behandlerin, all diese Worte sind wahr. Trotzdem scheint es, als ob die Sprache nicht ausreicht. Gewiss ist nur: Körper und Seele blieben nicht unberührt, erst recht nicht im Augenblick der großen Krise, die Krebs bedeutet. Denn im Januar 2011 bereitete sich Claudia auf die Chemotherapie vor. In Vorgesprächen bekam sie erneut zu hören, sie sei lebensmüde, falls sie die Chemotherapie nicht mache. Aber sie hatte sich längst entschieden. Noch einmal fuhr sie eine Woche nach Ibiza, um auszuruhen. Am 9. Februar begann der erste Chemotherapie-Zyklus.

Zuerst bekam Claudia einen Zugang in die Vene am Arm gelegt. Diesen Weg nahmen die Medikamente nur einmal. Denn flösse nur eines dieser Gifte, dieser „Megagifte“ in Claudias Worten, flösse auch nur ein Tropfen daneben, wären „alle Adern, mein ganzer Unterarm kaputt.“

Chemotherapeutika sind Zytostatika. Das Wort kommt vom altgriechischen „cyto“, Zelle, und von „statik“, anhalten. Es steht dafür, dass diese Mittel das Zellwachstum beziehungsweise die Zellteilung zum Stehen bringen können. Zytostatika sind Zellgifte, die so hoch wirksam sind, dass sie die Wände menschlicher Venen zerfressen können. Zellgifte kommen in der Natur vor, zum Beispiel im Gift von Eibenarten (Taxus), die zu den giftigsten Pflanzen der gemäßigten Zone gehören. Zellgifte werden auch synthetisiert, wie Senfgas (Lost). Synthetisierte Zellgifte, wie eben Senfgas, sind auch chemische Kampfstoffe. Mit Chemiewaffen wurden Hunderttausende Menschen in Kriegen und bewaffneten Konflikten getötet, und obwohl diese Waffen international geächtet sind, geschieht das bis in unsere Zeit. Claudia war schockiert, als sie erfuhr, dass zu den Chemotherapeutika, die sie bekommen würde, ein chemischer Kampfstoff gehörte.

Schon in den 1940er Jahren wurden synthetische Zellgifte, zuerst Stickstoff-Lost, in der Medizin verwendet, mit dem Ziel, Tumoren zur Verkleinerung oder zum Verschwinden zu bringen. Sie brachten unerwünschte Wirkungen mit sich, die für den gesamten menschlichen Organismus zerstörerisch waren, sogar tödlich. Heute verwendet man neben Senfgasderivaten und Wirkstoffen aus der Eibe weitere Stoffe, um das Wachstum von Krebszellen zu verhindern, etwa Wirkstoffe des Immergrüns (Vinca minor), und Arzneistoffe, die Platinverbindungen enthalten.

Ob und bei welchen Krebserkrankungen, mit welcher Wahrscheinlichkeit und wie andauernd Chemotherapeutika therapeutisch wirken, ist umstritten. Die Meinungen reichen von kompletter Ablehnung, insbesondere durch einen Teil der Naturheilkunde, über eine bedingte Zustimmung bis zur Erwartung, bei gezieltem Einsatz einen weitreichenden, nachhaltigen Schutz vor Metastasen zu erreichen. Chemotherapie ist nicht für jede Krebserkrankung, für jedes Stadium und nicht für jede Erkrankte erfolgversprechend, wird aber heute auch nicht mehr in jedem Fall eingesetzt. Im Vergleich zu ihren Anfängen in den 1940er Jahren ist die Chemotherapie von Krebserkrankungen heute komplexer geworden. Heutige Forschung zielt besonders darauf, sie genauer auf die konkrete Erkrankung und den einzelnen Menschen abzustimmen. Sie wird mit anderen Mitteln flankiert, um Schäden vorzubeugen, sie zu mindern und überschaubar zu halten. Gleichwohl haben Chemotherapeutika neben erwünschten auch unerwünschte Wirkungen, die heute noch erheblich, lang anhaltend und gefährlich sein können. Überdies muss eine Chemotherapie im Verlauf der Behandlung und bei wiederholter Behandlung verändert werden. Denn Tumorzellen können sich an diese starken Gifte anpassen.

Claudia will stets wissen, welche Mittel sie bekommt, wie jedes davon wirkt, was im Körper passiert und was passieren kann. Lieber wissen als nicht wissen. Vorbereitet zu sein, hilft ihr, die Belastungen und Veränderungen des Körpers während der Chemotherapie zu verstehen.

„Chemo killt alles, was sich gerade spaltet", sagt Claudia, das bedeutet: Zytostatika zerstören Zellen in dem Augenblick, in dem sie sich teilen. Das ist das Wirkprinzip. Weil Krebszellen sich besonders häufig teilen, tötet Chemotherapie mehr von ihnen als von anderen Zellen. Claudia: „Sie haben diesen rasenden Turbostoffwechsel, teilen sich abartig schnell. Das Gift tut, was es soll. Aber es erwischt nicht nur die Zellen, die es erwischen soll." Denn auch andere Körperzellen teilen sich schnell und häufig, beispielsweise Schleimhautzellen. Wegen dieser Eigenschaft entstehen die vielen wunden Stellen im Mund und an anderen Schleimhäuten, Zahnfleisch geht kaputt, Magen und Darm werden geschädigt. Haare fallen aus, weil sie ständig wachsen. Von Nebenwirkungen zu sprechen, trifft nicht den Kern, denn Chemotherapeutika wirken auf die Zellen von Schleimhäuten und Haaren in gleicher Weise wie auf die Tumorzellen. Chemotherapie kann Nerven, Leber und Lunge schädigen, weiße Blutzellen, Knochenmark, das ganze

Immunsystem. Weil sie den roten Blutzellen schadet, schwächt sie den Organismus. Und sie kann Kopfschmerzen und Fieber verursachen.

Vor jedem Chemozyklus wurde Claudia ein sogenannter Vorlauf verabreicht, vornehmlich Kortison, das die Übelkeit mindern und eine massive allergische Reaktion verhindern soll. Der Vorlauf enthält auch Medikamente, die den Magen und andere Organe schützen sollen. Danach wurden die Chemotherapeutika gegeben, 2011 waren es Senfgas- und Eibenwirkstoffe. Die ersten vier Zyklen bestanden aus einem Senfgas-Derivat und einem starken Antibiotikum, die viermal jeweils an einem bestimmten Wochentag gegeben wurden. Auf jede Gabe folgten drei Wochen Pause. Um die zarten Venen, die vom Arm zum Herzen laufen, zu schonen, bekam Claudia einen Port aus Kunststoff unter die Haut gepflanzt, den Hafen, über den die Medikamente in den Körper transportiert werden.

Claudia, im Februar 2011, fuhr für jeden Zyklus mit dem Fahrrad zur Chemotherapie und danach mit dem Fahrrad zurück. Jetzt bestand Eile. Zu Hause eingetroffen, reichte die Zeit gerade, etwas zu essen. Dann sprang die Übelkeit sie an, entsetzliche, weltenverschlingende Übelkeit. Sie lag im Bett. Ihr ging es körperlich so schlecht, dass sie nicht allein bleiben konnte. Freundinnen kamen, nicht zum Reden, sondern als „Chemositter“, um nötigenfalls den Notarzt zu rufen. Eine Schockreaktion hätte Claudias Leben bedrohen können. „Drei Tage später war ich wieder bereit, mit der Welt zu kommunizieren.“ Der eigene Körper wurde ihr fremd, die Vergiftung machte, dass er sich komplett anders anfühlte. Sie bekam Mittel, die den Schaden begrenzen sollten. „Das geht so: Erst mal die Standardmedikamente, schauen, was passiert, dann weitere Medikamente nachwerfen. Mir war schlecht, schlecht, schlecht, elend, elend. Das ist ein Gefühl, völlig aus sich herauszutreten. Ich kenne das, dass man sich neben sich stellt, weil etwas zu viel ist und man nicht bei sich bleiben kann. Unter der Chemo ist es ähnlich. Aber man kommt nicht wieder zurück und bleibt halb verschoben. So leben, ein halbes Jahr lang... Irgendwann gewöhnt man sich dran, aber es ist… es ist schon…“, ihr fehlen die Worte.

Nach den ersten vier Zyklen in dreiwöchigem Abstand erhielt Claudia weitere vier Zyklen Chemotherapeutika mit Eibenwirkstoffen sowie dem Antikörper Herceptin. Diese Medikamente wurden wöchentlich verabreicht. Taxol kann heftige allergische Reaktionen hervorrufen. Man gibt die Dosis deshalb lieber gedrittelt und wöchentlich als auf einmal und nach drei Wochen die nächste. Zwölf Wochen lang also erhielt Claudia eine Infusion nach der anderen. Jede dauerte wie bei den ersten Zyklen vier bis fünf Stunden. Immerhin verursachten diese Infusionen keine so schreckliche Übelkeit wie die vorausgegangenen, dennoch war es am Ende kaum mehr erträglich.

Claudia hatte miterlebt, wie Frauen sich im Verlauf einer Chemotherapie mehr und mehr zurückziehen. Sie hingegen arbeitete weiter, sie dachte: „Ich mach weiter, so gut ich kann, damit ich außer dieser Chemo-Realität noch eine andere hab." Die Arbeit war ihre Verbindung zur Welt. „Ich sagte: Okay, ich will die Chemo mittwochs haben, Donnerstag nehme ich mir frei. Ich sagte großkotzig: Lasst mir freitags meine Gruppen." Diese Gruppen zu trainieren, schaffte sie während zwei von vier Chemotherapiezyklen, in zweien nicht. Immerhin blieb die Verbindung zu den Trainierenden und Lowkick-Mitarbeiterinnen erhalten. Stolz: „Ich hab die Chemo unter den Augen von zweitausend Frauen gemacht." Obwohl Lowkick auch heute nicht derart viele Mitfrauen hat, ist die Zahl dennoch realistisch. Viele Frauen kennen Claudia, viele erlebten ihre Chemotherapie mit, direkt, indirekt, fragten nach, sahen sie mit den sichtbaren Folgen der Behandlung, ohne Haar, mit einem vom Kortison aufgeschwollenen Gesicht, mit dem ersten Flaum der nachwachsenden Haare. Sie hatte sich entschieden, sich nicht zu isolieren, nicht allein zu bleiben, sich nicht unsichtbar zu machen, nicht alles nur mit sich auszumachen. Dem Wunsch, sich zu verkriechen, gab sie immer nur kurz nach, ein, zwei Tage nach der Gabe der Medikamente. 2011 arbeitete Claudia fast einhundert Prozent ihres gewohnten Pensums.

Arbeit hilft gegen vieles. Claudia kam aus einer Arbeitssituation, in der sie zwei Jahre lang beständig sehr angespannt gearbeitet hatte. Schon in den fünfzehn Jahren davor hatte sie viel unter Strom gestanden. „Doch 2009 und 2010, das waren extreme, wahnsinnige Jahre. Ende 2010 die Operation, ich erholte mich kurz, anschließend die Chemo. Das war Stress. Ich hab dieses Zeug bewältigt mit aller Kraft, die ich hatte. Ich habe das sportlich gesehen.“ So wirkte sie auch, sportlich, wenn man sie traf, im schönen, einladenden Vorraum des Dojos, beim Schuheausziehen vielleicht. Das Kämpferische, das ihr eigen ist, überstrahlte sogar die Wirkung der Medikamente. „Es war der Kampf meines Lebens.“ Sie wusste noch nicht, dass sie ihn 2014 erneut würde führen müssen. „Ich habe gekämpft, mit dieser Chemo. 2011 war Lowkick am Wachsen; es gab Probleme, die ich zu bewältigen hatte, ich wusste nicht wie. Ich hab viele meiner Gruppen aufrechterhalten und im Büro gearbeitet." Mit jedem Chemozyklus wurde es schwieriger.

Am Ende konnte sie auf keinen Computermonitor mehr schauen, ohne dass ihr körperlich schlecht wurde. Die Grenze war erreicht. Arbeit hilft gegen vieles. Kortison ist ein Mittel, das gegeben wird, damit eine Patientin die Wirkungen der Chemotherapie überlebt. Arbeit war das Mittel, das Claudia sich selbst gab, selbstgewählte, nicht entfremdete Tätigkeit als Mittel gegen die Entfremdung von sich selbst, von der Welt. Arbeit kann eine Wut sein. Wie Arbeit ist Wut eine große Kraft. Die Grenze ist erreicht, wenn die Erschöpfung größer wird als die Kraft, die eine aus Arbeit schöpfen kann. Claudias erste Jahreshälfte 2011 war von der Chemotherapie dominiert. Auch wenn sie in dieser Krise nicht allein blieb, die Chemotherapeutika bekam sie allein.

Claudia erhielt in der ersten Chemotherapie Paclitaxel, ein Präparat mit Taxanen, also Giften von Eibengewächsen. In der zweiten Chemotherapie (2014) bekam sie auch Docetaxel, ebenfalls halbsynthetisch auf Basis von Eibenwirkstoffen hergestellt. Taxane stören wie beschrieben die Zellteilung. Eine Vielzahl unerwünschter Wirkungen kann eintreten, sie können das Knochenmark schädigen, die Nervenenden, die Blutbildung, sie können die Leberfunktion stören und eine Entzündungsreaktion des Darms hervorrufen. Claudia erhielt daneben das starke Antibiotikum Epirubicin, das die Krebszellen an der Vermehrung hindern soll. Neben den Krebszellen schädigt es Schleimhautzellen, besonders im Darm, was zu Übelkeit, Erbrechen und Durchfällen führt, und es kann der Herzmuskulatur schaden.

Claudia erhielt und erhält bis heute Antikörper. Der Wirkstoff Trastuzumab ist ein Antikörper, der sich von der Zellaußenseite her an den Wachstumsrezeptor HER2 setzt. Er kann verhindern, dass Tumorzellen sich ausbreiten und neue Tumoren wachsen. Die Wirkung einzelner Antikörper verliert sich mit der Zeit, weswegen eine Doppel-Antikörper-Therapie häufig ist. Claudia erhielt zusätzlich den Antikörper Pertuzumab, der oft mit Trastuzumab kombiniert wird und ähnlich wirkt, später auch Denosumab, einen Antikörper speziell gegen Tumoren in den Knochenzellen. Unter der Gabe von Antikörpern kann die Zahl der weißen Blutzellen absinken, die Patientin wird anfälliger für Infektionen. Ihre Herzfunktion muss kontrolliert werden, weil die glatte Muskulatur Schaden nehmen kann.

Claudia nennt es Glück, dass „erst 2014“ Metastasen auftraten, denn 2013 war Pertuzumab in der EU als Arzneimittel zugelassen worden. So schwer Antikörper den Organismus auch belasten: Nicht nur die Ärztinnen, sondern auch Inken und Claudia schätzen ein, dass Antikörper und Chemotherapie Claudias Leben gerettet haben. Um die gravierenden unerwünschten Wirkungen zu lindern und die Organe zu schützen, bekam Claudia begleitend ein Kortisonpräparat, das die Entzündungsneigung und das Immunsystem dämpft. Kortisongaben werden im Gesicht sichtbar, und auch Kortison muss medikamentös begleitet werden, um den Magen zu schützen und Erbrechen zu verhindern.

Die erste Chemotherapie dauerte bis Ende Juli 2011. Fix und fertig fuhr Claudia anschließend nach Ibiza und erholte sich zwei Wochen. Nachdem der Abgabetermin der Diplomarbeit mit jeder erneuten Krankschreibung verschoben worden war, lag er jetzt am 13. September 2011. Diesmal dachte sie: Den halt ich. Sie schrieb die Arbeit fertig und gab sie am 13. September ab.

Die Chemotherapie von 2011 und die Antikörper wirkten erkennbar bis 2014. Ende 2013 entdeckte Claudia einen geschwollenen Lymphknoten. Im Frühling 2014, vier Jahre nach der ersten Chemotherapie, wurden Metastasen in der Wirbelsäule und der Leber gefunden. Der Befund war dramatisch: In der Halswirbelsäule war ein Wirbel bereits kurz vor dem Brechen, sodass die Halswirbel operativ durch Metallstäbe stabilisiert werden mussten. Die Metastasen in der Wirbelsäule waren inoperabel und wurden durch Bestrahlung zur Verknöcherung gebracht. Anschließend unterzog sich Claudia einer erneuten Chemotherapie, nach der die Tumoren in der Leber nicht mehr nachweisbar waren. Neben Chemo und Antikörpertherapie unternahm Claudia in Eigeninitiative weitere unterstützende Therapien. Dazu später mehr.

Als im ersten Halbjahr 2017 erneut Tumore an Claudias Knochen entdeckt wurden, im Hüftbereich, wurden sie als relativ klein, weniger aggressiv, langsamer gewachsen eingeschätzt. Chemotherapie und Antikörper hatten also keine komplette Heilung bewirkt. Aber sie hatten viel bewirkt, vor allem, wenn man berücksichtigt, dass der histologische Befund von Claudias ursprünglichem Tumor einen sehr aggressiven Brustkrebs zeigte, der vor Entdeckung der Antikörpertherapie sehr wahrscheinlich schnell tödlich gewesen wäre. Licht und Schatten: Die Medikamente haben Spuren durch Claudias Körper gezogen, sie hatten Nebenwirkungen, zum Teil vorübergehend, zum Teil dauerhaft.

Und wovon noch gar nicht die Rede war: Eine langwierige und komplizierte Krebserkrankung verursacht Schmerzen. Vor allem Schmerzen in den Knochen sind sehr schwer zu ertragen. Hochwirksame Schmerzmedikamente gibt es, frei von Nebenwirkungen ist keines. In der Schmerztherapie muss ausbalanciert werden, wie sich der Schmerz lindern lässt, ohne dass zugleich die Lebensqualität zu stark beeinträchtigt wird. Indem ich dies schreibe, erinnere ich mich an Inkens Worte. Sie sagte, dass eine, die mit Krebs lebt und Krebstherapien macht, vielleicht noch Zeit habe zu leben. Doch ob sie in dieser Zeit auch das tun könne, was ihr im Leben wichtig ist, sei ungewiss. Gewöhnliche Schmerzmittel wie Ibuprofen, starke Mittel wie Opiate, neu zugelassene Mittel auf Cannabisbasis – was davon allein oder in Kombination auf erträgliche Weise hilft, muss man individuell herausfinden. Und wie wichtig es ist, die Schmerzen zu lindern, betont auch die Naturheilerin und Kräuterexpertin Susun Weed. Sie schreibt in „Brust Gesundheit“, dass Frauen, die ihre Schmerzen lindern, selbst mit hochdosierten Schmerzmitteln, „eine bessere Prognose haben als die, die ihren Schmerz stoisch ertragen“. Warum, erläutert sie nicht, doch das Wort „stoisch“ ist sicher ein Schlüssel. Nicht stoisch zu sein, heißt Widerstand zu leisten. „Die Schmerzen machen mich fertig“, sagt Claudia, und zeitweilig sind die Arthrose-Schmerzen schwerer zu ertragen als alles andere. 2017 nahm sie deshalb den ärztlichen Vorschlag an, diese Schmerzen mit Hilfe niedrig dosierter radioaktiver Strahlung zu mildern. Zuerst nahmen die Schmerzen zu, doch im Winter 2017/2018 ließen sie tatsächlich nach.

Viele Frauen fragten nach Claudia, gerade in der wichtigen Anfangszeit des Vereins Lowkick. Als Claudia 1999 erneut zu studieren begonnen hatte, hatte sie sich auch für Erwachsenenbildung eingeschrieben, darum ging es ihr, daran wollte sie arbeiten. Mit der Lowkick-Gründung konnte sie all das anwenden, was sie in vielen Jahren erfahren und gelernt hatte. Sie hatte es in der Praxis des Frauensports gelernt, im Kontakt mit vielen Frauen, und deshalb zeigten so viele Interesse und Mitgefühl. Claudia beschreibt das als ein wunderbares Erlebnis, „wie viele Frauen Anteil nehmen, davon sprechen, dass sie es als Bereicherung für sich erfahren. Ich habe unglaubliche Unterstützung erfahren. Ich war bei Lowkick präsent, so lange ich konnte, zum Ende der Chemo sogar auf dem Trainingscamp in Lutter. Ich bin hingefahren und habe

Training gegeben, Kontakt gesucht, an meinem Leben festgehalten."

Die Chemotherapie nennt Claudia einen „Tanz an der Extremkante", das Wartezimmer vor dem Raum, in dem die Infusionen gegeben werden, einen „Angstklub". Manchen Mitwartenden geht es sehr schlecht, manchen weniger, einige bekommen nur Antikörper, andere eine Hardcore-Chemo wie Claudia, wieder andere sind zur Nachsorge da. Fürchten tun sich alle, vor der Behandlung oder dem, was sie gleich erfahren sollen. In dem Raum, in dem die Infusionen gegeben wurden, war die Atmosphäre besser, Schwestern und Helferinnen erlebte Claudia jung, fröhlich, quietschig. Die Patientinnen reagierten mit Galgenhumor: „Sterben müssen wir alle. Bloß grad sterb ich nicht, grad ist mir schlecht."

Die Diplomarbeit wartete. „Am Anfang dachte ich, wenn ich zu Hause bin und mir schlecht ist, kann ich ein bisschen tippen." Sie wusste nicht, wie schlecht ihr sein würde, wie es überhaupt sein würde, hier eine Spritze für die weißen Blutzellen, da eine für die roten, immerzu ärztliche Behandlung, dazu Behandlung durch die Heilpraktikerin. In der schulmedizinischen Behandlung erlebte sie, „hoch- und runtergeregelt zu werden, komplett unter Überwachung zu stehen". Jede Woche

Laborwerte, „und da machen wir hier noch ein bisschen zick und da ein bisschen zock, hier wird an dir herumgeschraubt, da gezogen.“ Was für eine Ironie, dachte sie, nun ist es doch wie im Leistungssport, Mittelchen hier, Mittelchen da, hier ein bisschen die Leistung steigern, da noch was rausholen. Was sie in ihrer Sportkarriere stets abgelehnt hatte, passierte während der Chemotherapie. „Schließlich haben sie mir noch Epo gespritzt“, ein Medikament, das als illegales Dopingmittel im Leistungssport bekannt ist. Illegales Doping allerdings ist nicht der eigentliche Zweck des Wirkstoffs Erythropoietin, eines Hormons, das die Bildung der Erythrozyten, das sind die roten Blutkörperchen, und damit die Blutbildung insgesamt stimuliert. Das geschieht da, wo die Erythrozyten gebildet werden, vor allem in den Stammzellen im Knochenmark. Rote Blutzellen sind fähig, Sauerstoff von der Lunge zu allen Organen und Geweben in unserem Körper zu transportieren. Sie brauchen Sauerstoff, um zu funktionieren, Sauerstoffmangel schwächt sie, ohne Sauerstoff gehen sie zugrunde, reichlich Sauerstoff erhöht ihre Leistung. Aggressive Chemotherapien, wie Claudia sie 2011 und 2014 erhielt, stören die Bildung von roten und weißen Blutzellen massiv. Epo bekam sie, damit ihre lebenswichtigen Organe weiter mit Sauerstoff versorgt werden konnten.

Weiße Blutzellen, die Leukozyten, sind die Zellen in unserem Körper, die körperfremde Stoffe und Krankheitserreger erkennen und sie unschädlich machen; sie sind unerlässlich für das Immunsystem. Sie werden im roten Knochenmark von Brustbein und Becken gebildet und bewegen sich unter anderem mit Blut und Lymphe durch den Körper. Um ihr angegriffenes Immunsystem zu stabilisieren, bekam Claudia ein Mittel mit dem Wirkstoff Pegfilgrastim, der die Bildung der weißen Blutzellen fördert. Er wirkt, wo sie entstehen, und löst dabei heftige Schmerzen im Becken aus. „Knochenschmerzen. Wenn die Knochen weh tun, das", Claudia presst die Wörter durch die Zähne, wenn sie davon spricht, „ist gar nicht schön."

Von einer Erkrankung wie Krebs und einer aggressiven Behandlung wie Chemotherapie bleibt keine Partnerinnenschaft unberührt. Ihre Liebste Inken begleitete Claudia in der größten Nähe. Claudia war beschäftigt, zu überleben, Inken, sich Sorgen zu machen. Diese Sorgen waren nicht aus der Luft gegriffen, sondern realistisch. Als Heilpraktikerin wusste sie das. Claudias Entscheidung für die Chemotherapie war schwierig für Inken: „Ich glaube eigentlich nicht an Chemotherapie", erzählt sie, „und doch sieht es aus, als ob sie Claudia erst mal das Leben gerettet hat." Sie weiß, Kritikerinnen würden sagen, dass nur die erste Chemotherapie Claudia in die Situation gebracht hat, die zweite machen zu müssen. Unter NaturheilkundlerInnen ist diese Auffassung sogar recht verbreitet. Inken: „Wir wissen nicht, wie Krankheit entsteht. Darüber gibt es Mutmaßungen, kein Wissen, es ist eine reine Glaubensangelegenheit.“ Sie zweifelt, grübelt, nicht zuletzt über die Frage, warum sie beide an Brustkrebs erkrankt sind. Ob ihre Lebensweise überhaupt so gesund gewesen ist, wie viele Außenstehende meinen. Beide haben lange geraucht, Claudia betrieb Leistungssport ohne ausreichende Erholungspausen, sie trinken gelegentlich Alkohol und oft Kaffee. Den Vergleich mit weniger gesundheitsförderlichen Lebensweisen als ihrer weist Inken zurück: „Wir haben nie probiert, uns von Licht zu ernähren oder jeden Tag drei Stunden zu meditieren. Auch Rohkost haben wir nie über längere Phasen praktiziert. Nimmt man die extreme Gesundheits-Bewegung als Eisberg, sehe ich uns eher zwischen Basis und Wasseroberfläche, nicht auf der Spitze, den Rohkostpickel schwingend. Es gibt Untersuchungen, nach denen Rohkost gerade bei Krebs sehr gut hilft. Doch wenn Claudia sie nicht essen mag, hilft sie auch nicht.“ Von Zucker zu schweigen, habe Claudia doch zeitweise so viel Training gegeben, dass sie jeden Abend eine Tafel Schokolade aß, ohne dass ein Gramm Fett an ihr hängenblieb. Schokolade enthält Zucker, viel Schokolade viel Zucker. „Ich denke, dass das schon Tumorzellen ernähren kann“, sagt Inken, setzt hinzu: „Kann sein, kann auch nicht sein.“

Als sie sich auf die schulmedizinische Behandlung einließ, lehnte Claudia damit naturheilkundliche Behandlung nicht ab. Sie tut das eine und lässt das andere nicht. Sie suchte Verbündete: Homöopathische Behandlung kannte sie bereits seit 1989, und nach Monikas Tod fand sie eine andere Heilpraktikerin, die sie seitdem begleitet und unterstützt. Seit Mitte der 1990er Jahre, lange vor der Krebsdiagnose, hat sie sich außerdem immer wieder in Psychotherapie begeben. Für Menschen, die Gewalt erfahren haben, ist Psychotherapie ein großer Schritt, weil sie damit selbst aktiv an der Heilung von Gewaltfolgen arbeiten. In dysfunktionalen Familien soll alles unter der Decke bleiben. Sobald sich eine Überlebende von Missbrauch daher zu Psychotherapie entschließt, durchbricht sie diese Strukturen. Psychotherapie hilft, Strukturen von Gewalt und Missbrauch zu erkennen, sie hilft, dass wir uns mit diesen Strukturen auseinandersetzen anstatt sie zu reproduzieren. Psychotherapie stärkt in Krisen. 2011 nahm Claudia die psychotherapeutische Behandlung wieder auf.

2014 begann Claudia zusätzlich nach der Methode „Wildwuchs“ zu üben, die mit Visualisierungen und positiver Affirmation arbeitet. „Ich bin stark darin“, sagt sie. Während der Bestrahlung ihrer Wirbelsäule reiste sie im Körper und visualisierte Teams aus Zellen, die ihre Knochen schrubbten. Auf diesem Weg sprach sie auch ihre Leber an. ÄrztInnen äußerten später immer wieder Erstaunen, dass die Lebermetastasen vollkommen remittiert, verschwunden waren. Möglich, dass die Visualisierungen dazu beitrugen.

Nach der Brustoperation und während der ersten Chemotherapie suchte Claudia außerdem den Rat einer Ärztin, die Traditionelle Chinesische Medizin praktiziert. Sie ließ sich akupunktieren und trank Heiltees. Sie ernährte sich wie schon Inken mit einer Quark-Leinöl-Kur, trank Frischpresssäfte und griff vieles auf, das dem Körper einfach gut tut: Fußreflexzonen-Massage, Lymphdrainage, Osteopathie und Craniosacral-Therapie. Diese „weichen“ Methoden stehen für sie nicht im Gegensatz zur Schulmedizin, sie nimmt, was gut tut. Widerstand gegen die Erkrankung ist Selbstverteidigung, und wie immer bei der Selbstverteidigung kommt es nicht auf die Befolgung einer reinen Lehre an, sondern darauf, was hilft. Wählerisch muss eine da nicht sein, klug auswählen schon. Chi-

Gong-Übungen, „Reinigungs-Chi-Gong“, wurden sogar zu einem Teil ihrer Trainings. Doch sollte sie auch täglich mehrere Stunden Chi-Gong praktizieren, wie eine Freundin es tat, die an Brustkrebs litt? Inken erinnert sich an Claudias Satz: „Wenn ich mein Leben nur rette, falls ich vier Stunden am Tag Chi-Gong mache, weiß ich nicht, ob es das Leben ist, das ich retten will.“

Was hilft, ist Claudias Wille zu heilen, ihre Entschlusskraft, ihr Bewegungsdrang, die Bereitschaft, sich zu ändern. Bei der zweiten Chemotherapie war sie 13 Monate krankgeschrieben, weil es anders nicht ging. Sich zu Pausen und Auszeiten zu entschließen, kann ihr nicht leicht gefallen sein, eins nach dem anderen zu tun, nicht mehr drei Leben auf einmal zu leben. Nach dem ersten Zyklus der ersten Chemotherapie nahm sie sich zehn Tage zum Skifahren, „auch interessant, mit Glatze, völlig krank“, sagt sie darüber. Die Ärztin soll gesagt haben: „Jaja, machen Sie“, und tatsächlich, es half. Dass Bewegung, sogar Sport nach und selbst bereits während Chemotherapien sehr hilfreich sein kann, ist erwiesen. Nicht dass es für Claudia eines solchen Beweises bedurft hätte. Es charakterisiert sie, dass sie ihre Konzentration auf den Sport, der ihr Leben prägt, nicht aufgibt. In den Sport gibt sie ihre Kraft, aus dem Sport zieht sie Kraft.

Grübeln, zweifeln. Schaue sie auf andere Menschen, empfinde sie, sagt Inken, dass viele ruhiger auf ihren Sesseln säßen als sie und Claudia. Immer wieder in ihrem Leben habe die Katastrophenbewältigung an erster Stelle gestanden, wie damals, als es um den Vorwurf des schweren Landfriedensbruchs ging. Erst Claudias Entscheidung für ein Gnadengesuch habe die Angst beendet, an irgendeinem frühen Morgen würde die Polizei vor der Tür stehen, um Claudia für ein Jahr ins Gefängnis abzuholen. Krisenhaft sei auch jene Zeit gewesen, als Claudia auf dem Bau arbeitete, zusätzlich Trainings vorbereitete und gab und zeitweise auch noch mit putzen ging. Dann der schwere Arbeitsunfall. Immer wieder Alarmstimmung. 1997 starb Inkens Mutter, 1998 starb eine enge Freundin an Krebs, noch mehr Freundinnen starben daran. Schließlich erkrankte Inken selbst: „Ich bin immer schon chronisch krank gewesen, dann das auch noch.“ Claudias Brustkrebs erschien in dem Augenblick, als ihr Vater und seine Gefährtin sich umgebracht hatten. „Zuerst gelang es uns, dem Krebs mit Angst, aber nur wenig Furcht zu begegnen. Als Claudia aber unbedingt ihre Diplomarbeit fertigkriegen wollte, im selben Moment, in dem wir Lowkick gründeten und sie bereits Krebs hatte, bekam ich Panik“, erinnert Inken sich. Dass die eine die andere durch Krebs verlieren kann, begleitet ihr

Leben. „Krebs verändert viel. Vieles bekommt eine andere Bedeutung, atmen zu können, essen zu können, von hier nach da gehen zu können und nicht zu schwach dafür zu sein.“ Grundsätzliche Fragen erscheinen. „Wofür will ich leben? Was ist es wert? Wo will ich meine Energie hineingeben? Wo nicht? Ich betreibe das akribischer als Claudia, die mit ihrer Energie durch die Gegend sprüht, der dieses Sprühen leichter fällt als die Überlegung, wohin.“ Claudia, deren Sprühen jede, die mit ihr zu tun hat, miterleben kann, sagt selbst: „Wenn ich am Stresslevel etwas ändern kann in meinem Leben, das wär schön.“ Und wenn es guter Stress wäre? „Zuviel guter Stress ist auch nicht gut.“

Eines Tages begann Claudia, Inken zu schonen, auch der eigenen Angst wegen, und die Schonung brachte eine Distanz hervor, die sie nicht wollten. Die Angst hatte sie näher zueinander gebracht, sie ehrlicher gemacht miteinander, mit sich selber, mit dem, was sie einander zu sagen wagten. „Wir trauen uns viel. Ich bin verblüfft, über wie viele Dinge andere *nicht* miteinander reden.“ Wie eine ihr Leben ändert zum Beispiel, Gelassenheit gewinnt. Inken sagt, an einem sonnigen Tag: „Jetzt sitze ich relativ seelenruhig im Garten, obwohl hier und da gemäht, geschnitten, gedingst, gedongst, gemacht, getan werden müsste. Fünfundzwanzig Jahre haben wir jeden Tropfen Freizeit in diesen Garten investiert. Wir wissen nicht, wer eines Tages den Garten übernehmen wird, es fängt an, unwichtig zu werden. Jetzt im Moment ist es ein sehr schöner Ort, das sehe ich, es ist nicht gleichgültig. Andere Sachen, die mal sehr wichtig waren, sind relativ wurscht, wieder andere ganz wichtig geworden. Jetzt ist Claudia da, jetzt geht es ihr gut, jetzt will ich das Leben mit ihr genießen, das schafft Prioritäten, das beendet Streit und Unstimmigkeiten rasch. Ich will mich nicht mit irgendeiner Nickeligkeit, irgendeiner kleinbürgerlichen Verschnupftheit aufhalten und dadurch etwas versäumen. Ich bin eigentlich sehr hartnäckig, auch nachtragend. Jetzt habe ich dafür keine Kraft mehr und keine Zeit." Ob sie diese Dinge gelernt hätte ohne die Krankheit? Wahrscheinlich. Wahrscheinlich nicht so rasch. Sie sind wichtiger als Schonung. Distanz durch Schonung ist nicht ihrer beider Weg.

Mit Krebs leben bedeutet auch, mit einmal getroffenen Entscheidungen und ihren Folgen zu leben. Claudia ist überzeugt von ihrer Wahl, welchen Ratschlägen sie folgt, welche Behandlungen sie durchmacht. Auch die Entscheidung ganz am Beginn, nicht alle Lymphknoten ausräumen zu lassen? „Ich denke nicht, dass der Krebs deshalb wiedergekommen ist, weil sie damals meine Achsel nicht ganz ausgeräumt haben. Vielmehr war der Lymphknoten das erste tastbare Anzeichen für einen Prozess, der schon am Laufen war, eine Warnung." Wovor? „Vor der Metastasierung in den Knochen, die begonnen hatte. Das passiert alles nicht so schnell." Die ÄrztInnen hätten nach der ersten Operation geschworen, dass sie alle befallenen Lymphknoten entfernt haben. „Darum habe ich mich für die Chemo entschieden, damit alles, was an Herden im Körper ist, vernichtet wird. Meine Entscheidung mit den Lymphknoten ist nicht der Grund, dass der Krebs wiederkam."

Wenn eine so aktiv daran arbeitet, ihre Gesundheit zu beeinflussen, wie Claudia das tut, gibt sie sich dann nicht Verantwortung, wenn etwas schief geht? „Ich kann dazu beitragen, dass ich heilen kann, ja, ich setze meine Kraft darauf. Aber ich hab nicht verschuldet, dass ich krank bin, und wenn etwas nicht hilft, wird es wahrscheinlich nicht daran liegen, dass ich etwas falsch gemacht habe. Ich kann denken, dass ich mehr und manches hätte besser machen können. Oder ich denke: Ich tu, was ich kann, und ich bin, wie ich bin."

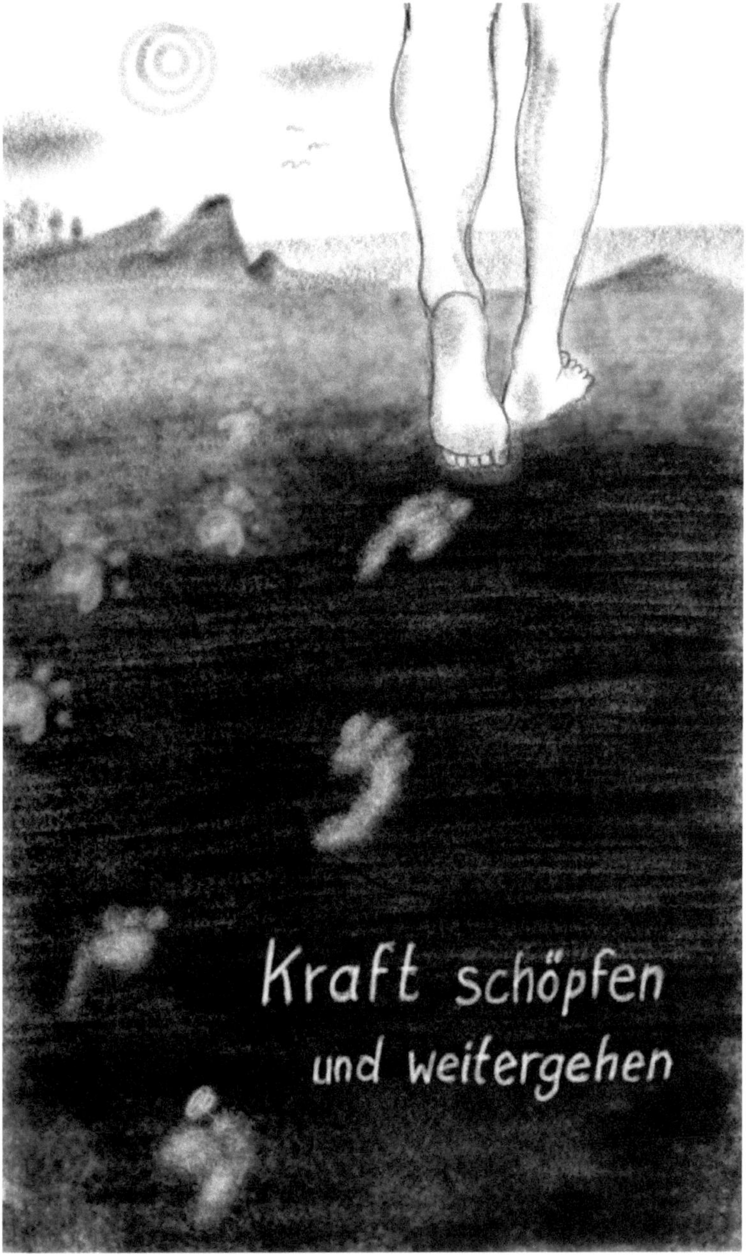
Kraft schöpfen
und weitergehen

Sie hat sich gefragt: „Auf welcher Ebene geht das los, so eine Autoimmunerkrankung, die Krebs doch ist, so eine Autodestruktion? Ich habe viele Jahre weit über der Belastungsgrenze gelebt, das hat dazu beigetragen. Woher kommen die Mechanismen, die mich dazu trieben?“ Sie kennt Selbsthass, weiß, dass Arbeitsfreude in Arbeitswut umschlagen kann, und interpretiert das als natürliche Verhaltensweise von Menschen, die Opfer von Gewalt geworden sind, die sich oft dafür hassen, sich nicht genug gewehrt zu haben. Sie fragt sich, ob sie sich nicht besser hätte lieben müssen, denn vieles hat sie aus Liebe getan. Jenes Lauschen auf dem nächtlichen Flur, die kleinen Brüder hinter sich, nicht laut atmen, während der Streit in der Küche eskaliert und sie sich fragen muss, ob sie einander diesmal umbringen. Liebe und Angst. „Ich bin in einem Zustand permanenten Alarms aufgewachsen.“ Die eigene Situation damals erkennen, was für ein junges Kind sie war, wie ihr niemand von den Erwachsenen aus dieser Alarmiertheit half, die von den Erwachsenen ja überhaupt erst verursacht war. Sie erklärt es sich selbst: „Man kann sich sagen, das war falsch, man kann sich schämen. Eine Überlebende von Gewalt muss erst lernen, liebevoll zu sich sein. Selbsthass ist sehr zerstörerisch.“ Krebs, vermutet sie, kann ein Ausdruck dessen sein. „Ob ich das hätte verhindern können? Ich glaube nicht. Ich komm halt so weit, wie ich komme. Mein Leben ist schön, ich hab eine tolle Liebste, ich bin dem Leben zugewandt und muss mich mir selber zuwenden.“ Mit sich im Reinen sein, löscht nicht aus, was wehtut, verletzlich macht, zerstörbar, was verwundet und zerstört. Mit sich im Reinen zu sein, macht den Schmerz nicht kleiner, nimmt die Angst nicht weg, und es eignet sich nicht als billiger Trost dafür, dass das Leben so bedroht ist. Und trotzdem: Mit sich im Reinen sein, ist Glück, das eine selbst erschaffen hat.

Kapitel Neun. Du musst keine geborene Kämpferin sein

An Lowkick ist ganz besonders, dass jedes Training mit einer Runde und einer Konzentration beginnt. Ohne das geht's nicht. Das ist eine absolute Grundbedingung. Wir möchten keine Trainingskultur, bei der alle irgendwann in die Halle kommen und es irgendwann losgeht, und man kennt von den anderen nicht mal den Namen. Was auch immer ihr in euren Trainings machen wollt, aber: Runde und Konzentration. Darauf lassen sich alle ein. Es ist ein stilgebendes Element, das zu unserer Kultur gehört. Keine der Trainerinnen, die aus unseren Reihen kommen, würde das weglassen.

Noch einmal: 2009. Claudias Trainingsarbeit war in jener Krise, die nicht aus mangelndem Zulauf entstanden war, sondern aus Raumnot, Trainings standen auf der Kippe und mussten phasenweise ausgesetzt werden. Die Kurse für einen großen Lesben-Frauen-Sportverein fanden überwiegend in

Schulturnhallen statt. Im Winter waren diese Hallen nicht immer ausreichend beheizt, das ganze Jahr über nicht sonderlich sauber und in den Schulferien geschlossen, auch für die mitnutzenden Vereine. Kontinuierliche Arbeit in Räumen, die nicht kontinuierlich zur Verfügung stehen? Zudem entstanden in einem Frauen-Gesundheitsprojekt, das über einen schönen Raum für sportliche Angebote verfügt, Konflikte wegen des Kickbox-Trainings. Die Kickboxerinnen und ihr Equipment, vor allem die Boxhandschuhe, störten andere Gruppen, das Training erschien zu laut, die Gruppen zu groß für den Trainingsraum, auch ließ sich der Geruch der schweißtreibenden Trainings nicht rasch weglüften. Bald tingelte Claudia mit drei großen Gruppen durch den Kiez, trainierte mal hier in einem Kinderladen, mal da in der Galerie auf der Ecke, immer in ungeeigneten Räumen. Sie schleppte die Matten mit, kistenweise Boxhandschuhe, den großen Boomblaster für die Musik, sie war ein halbes Umzugsunternehmen. Räume! Nach Räumen, die auf die Bedürfnisse des Trainings zugeschnitten und eingerichtet wären, sehnte Claudia sich. Der Wunsch, von Entscheidungen und Terminplänen anderer unabhängig zu sein, wurde dringlicher. Unabhängig: nicht mehr irgendwann, sondern endlich, jetzt. Sie träumte von einem Verein, in dem Wendo und Kampfsportarten Kern des Angebots für Frauen und Mädchen wären und nicht Kurse unter anderen Kursen von Schwimmgymnastik bis Bauchtanz. Ein Verein, in dem der Kern ihrer und Inkens Arbeit auch Kern des sportlichen Angebots sein sollte.

Um hier nicht falsch verstanden zu werden: Zugleich war Claudia sehr erfolgreich, ihr Training wirkte enorm anziehend. Dass manche Räume zu eng wurden, kam nicht von ungefähr. Denn sie hatte in den Jahren zuvor mit dem Kickbox-Konditionstraining ein eigenes Konzept entwickelt, das viele Frauen ansprach und lockte. Mit dem Konditionstraining begannen die Gruppen wieder zu wachsen. Die Interessentinnen waren Frauen, die parallel zum Kickboxtraining ihre Kondition verbessern wollten, und Frauen, die intensive Bewegung und die Bewegungsmuster beim Boxen schätzten, aber trotzdem nicht regelrecht boxen wollten.

Claudia reagierte damit auf Entwicklungen, die sich seit den 1990er Jahren abgezeichnet hatten. Davon war schon die Rede, dass die Selbstverteidigungssportarten für nicht wenige Frauen, die sich jahrelang mit Gewalt gegen Frauen auseinandergesetzt hatten, an Reiz verloren, dass sie sich stattdessen oft dem Standardtanz zuwandten. Auch das Wendotraining in Berlin erlebte und überlebte mehrfach solche Krisen. Die feministische Kickboxszene wäre beinahe daran zusammengebrochen.

Das provozierte Claudias Widerstand: „Moment mal! Kickboxen macht Spaß. Ich kann überhaupt nicht einsehen, dass wir mit dem Kickboxen die sind, die immer nur die Härten des Lebens bearbeiten und keinen Spaß haben!“ So kam ihr die Idee: ein Kickbox-Konditionstraining, das vor allem die Fitness insgesamt verbessern soll, bei dem Elemente des Kickboxens trainiert werden, aber ohne direkte Konfrontation. „Wir schlagen und treten nur in Schlagkissen und Handschuhe. Unser Konzept enthält Schlagen und Treten, ohne dass es um Angriff und Verteidigung geht.“ Dabei entsteht etwas, das, so Claudia, „nicht so sehr an eigene Gewalterfahrung appelliert“. Zwar ist auch das Kickbox-Konditionstraining, oft und gern „Kondi“ genannt, körperlich herausfordernd, kein Training für alle. Aber in Verbindung mit Musik macht es vor allem Spaß. „Wir greifen mit diesem Training Wünsche nach Fitness und sogar Bodystyling auf, die in der Frauenszene sonst eher verschämt geäußert werden.“ Denn es sorgt für Ausdauer und körperliche Fitness, die für viele feministisch orientierte Frauen zu einem wichtigen Bestandteil ihres Selbstbilds geworden ist. Was im ersten Moment wie ein Trick der Selbstvermarktung klingt, ist ein Weg, der Bewegungslust nachzugeben, auch Claudias eigener Bewegungslust. Das Kickbox-Konditionstraining ist ein Allround-Konzept, denn gesund ist es auch. Claudia sagt: „Ich habe in meiner Ausbildung gelernt, dass die Ausprägung der Gesamtmuskulatur eine gute Prävention vor Rückenschmerzen bedeutet und zudem eine Form ist, mit bereits bestehenden Rückenschmerzen umzugehen."

Zudem kam in den Jahren nach der Jahrtausendwende eine neue Generation in die Kurse: jüngere Frauen sowie Frauen aus Ostberliner Bezirken, die sich erstmals mit Selbstverteidigung beschäftigten. Viele hatten schon einmal bei Inken und Claudia trainiert, Wendo, Kickboxen und andere Selbstverteidigungstechniken in Kursen kennengelernt, die vom Autonomen Frauenreferat im AStA der Freien Universität Berlin unterstützt wurden. Viele wollten nach den Anfängerinnenkursen oder dem Abschluss ihres Studiums weitermachen. Während manche Ältere sich abwandten, wurden bei Jüngeren die Kampfsportarten wieder beliebter, nicht nur in der Frauenszene.

Vieles war in Bewegung in diesen Jahren. Kommerzielle Fitnessstudios begannen Frauenbereiche einzurichten, Fitnessstudios nur für Frauen eröffneten, sogar für spezielle Zielgruppen, wie Frauen, die lange keinen Sport getrieben haben. Frauen wurden sowohl von an „Wellness“ orientierten Angeboten als auch von staatlich propagierter und privater Gesundheitsvorsorge als zahlungskräftige und zahlungsbereite Zielgruppe des kommerziellen Freizeitsports entdeckt. Der feministische Sport profitierte allerdings nur bedingt, es gab Rückschläge: So musste ein feministisches Fitnessstudio am Berliner Kleistpark ganz schließen; ein feministischer Kampfkunstverein verlor nach vielen Jahren erfolgreicher Arbeit seine Räume und trainierte fortan mit wenigen Gruppen als Gast in Räumen anderer. In zeitlicher und sogar räumlicher Überschneidung kamen Boxen und Kickboxen für Frauen in Mode, Frauen erlebten Erfolge im Karate und Taekwondo. Auch für Mädchen wurde der Boxsport populär. Sowohl im kommerziellen als auch im Amateurinnen-Leistungssport erlebten Boxerinnen Erfolge. Es gab gute Gründe, anzunehmen, dass es für einen neuen feministischen Frauensportverein mit Schwerpunkt Selbstverteidigung und Kickboxen in Berlin reichlich Interessentinnen gäbe. Wo, wenn nicht hier? Wann, wenn nicht jetzt?

Sich in diese Richtung zu bewegen, dafür hatte Claudia auch gute persönliche Gründe, die mit der Struktur ihrer Arbeit zusammenhingen. 2005 hatte sie einen gesundheitlichen Einbruch mit schlimmen Rückenschmerzen erlitten, drei Monate, in denen sie nicht arbeiten konnte und sich vertreten lassen musste. Als Selbstständige eine Vertretung für drei Monate organisieren? Das war ein Kraftakt. Welche Verpflichtungen wem gegenüber sind abzudecken, welche kann was übernehmen? So etwas zu organisieren in einer Zeit, in der sie sich eigentlich erholen hätte sollen, war schwierig. Der Sport war ihr Beruf geworden. Deshalb fragte sie sich, „ob ich überhaupt zurückkommen und weitermachen kann.“ Sie fragte sich: „Was ist, wenn ich das nicht mehr machen kann?“ Und ganz besonders: „Wie geben wir all das weiter? Wie schaffen wir eine Struktur, in der für Frauen erhalten bleibt, was wir für Frauen geschaffen haben?“ Und zwar sowohl dann, wenn eine Trainerin für eine Zeit nicht arbeiten will oder kann, als auch dann, wenn sie die Arbeit im Alter aufgibt. Etwas Eigenes schaffen, etwas von Dauer: Inken und Claudia begannen nachzudenken und zu planen, noch ohne Eile, nicht schnell entschlossen, überhaupt noch nicht entschlossen. Etwas begann zu gären, der Gedanke reifte heran, „einen Raum zu schaffen, in dem unsere Arbeitsbedingungen so sind, wie wir sie uns wünschen“.

Man denkt ja, das wäre eine leichte Frage.

Die eine sagte: „Ja, das wäre schön", die andere: „Aber so viel Arbeit." Inken ließ sich darauf ein, mit Claudia zu spinnen. Das ging über Jahre, allerdings weniger im Alltag in Berlin, wo all das, womit sie unzufrieden waren, im Vordergrund stand, Aufmerksamkeit und Kraft forderte. Darum fuhren sie ja so oft weg, meist nach Ibiza, weil ihr Alltag so voll war. „Um die Gedanken schweifen zu lassen, müssen wir raus aus Berlin, weg von unseren Arbeitsstrukturen. Wir müssen spazieren gehen, rumhängen." Die Gedanken schweiften. Jahrelang wurde der spätere, der heutige Verein Lowkick vorbereitet: „Bis wir uns überhaupt zu denken wagten, was eigentlich die Bedingungen wären, dauerte es eine ganze Weile." Und worin diese Bedingungen zum Gründen dann bestehen würden, diese Frage erscheint nur im Gründen Ungeübten profan: Welches Equipment sollte jeden Tag in den Räumen verfügbar sein? Wie groß sollten, wie groß mussten die Räume sein? Welchen Untergrund sollte es geben, auf dem trainiert werden sollte? Antworten stellten sich allmählich ein. Auf USA-Reisen jeweils im Frühling der Jahre 2006 und 2007, vor allem in Los Angeles, trainierte Claudia in traditionellen Dojos mit klassischen Strukturen, in denen Männer und Frauen trainierten. „Ich sah, wie auf konventionelle Art trainiert und welche Ausrüstung dafür verwendet wird.“ Einen Ring und Sandsäcke zum Schlagen sah und benutzte sie, Ausrüstung, die es später bei Lowkick auch geben sollte. So wurden ihre Wünsche präziser. Sie dehnten sich auf die organisatorische Ebene aus, darauf, wie Büro und Trainerinnen miteinander umgehen sollten. Das war mit den Vereinen, für die sie arbeiteten, bei aller gegenseitigen Wertschätzung nicht immer einfach gewesen. Wie sollten die Entscheidungsstrukturen aussehen? Wie würden sie, die anderen Trainerinnen und die Trainierenden eine gemeinsame politische Linie finden? Welche Ansprüche hatten sie? „Auf verschiedenen Ebenen träumten wir. Wir begannen, das, was uns störte, umzuwandeln in etwas, das wir gern hätten.“ Auf La Graciosa, einer kleinen, fast menschenleeren Insel, die Lanzarote vorgelagert ist, auf jener Reise, auf der Claudia auch den Knoten in ihrer Brust entdeckte, wurden beim Jahreswechsel von 2007 auf 2008 ihre Pläne konkret, während sie einsame Spaziergänge machten. „Inken war sehr skeptisch, ich war sehr optimistisch.“

Wie so oft geschah alles gleichzeitig, entwickelte sich, ging weiter, auch Claudias Doppel- und Dreifachleben. 2008 begann sie, ihre Diplomarbeit zu schreiben. Weil im Alltag keine Zeit dafür blieb, schrieb sie großenteils im Haus ihres Vaters auf Ibiza. Abgesehen von einer Reise nach Thailand, wo Claudia Thaiboxen trainierte, hatten nun alle Reisen Ibiza zum Ziel, der Diplomarbeit wegen. Dieses Haus auf Ibiza, mit weiß gestrichenen Mauern, Blumen in trockener Erde, ein Ferienhaus mit Souvenirs an den Wänden, bezeichnet Claudia als ihren „Rückzugsort und Erweiterungsort". Es ist das liebste Haus ihrer Kindheit, in dem der Vater mit Edith so viel Zeit verbrachte und seine Kinder über viele Jahre die Ferien. Ein zweites Zuhause für immer, auch wenn es in Berlin neben der Altbauwohnung den Garten gibt und darin ein selbstgebautes Häuschen aus Lehm. Dort, in diesem Gartenhäuschen ohne Wasseranschluss und elektrisches Licht in Berlin-Tempelhof, spüre ich Claudia am stärksten. Hier ist auch die Maurerin Claudia präsent, die ausrangierte Fenster in transparente Wände verwandeln kann, die den Garten, die ganze grüne Welt hereinlassen. Für sie selbst bleibt das Haus auf Ibiza, das sie weder gebaut noch eingerichtet hat, ein magischer Ort, er ist eng mit ihrer persönlichen Geschichte, ihrer Herkunft verbunden, mit den kostbaren und raren Vatertagen. Auf Ibiza findet kein Doppel- und Dreifachleben statt. Hier kann sie mit Inken nachdenken und planen. Es gibt Zeit, Zeit, Zeit, warmes Wetter, das Meer, es zieht sie nicht an die Nord- oder Ostsee, es zieht sie an dieses warme blaue Mittelmeer, zum Schwimmen, in die Sonne. Die Mandeln blühen, wenn in Berlin winterlicher Matsch oder kontinentale Kälte herrschen. Auf Ibiza zu sein, das ist nicht einfach eine Auszeit. Auf Ibiza zu sein, gibt der Zeit eine andere Geschwindigkeit, einen anderen Ablauf, ein anderes Gewicht. Auf Ibiza wird auch die theoretische Auseinandersetzung mit dem Sport möglich, Claudias Diplomarbeit mit dem epischen Titel: „Von Frauen für Frauen. Feministische Selbstverteidigung als Beitrag zur Frauenbildung und zur feministischen Sport- und Bewegungskultur. Rekonstruktion ihrer Entstehung im Kontext der neuen Frauenbewegung sowie eine Reflexion der Situation heute".

Theorie und Praxis: Auf Ibiza schreibt Claudia an ihrer Arbeit, in Berlin gründen sie und andere Frauen Lowkick. Indem Claudia sich die Wurzeln und die Geschichte der feministischen Sport- und Bewegungskultur vergegenwärtigt, kann sie aus ihrer eigenen Erinnerung schöpfen. Das wird essentiell für Analyse und Inspiration. „Wo kommen wir eigentlich her? Welchen Raum haben wir eingenommen? Ich habe in meiner Arbeit ausgeholt bis hinab zu dieser Abwertung der Frauen in der Aufklärung."

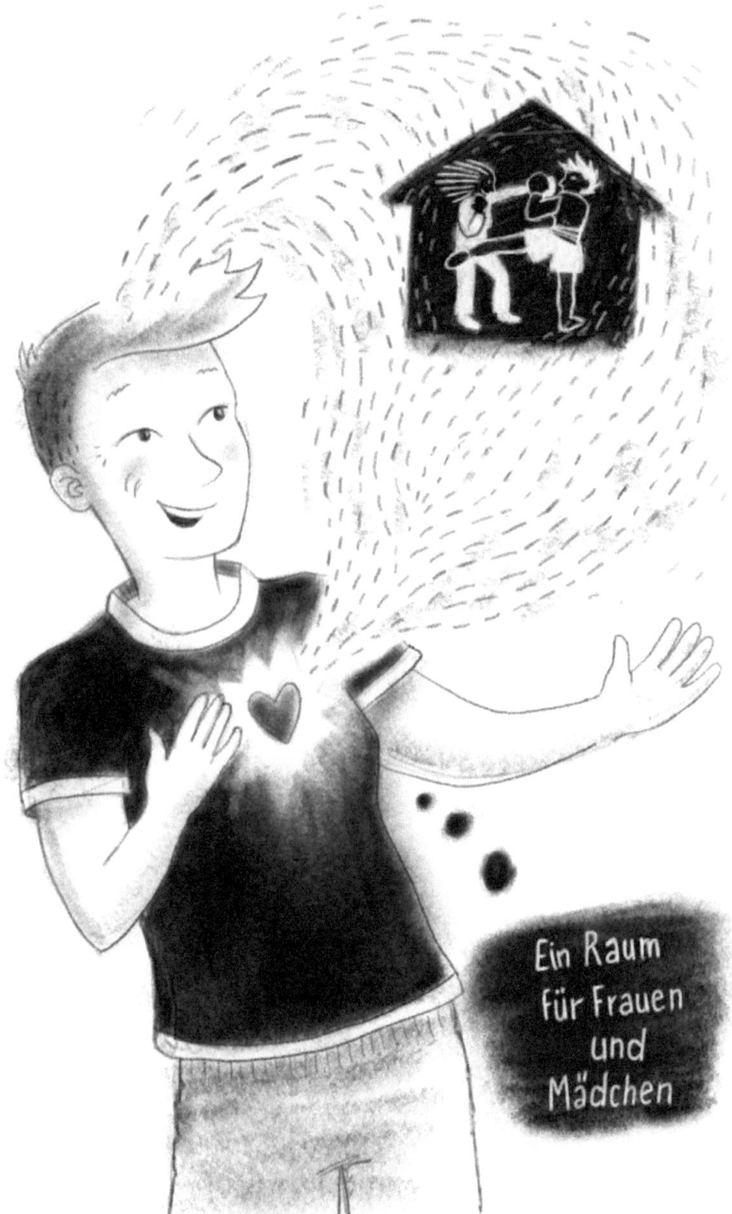
Ein Raum
für Frauen
und
Mädchen

Denn bei Erschaffung des bürgerlichen Subjekts unter der Fahne von Freiheit, Gleichheit und Brüderlichkeit entstand ein freier Mann. Frauen hingegen waren in die dominierenden abendländischen Ideen von Humanität, Subjektivität und Bildung nicht eingeschlossen. Claudia: „Ich habe mir klargemacht, welchen Raum in der Frauen- oder Frauen-Lesben-Bewegung wir als Sportlerinnen einnahmen. Wo war unser Platz, der Platz feministischer Sportlerinnen in der Sport- und Bewegungskultur?“ Das gab ihr einen Motivationsschub: „Auf eine bestimmte Art etwas Eigenes machen konnte ich in dem Augenblick, in dem mir klar war, was ich warum tue, wie ich es tue und welche Perspektive ich damit verfolgen möchte. Ich habe mich erst ganz dazu entschieden, als ich unsere Geschichte aufgearbeitet hatte, alles, auch die Hindernisse in der feministischen Organisierung von Frauen und Lesben. Denn es hatte ja auch fürchterliche Verletzungen gegeben, schlimme Erfahrungen damit, wie man sich politisch auseinander-entwickelt. Wie wir uns gestritten haben, in Kämpfen, in denen Privates und Politisches sich vermischte!“ Als sie ihre Diplomarbeit schrieb, bearbeitete sie unsere Geschichte als Feministinnen mit, und diese Geschichte, unser feministischer Hintergrund setzte sie frei, „etwas zu wagen und es dazu noch feministisch zu nennen“. Denn eigentlich war das Wort

„feministisch“ ja in diesen Jahren zu einem Schimpfwort verkommen. Ein Schimpfwort? War es das nicht seit je? Mit Trotz sagt Claudia: „Wir dachten: Nein! Wir machen ein feministisches Projekt. Und der Zeitgeist spielte für uns, als 2010 der Feminismus von den Jüngeren wiederentdeckt wurde. Wir gründeten wissentlich und gegen den Szene-Mainstream ein feministisches Projekt. Und lustigerweise war dann auch der Mainstream für uns.“

Erfahrung und Sorgfalt: Claudia suchte Anregung für die Arbeit, vor allem die Vereinstätigkeit. Beim Verein Selbstverteidigung für Frauen (SVF) in Berlin-Schöneberg, in der Schokofabrik und bei Seitenwechsel hatten Inken und Claudia wichtige Erfahrungen gemacht, als sie dort selbst Wendo, Selbstverteidigungs- und Kickboxtraining anboten. Viel Ermutigung, viel Bedenken auch. Welche Themen kommen leicht zu kurz, welche Risiken gibt es, woran scheiterten andere?

Zunächst näherten sie sich der Gründung des Frauensportvereins langsam, und als sie schließlich gelang, geschah es überstürzt. Am Ende war der entscheidende Anstoß schlicht, dass Claudia die Räume für ihre AStA-Gruppen verlor. Das war nur ihre Seite, ihr Symptom der Krise, die zur Lösung drängte. Denn während Claudias sportliches Imperium zu einem

Wanderimperium geworden war, wuchs auch Inkens Wunsch, an einem festen, verbindlichen Ort zu arbeiten, am besten in Kreuzberg. Weitere Krisensymptome: Claudia vermisste den Austausch und die Diskussion mit anderen Thai- oder Kickboxerinnen, zum Beispiel darüber, welche spezifischen Ansprüche an Trainerinnen im Kampfsport bestehen. Natürlich, bei Seitenwechsel, dem 1988 gegründeten Berliner Frauen- und Lesbensportverein, in dem Claudia und Inken viele Stunden als Trainerinnen tätig waren, gab und gibt es eine große Vielfalt an Sportarten, darunter auch Selbstverteidigungssport. Seitenwechsel war und ist auch heute als Sportverein für FrauenLesbenTrans*Inter* und Mädchen e.V. ein großartiges Projekt. Claudia erinnert sich aber auch einer großen Überforderung: „Wir haben die anderen Trainerinnen mit unserem Anspruch überfordert, uns mit dem Thema Gewalt auseinanderzusetzen, auch mit unserem feministischen Umgang mit den Themen Krankheit und Gesundheit. Was wir verlangen, empfanden sie als Zumutung.“ Dabei sind diese Themen gerade für die Kampfsportarten relevant. Konflikte entstanden, die innerhalb eines Vereins mit breitem Angebot quer durch die Ballsportarten, Tanzen, Wassergymnastik und vielen anderen Sportarten nicht gelöst werden konnten. Alle Trainerinnen sollten gleich behandelt werden, soweit gut, doch nicht alle brachten Inkens und Claudias Anspruch, sich politischen Themen wie der Gewalt gegen Frauen zu stellen, in Zusammenhang mit ihren Kursen. Mit ihrem feministischen Selbstverteidigungs- und Kampfsportkonzept erlebten Claudia und Inken sich als überdimensioniert für Vereine mit einem inhaltlich breiten Angebot. Und weil ihr Konzept hohe Anforderungen an die Vorbereitung stellt, verschob sich auch das Verhältnis bezahlter zu unbezahlter Arbeit auf ungünstige Weise.

Solche Unterschiede zu erkennen, half Claudia und Inken, herauszuarbeiten, was sie in einem reinen Selbstverteidigungs- und Kickboxverein anders machen wollten. Sicher, Freizeitsport soll vor allem Spaß machen. Gewalterfahrung aber gehört zur Biographie vieler Frauen, geschätzt jede dritte macht im Lauf ihres Lebens Erfahrungen mit sexualisierter Gewalt. In Sportarten, in denen es um noch so spielerisches Kämpfen geht, können wir das nicht ignorieren. Ganz sicher hat der Wunsch, einen Kampfsport zu trainieren, nicht und schon gar nicht zwingend mit eigener Gewalterfahrung zu tun. Aber dass eine Frau Gewalt erfahren hat, darf kein Hinderungsgrund sein, dass sie trainiert, was sie mag. Da, wo geschlagen und getreten wird, wo Schlagen und Treten geübt wird, sind Frauen herausgefordert. Kampfsportarten verlangen Kondition und Kraft, und die Trainingspartnerinnen kommen einander nahe, in direkten körperlichen Kontakt. Darum ist der Bedarf an Reflextion, die Notwendigkeit einer soliden Ausbildung, die über Körpertechniken hinausgeht und auch Seelisches berücksichtigt, im Kampfsport größer als sonst. Feministischer Kampfsport ist nicht nur für die seelisch Robusten, die nicht Traumatisierten, körperlich Unbeeinträchtigten und mit pausbäckiger Gesundheit Ausgestatteten gedacht.

2009 war es konkret. Ihre Suche in Kreuzberg führte Claudia und Inken auch in eine Fabriketage im 3. Stock eines Gewerbehinterhofs in der Urbanstraße, Nähe Hermannplatz. Nicht ganz genau ihr Kiez, doch die im ersten Moment ungeliebte Nähe zum Hermannplatz erwies sich als Glücksgriff. Zum einen lebten viele, die bei Inken und Claudia trainierten, ohnehin schon in Kreuzberg, Friedrichshain, Neukölln. Trotz voranschreitender Gentrifizierung und „Aufwertung" dieser Stadtteile blieben Kreuzberg und Neukölln Gegenden, in denen viele jüngere Frauen, viele Studierende leben, arbeiten und in ihrer Freizeit unterwegs sind. Hier leben viele Frauen aus der alternativen und Frauenszene, die, erwachsener, älter geworden, ebenfalls nicht zuerst an eine Fitness-Kette denken, wenn es um Sport geht. Hier finden sich noch Szenetreffpunkte, existiert noch soziale Durchmischung. Hier leben besonders viele Mädchen, deren Mütter unterschiedliche kulturelle und sprachliche Wurzeln haben, Kinder und Jugendliche, die der Verein von Anfang an und unbedingt ansprechen sollte. Zudem ist die Gegend zentral, von vielen Ecken Berlins aus mit öffentlichen Verkehrsmitteln gut erreichbar. Also wo, wenn nicht hier wäre der Ort für einen alternativen, nicht am Leistungs-, sondern Breitensport orientierten Verein für Frauen und Mädchen? Dazu kam der Glücksfall, dass in der Phase des Um- und Ausbaus die vierte Etage noch unvermietet war und deren Räume übergangsweise mitbenutzt werden konnten. Darum musste das Training nicht aussetzen. Im September 2009 wurde der Mietvertrag abgeschlossen. Claudia jubelt im Rückblick: „Im Oktober 2009 hatte ich wieder einen Raum!" Der Wanderzirkus, mit dem sie noch im August und September herumgezogen war, fand ein festes Quartier. Ein Zuhause.

Im September 2009 gründeten Claudia, Inken, ihre Freundinnen und Mitstreiterinnen den Verein Lowkick – Selbstverteidigung und Thai/Kickboxen für Frauen und Mädchen e.V. Der erste Schritt. „Die Lowkick-Baustelle hatten wir den ganzen Winter, das zog sich bis 2010. Alles war wild, wild, mir schlackerten die Ohren, ich arbeitete 200 Stunden die Woche." Sie relativiert die Zahl: „gefühlt". Sehr weit von der Wirklichkeit kann dieses Gefühl nicht entfernt gewesen sein. „2009 und 2010 war ich nur unter Strom. 2010 hab ich immerzu Dinge tun müssen, die ich überhaupt nicht konnte, Vereinsverwaltung, Computer, Lastschrifteinzüge, ich war unter Dauerstress." Diese Zeit nennt Claudia rückblickend ihre Krawalljahre. Damit meint sie, dass sie in einem Zug für ihre besten Ideen kämpfte und gegen sich selbst wütete. Sie war unterwegs auf einem Weg, ihrem Lieblingsweg zu mehr Sport für Mädchen und Frauen. Und dieser Weg war überaus kräftezehrend, verlangte ihr Löwinnenkräfte ab.

Dauerstress ist Kampf gegen sich selbst, auch bei der schönsten Arbeit der Welt. Sie schrieb an ihrer Diplomarbeit, absolvierte in den Jahren 2008 und 2009 Prüfungen. Als sie im Herbst 2010 auf Ibiza Atem schöpft, fühlt sie auf einmal den Knoten in ihrer rechten Brust schmerzen. Das Gefühl, dass sich an dieser Stelle in ihrem Körper etwas befindet, worum sie sich kümmern wird, das aber bis dahin warten kann, war mit einem Schlag weg. Was dann kam, ist im achten Kapitel beschrieben. Aber das ist eben nur ein Teil der Geschichte. Denn die

Geschichte des Sportvereins, der gerade erst ein Jahr zuvor offiziell gegründet worden war, ging weiter, sie ging eigentlich erst richtig los. Rückschauend kann man fragen, ob die Vereinsgründung 2009 nicht verfrüht war. Claudia zweifelt bis heute, ob der Zeitpunkt richtig, ob er vor allem für sie selbst der richtige Zeitpunkt war. Für einen Sportverein in dieser Gegend Berlins allerdings war es der genau richtige, womöglich letztmögliche Zeitpunkt. Claudia: „Abgesehen davon, dass ich auf diese Weise mit meiner Diplomarbeit überfordert war. Nur, nach Abgabe der Arbeit hätten wir diese Räume nicht mehr bekommen, alles wäre teurer gewesen, weg gewesen." So gut erträumt alles war, das jahrelang vorbereitete Projekt Lowkick entstand zwischen Schnellschuss und gerade noch rechtzeitiger Ankunft vor Toresschluss. 2009: Claudia hatte über zwanzig Jahre Erfahrung im Frauensport, in dem, was sie am liebsten tut, am besten kann, zwanzig Jahre intensive Beschäftigung.

Wie viele aktive Frauen hatten Claudia und Inken bereits in anderen Vereinen Diskussionen erlebt, in denen seit der Jahrtausendwende immer lauter die Frage gestellt wurde, wie transoffen feministische und Frauengruppen sein sollen. Im Hintergrund steht, dass Teilnehmer*innen, die sich nicht, nicht mehr oder nicht im Sinn eines binären Geschlechtercodes als

Frau verstehen, weiterhin in Frauenkontexten trainieren wollen. Für wen sollen die in Jahrzehnten Frauenbefreiungsarbeit erkämpften Räume jetzt offen sein? Sollen wir das Konzept geschützter Frauenräume aufgeben zugunsten eines Konzepts, das Räume für alle vorsieht, sofern sie nur keine Männer sind, die als männliche Wesen geboren wurden? Steht die Solidarität mit Transpersonen in Konkurrenz zur Solidarität mit Frauen, die unter den Bedingungen exklusiver Frauenräume trainieren möchten, weil sie eben nur dort trainieren können? Welche gesellschaftliche Erfahrung verbindet Frauen mit Menschen *in transition*, die sich einem binären Geschlechtercode verweigern, oder mit Inter- und Transsexuellen? Konflikte und Interessenlagen werden in der Szene teils sensibel besprochen, teils verbal grob ausgetragen.

Beim Sport geht es immer auch um den Körper, weshalb Frauen in der feministischen (Sport-)Szene sich nicht davor drücken können, eine Haltung dazu zu erarbeiten. Wollen die einen die erkämpften Frauenräume erhalten, betrachten andere geschlechtergemischte Gruppen nicht als geeigneten Ort für Menschen, die in einem selbst gewählten Gender oder auch ohne Definition ihres Genders leben. In dieser Situation entscheiden sich viele Frauen- und Frauen-Lesben-Organisationen dafür, dass Lesben, Frauen, Transpersonen, Intersexuelle und alle anderen willkommen sind, mit einer Ausnahme: als Männer geborene Männer, die als Männer leben.

Das Konzept des neu gegründeten Vereins Lowkick sollte anders aussehen: flexibel. Zunächst bestimmten die Inhalte, wer welche Kurse besuchen kann. Wenige Kurse waren ausschließlich für Frauen offen, insbesondere Wendo. Weil männliche Gewalt in Wendokursen ausdrücklich Thema ist, werden darin nicht selten Erinnerungen wach, alte Verletzungen und Gewalterfahrungen aktiviert. Eine geschützte Atmosphäre kann Frauen unterstützen, damit umzugehen. Andere Kurse waren offen für alle, soweit sie sich nicht ausdrücklich als männlich verstehen. An einigen Kursen konnten auch Transmänner teilnehmen. Dieses differenzierte Konzept wurde bei Lowkick bis 2016 angewendet.

Aber die Konflikte blieben nicht aus.

Wie finden wir einen respektvollen Umgang, ein solidarisches Miteinander? Jede, die in der feministischen Bewegung sozialisiert ist, jede, die sich in der Frauen-, der feministischen und queeren Szene bewegt, macht Erfahrungen mit dieser Frage. Bei Lowkick sind Mitarbeit und Training mit intensiver inhaltlicher Reflexion und Debatte über die komplexen Zusammenhänge verbunden, in denen wir uns befinden. Deshalb ist in der aktuellen Selbstdarstellung des Vereins Lowkick e.V. Selbstverteidigung Thai/Kickboxen für Frauen und Mädchen auch, aber nicht ausschließlich von Genderfragen die Rede.

„Ein respektvoller Umgang miteinander ist uns ein zentrales Anliegen, wir möchten sowohl ein Schutzraum als auch ein Entfaltungsraum für verschiedene Stärken von Frauen sein. Wir bemühen uns um einen Raum, in dem Frauen nicht um die Aufmerksamkeit und Anerkennung von Männern konkurrieren, sondern solidarisch miteinander sein und gemeinsame Entwicklungen bzw. Erfahrungen ohne die sonst allgegenwärtige Bezugnahme auf Männer machen können", heißt es in der aktuellen Selbstbeschreibung des Vereins. Lowkick ist ein feministisches Projekt, „mit dem wir auch einen Beitrag zu antirassistischer, antifaschistischer, antisexistischer und antikapitalistischer Politik leisten möchten." Interkulturalität ist ein Stichwort für die feministische Praxis im Verein. Interkulturalität betrifft die Verständigung mit Frauen, deren Muttersprache nicht Deutsch ist, das betrifft den solidarischen Umgang mit geflüchteten Frauen, die bei Lowkick kostenfrei trainieren. Interkulturalität und Inklusion sind soziale Forderungen, Lowkick wendet sich ausdrücklich an Frauen unterschiedlichen Alters, unterschiedlicher Lebenssituationen und aus unterschiedlichen sozialen Schichten. Lowkick bietet deshalb Frauen die Möglichkeit, parallel zu Mädchenkursen zu trainieren oder während des Trainings Kinderbetreuung für Jungen bis zu sechs Jahren und für Mädchen in Anspruch zu nehmen. Und nicht zuletzt bemüht sich der Verein, auch Frauen und Mädchen mit unterschiedlichen Befähigungen, mit Einschränkungen oder Behinderungen die Teilnahme am Training zu ermöglichen – auch wenn die räumlichen Gegebenheiten dafür nicht vollkommen sind.

„Wir möchten den im Alltag trotz jahrzehntelanger emanzipatorischer Bemühungen immer noch so häufig dominanten männlichen Blick auf Frauen während unserer Trainings draußen halten und Frauen damit eine Chance geben für eine freiere Wahrnehmung von sich selbst und von anderen Frauen." Erklärtermaßen wissen auch die Aktiven von Lowkick darum, dass es wichtig ist, die Geschlechterkategorien zu hinterfragen und zu dekonstruieren. Gleichwohl benutzt Lowkick weiterhin die Kategorie Frau für die Menschen, die im Verein trainieren. Frauen sowie nicht männliche Trans- und

Interpersonen waren von Anfang an bei Lowkick willkommen. Lowkick ist trotzdem ein „Schutz- und Entfaltungsraum für Frauen", was bedeutet, dass der Sportverein sich mit seiner Arbeit gewaltförmigen Abwertungen und Benachteiligungen von Frauen entgegensetzt. Deshalb trainieren bei Lowkick heute keine Männer und keine Personen, die für sich ein Konzept von Männlichkeit in Anspruch nehmen. Diese Haltung wurde über Jahre entwickelt und seit 2017 für bindend erklärt.

Die Trainingsteilnehmerinnen werden nicht auf das Frau-Sein eingeengt. Vielmehr wird die Kategorie Frau offen verstanden, denn Frau zu sein kann auf unterschiedliche Weise einen persönlichen und gesellschaftlichen Ausdruck finden. 2017 wurde deshalb die Zielgruppendefinition für alle Kurse angepasst: Das Training spricht Mädchen, Frauen, Trans- und Interpersonen an, die gesellschaftliche Erfahrungen als Frauen machen, nicht jedoch Transmänner. Ob und wie wir als Frauen leben, soll nicht verschwiegen werden, die Bereitschaft zum Gespräch wird vorausgesetzt, Kommunikation ist erwünscht und sinnvoll.

Vor allem Inken wollte mit der Vereinsgründung ausdrücklich einen Ort schaffen, an dem Mädchen mehr Platz bekommen, von kleinen Mädchen über Mädchen im mittleren

Schulalter bis hin zu Jugendlichen. Dafür brachte sie eine ihrer wichtigsten Kompetenzen ein, das Thema Selbstbehauptung und Gewaltprävention im Mädchentraining. Mädchentrainings zu organisieren war zuvor, sagt auch Claudia, „endlos mühsam". Zwar gehörten Mädchentrainings in Schulen und an anderen Orten zu Inkens Arbeitsfeld. Um einen stabilen und dauerhaft aktiven Mädchenbereich in einem Verein zu entwickeln, braucht man allerdings einen langen Atem. Es dauert, bis ein Mädchenbereich sich durch Beiträge und Teilnahmegebühren trägt. Andererseits, und das zeigt sich bei Lowkick, transportieren die Mädchengruppen rasch eine kulturelle Öffnung. Dass auch Mädchen bei Lowkick trainieren, die mit Kopftuch ins Dojo kommen, dass sie stark und deutlich auftreten können, zeigt, wie falsch und irreführend Klischees sind. Sport kann allen Mädchen gut tun, umso mehr in einem frauenorientierten, feministischen Kontext.

Im Kern des Trainings steht neben dem Kickboxen vor allem das auf Kickboxen basierte Konditionstraining. Welche Gruppen sollte es außerdem geben? Vor allem Thaiboxen, das Nähe und Verwandtschaft zum Kickboxen hat. In der Vorbereitungsphase nahm Claudia Kontakt zur Capoeira Akademie Berlin auf, zur Alegria Combat, die sich auf der anderen Seite des Hermannplatzes befindet, in der Hasenheide, und zu deren Programm auch Thaiboxen gehört. Ihre Trainingserfahrungen aus Spanien und den USA kamen ihr zugute und wie schon so oft ihre Bewegungsbegabung, ihr Geschick, Bewegungen spontan aufzugreifen, sich Abläufe einzuprägen und später zu reaktivieren. „Kickboxer haben viel bei den Thaiboxern herumgeschnüffelt." Zum Jahreswechsel 2008 auf 2009, die Lowkick-Gründung leuchtete und lockte schon am Horizont, trainierte sie selbst in Thailand.

Also zurück in die Zeit vor der Vereinsgründung: Diese Thailand-Reise unternahmen Inken und Claudia zum Jahreswechsel 2008/2009. Inken, wenn man sie danach fragt, spricht zuerst davon, wie sie auf der arabischen Halbinsel zum ersten Mal die Wüste sahen. Doch das war nur ein Zwischenstopp, nicht der eigentliche Zweck der Reise. Dann Thailand, das Claudia beeindruckte wegen der „unglaublichen Dichtheit an Menschen, so viele nah beieinander, miteinander an etwas beteiligt. Wie wenig dein individueller Raum gewährleistet ist, weil alle immerzu aufeinander Zugriff nehmen." Sie fühlte sich überrollt. Sie trainierte in einem Muay-Thai-Studio, in dem vor allem viele junge Männer trainierten, die professionell boxten. Claudia erfuhr, dass Muay Thai, das klassische Thaiboxen, in

Thailand mehr Business ist als Sport, dass es kommerziell betrieben wird, wobei es auch und vor allem um Wetten geht. Während Thai- und Kickboxen in westlichen Ländern Teil der Freizeit- und Fitnessindustrie ist, kommen in Thailand Jungen vom Land in die Trainingszentren. Sie hoffen auf den einen großen Erfolg, von dem sie leben können, erst als Kämpfer, später mit Geschäften, vor allem Imbissen am Stadion. Das große Geld des verletzungsträchtigen Sports fließt an den professionellen Kämpfern vorbei in andere Kanäle. In vielen thailändischen Studios trainieren auch AusländerInnen, aus Australien zum Beispiel, den USA, aus Europa. Claudia erlebte auch Soldatinnen unter den Teilnehmerinnen, „die das als Teil ihrer sportlichen Weiterbildung betrachteten. Es war einfach eine professionelle Kampfkultur, in der viele auch für Geld kämpfen oder im Rahmen ihrer militärischen Ausbildung.“ Die Bedingungen waren schlicht, der Boden des Dojos bestand aus Beton, trainiert wurde zweimal täglich, und zwar hart. Sie biss sich durch und spürte die Anerkennung der Männer, mit denen sie dort trainierte.

Technisch gesehen haben Boxen, Kick- und Thaiboxen Gemeinsamkeiten, aber auch wichtige Unterschiede: Im Boxen wird nur mit den Fäusten geschlagen, im Thai- und Kickboxen sind auch Fußtechniken erlaubt. Beim Kickboxen sind Ellbogen- und Kniestöße ausgeschlossen, die im Muay Thai wiederum erlaubt sind. Vom Kickboxen unterscheidet es sich außerdem dadurch, dass ein Schwerpunkt auf dem Nahkampf liegt, dem Clinchen, und es gibt Hebeltechniken. Lowkicks, die für den Verein namensgebend wurden, sind im Thaiboxen stets erlaubt, im wettkampfmäßigen Kickboxen hingegen nicht immer regelkonform. Sie sind ein Schnittpunkt, an dem der spätere Verein Lowkick sich auch mit dem Thaiboxen verbindet. Da Lowkick nicht wettkampforientiert ist, kann dort trainiert werden, was Claudia „unser Kickboxen" nennt. „Was wir machen, ist eher den Regeln von K1 nahe." K1 wiederum ist eine japanische Kampfsportorganisation, in deren Regeln Knieschläge erlaubt sind, aber Ellbogenschläge verboten. Claudia beschreibt K1 als „eine Art Wettkampfkultur, die weder Muay Thai noch Kickboxen ist, aber beidem nahe", eine pragmatische Variante, die zwischen beiden Stilrichtungen steht.

Training in Thailand: Körperlich war es anstrengend, die nächtliche Hitze ließ sie nicht schlafen, die feuchte Luft begünstigte Krankheitserreger, die Claudias Körper nicht kannte. Sie bekam hohes Fieber. Den meisten nicht-thailändischen Trainierenden im Dojo ging es so. Viele trainierten einfach weiter, mit reichlich Paracetamol im Blut. „Ich mochte Thailand, obwohl ich so krank war. Ich fand es landschaftlich bezaubernd. Es gibt Inseln, in sich eigene Universen. Kokospalmenhaine hatte ich im Leben nicht gesehen, Ananas, die wild wächst. Schön. Dschungel, nicht besiedelte Gebiete, Küste, Regenwald im Norden, Städte, Bangkok – ein Moloch." Weil es im Jahr ihres Besuchs schwere und gewalttätige politische Auseinandersetzungen gab, verzichteten Inken und Claudia darauf, den Norden zu sehen. Sie blieben am Meer, das sie wild fanden und schön. Obwohl darin dreistöckige Quallen schwammen, mit einem Durchmesser von eineinhalb Metern, deren Berührung sie lieber vermieden, blieb ein Gefühl von Badespaß, an das Claudia sich bis heute auf Ibiza lebhaft erinnert. Es blieb das Gefühl einer traumhaften, ge-wissermaßen unterirdischen Verbindung zwischen Ibiza und der thailändischen Küste. Und natürlich Wissen, Thaiboxen kennenzulernen und dabei mithalten zu können. Trotzdem: „Thaiboxen ist nicht so meine Sache. Thaiboxer in Thailand begreifen sich nicht als Sportler, es ist ihr Job."

Was sie in der Bewegung sucht, ist Freude, auch wenn Bewegung ihr Beruf ist. Das alte Klischee von Beruf und Berufung, für Claudia ist es eher ein glückliches Paar. „Wir haben Kickboxen mit einem feministischen Blickwinkel entwickelt“, sagt Claudia. Der Lowkick, der dem Frauensportverein seinen Namen leiht, ist ein Schlag, der mit dem unteren Schienbein gegen den seitlichen Oberschenkel der Kampfpartnerin ausgeführt wird. Varianten zielen gegen die Innenseite des Oberschenkels oder den Unterschenkel. Ein Lowkick verursacht keine schwere oder gar tödliche Verletzung, kann aber, mit voller Kraft getreten, sehr schmerzhaft und damit bei der Selbstverteidigung effektiv sein.

Schon bei Vereinsgründung waren jüngere Trainerinnen dabei, auch mehr zum Wettkampf geneigte. Gemeinsam war ihnen, dass sie wenig Interesse an einem kommerziellen Thai- und Kickboxen hatten. Geli und Rachel, die seit etwa 2000 selbst vor allem Thaiboxen trainierten, waren alte Bekannte, Mitstreiterinnen, Frauen, die auch und auf andere Art Thai- und Kickboxen trainierten, dabei durchaus an Wettkämpfen interessiert. Claudia begrüßte sie mit offenen Augen und Armen: „Sie schaffen eine eigene Wettkampfkultur, anstatt mit den Frauen in die konventionellen Strukturen zu gehen, in denen ein männliches Publikum johlt und grölt. Sie machen lieber ein eigenes Sparringstreffen, berlinweit und bundesweit, wo Frauen und Trans miteinander kämpfen. Das find ich gut. Sie geben

Lowkick eine Komponente hinzu. Toll, dass sie das können und Spaß dran haben." Tatsächlich haben Geli und Rachel auch in der Anfangsphase 2009 mit aller Kraft dafür gearbeitet, Lowkick eine breite sportliche Basis zu geben. Im ersten halben Jahr arbeiteten auch sie beide, wie Claudia und Inken, ehrenamtlich, danach zunächst für sehr wenig Geld. Vernetzung, eine Szene zu schaffen, für die, die auch kämpfen wollen, für die, die einfach nur trainieren und sich bewegen wollen, ist Geli und Rachel ein großes Anliegen. Ohne diese beiden gäbe es wohl auch den Ring nicht, den sie mit einer Schlosserin bauten. Der Ring ist eine Bereicherung, wird von allen geliebt und nicht nur für Trainingskämpfe benutzt. Er ist im Technik- und Konditionstraining alltäglich in Gebrauch.

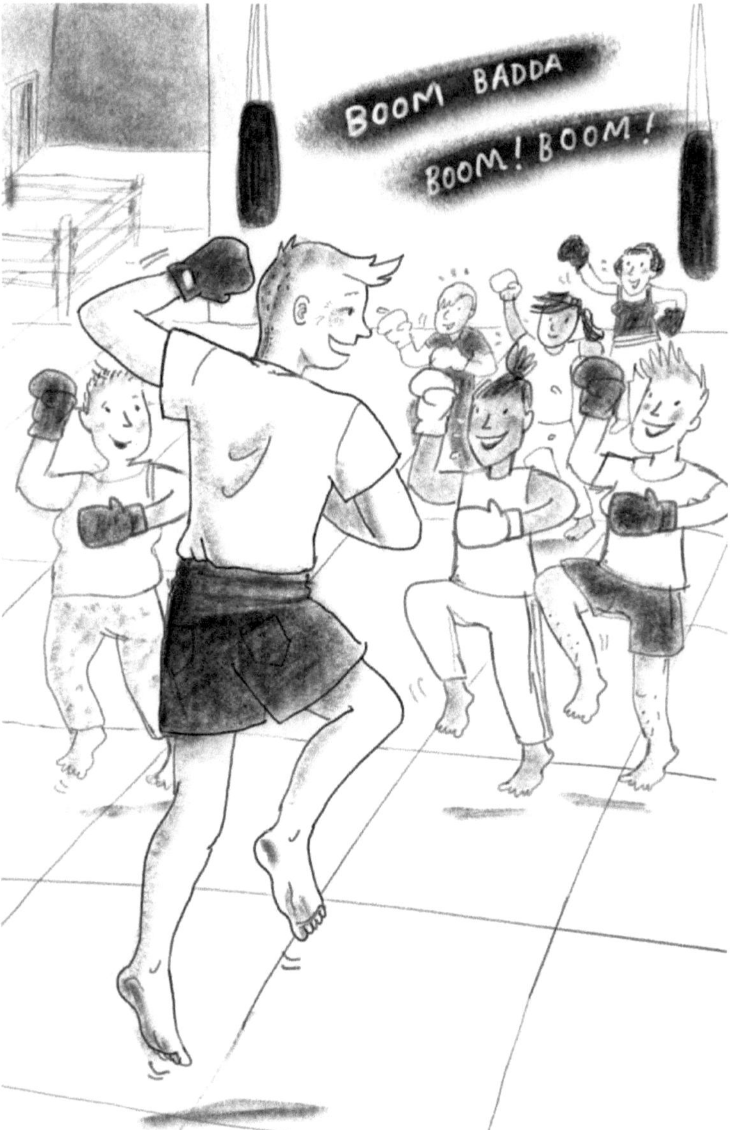
BOOM BADDA
BOOM! BOOM!

Kickboxen und Kickbox-Konditionstraining mit Claudia, Thaiboxen mit Geli und Rachel, Selbstverteidigung für Frauen und Mädchen nach dem Konzept von Claudia und Inken. Schon sehr bald kam eine Trainerin hinzu, Antonia, die sich besonders beim Aufbau der Mädchentrainings engagierte und es weiter tut. „Ja“, sagt Claudia, „das ist es. Mehr erst mal nicht, Raum genau dafür. Wir machen unser Kerngeschäft, unser ureigenes Business.“ Alle Trainings richten sich daran aus, Frauen zu stärken. Nicht in jedem einzelnen Training findet eine ausführliche und auch verbale Auseinandersetzung mit dem Thema Gewalt statt. Aber in jedem Training soll sich jede Teilnehmerin gut und sicher fühlen und lernen, ihre eigenen Kräfte einzuschätzen und ihre Grenzen zu wahren. Den Trainerinnen ist bewusst, dass viele Frauen Gewalt erlebt haben, sie sind vorbereitet, mit solchen Erfahrungen umzugehen.

Eines der Konditionstrainings, die Kampfsport-Fitness, richtet sich an Frauen, die etwas lockerer trainieren möchten als beim Kickbox-Konditionstraining. Frauen können in dieser Gruppe neu und wieder beginnen, nach Trainingspausen, Verletzungen, wenn sie schwanger sind oder nach der Geburt. In den Jahren 2011, 2014 und 2016, nach den Operationen und Chemotherapien, stieg Claudia mit dieser Gruppe als Trainerin wieder ein und bietet sie, im Wechsel mit einer anderen Trainerin, bis heute an. In dieser Gruppe, in der Frauen unterschiedlichen Alters trainieren, folgt auf eine anregende Erwärmung meist ein Zirkeltraining mit kampfsporttypischen Bewegungen, Schlägen und Tritten. Eine der Teilnehmerinnen, eine persönliche Freundin, beschrieb mir, was sie an Claudias Training so besonders mag: Sie erkläre sehr genau, aber kontrolliere nicht sofort. Claudia toleriere, dass Teilnehmerinnen die Bewegung zunächst selbst, „aus sich heraus“ entwickeln. Das erinnert an den freien Zugang, den sie als Kind zu sportlicher Bewegung hatte, im Draußensein, im Straßenfußball, in einer von Erwachsenen nicht angeleiteten sportlichen Betätigung mit anderen Kindern, anderen Jugendlichen.

Neben den kampfsportnahen Angeboten gibt es Angebote für Frauen, die ihren Rücken stärken möchten. Rückenschmerzen begleiten nicht nur Claudia und Inken, sondern viele Frauen, auch wenn sie „eigentlich“ sportlich sind. Sie werden nicht allein durch mangelnde Bewegung oder starke Abnutzung verursacht, wie man durch Untersuchungen an Menschen ohne Rückenschmerzen weiß, die oft ebenso starke Abnutzungserscheinungen an der Wirbelsäule haben wie Menschen mit Beschwerden. Außerdem bietet Lowkick Hatha

Yoga und Tai Chi an, ebenfalls als Gesundheitssportarten geeignet. Seit sie über viele Jahre immer wieder mit der bekannten Kungfu- und Tai-Chi-Trainerin Michelle Dwyer trainierten, sind Inken und Claudia mit Tai Chi vertraut. Zuerst organisierten sie alljährlich Workshops mit Michelle Dwyer, inzwischen bietet Inken selbst eine Gruppe für Tai Chi an. Claudia: „Tai Chi und Kickboxen passen gut zusammen, es ist eine tolle Herausforderung für Kickboxerinnen, sich mit Tai Chi zu befassen. Die Vielfalt bei Lowkick ist daran orientiert, was wir außerhalb dessen, was wir selbst anbieten, noch gebrauchen können." Inzwischen gibt es auch Chi-Gong-Training.

Einmal fällt das Wort „Bodystyling". Tatsächlich? Gibt es Frauen bei Lowkick, die der Wunsch nach einer Bikinifigur ohne Speckröllchen motiviert? Verschämter, meint Claudia, als in kommerziellen Studios, aber doch, solche Wünsche gibt es, auch den, muskulöser zu werden, sich kräftiger zu fühlen, das geht einher und ineinander über. Manche wünschen sich, besser auszusehen, andere, mehr Muskelkraft zu entwickeln. Claudia selbst wünscht sich über den Spaß an der Bewegung hinaus etwas, das sie Gebrauchsmuskulatur nennt. „Eine, mit der du auch im Garten schippen kannst. Sport war in meiner Bauzeit das Gegengewicht dazu, dass alles über den Rücken geht und das immer weh tut. Man wird steifer und verkorkster durch schwere körperliche Arbeit. Damals war das viele Bewegen und Dehnen ein physisches Gegengewicht zu meinem körperlich herausfordernden Leben." Was ihr damals gut tat, tut heute auch anderen gut: „Das gebe ich jetzt weiter, mit Musik. Ich habe begriffen, wie sehr Musik anfeuert. So habe ich das Kickboxen gerettet. Sonst wären wir von der Bildfläche verschwunden. Die Kickboxgruppen wurden wieder stärker, alles wurde stärker, auch Wendo hat davon profitiert, dass wir durch das Konditionstraining ein Magnet waren. Das war ein genialer Schachzug", freut sie sich, „ohne den gäb's uns wahrscheinlich nicht."

Dass sie dem Kampfsport den temporären Frust austrieb, schätzt Claudia selbst höher als das Meistern aller mit der Vereinsgründung verbundenen Formalitäten. Das waren viele. Dass sie schon einmal einen Betrieb geleitet hatte, kam ihr zugute. Aus der Zeit des Tischlereibetriebs wie der Selbstständigkeit generell ist Claudia eine Fähigkeit besonders nützlich, nämlich die zu systematischer, geduldiger Arbeit, sogar sturer Abarbeit. „Wir mussten ein Finanzkonzept erstellen. Das konnte ich, weil ich in meiner Banklehre gelernt habe, so zu denken. Kalkulieren, das hab ich gemacht, das konnte ich." Der Zugang zu dem „Finanzdings" war einfach, andere Schritte mit mehr Schweiß verbunden. Eine Vereinsgründung erfordert viel Kommunikation mit Behörden, die Gemeinnützigkeit der Vereinsziele ist nachzuweisen, eine Satzung muss geschrieben werden, wofür juristische Kenntnisse und mehr noch, eine Affinität zu juristischen Fragen von Vorteil sind. Profitiert hat Claudia, hat Lowkick durch Kampfsportlerinnen in anderen Vereinen, vor allem durch den befreundeten Verein Kyai, einen Karateverein für Frauen: „Sie haben uns ihr ganzes Know-how zur Verfügung gestellt, uns ihre Satzung gezeigt, alles. Wir sind ihnen sehr zu Dank verpflichtet. Den Rest haben wir mühselig erarbeitet. Ich kann eigentlich nicht gut mit Behörden umgehen, aber ich lerne das."

Lowkick ist ein Verein, kein profitorientiertes Unternehmen, die Beiträge orientieren sich daran, was Frauen aufbringen können und mindestens aufbringen müssen, damit die Kosten gedeckt sind. Viel ehrenamtliche Arbeit am Anfang, und bis heute wird nicht nur der alljährliche Frühjahrsputz ehrenamtlich geleistet. Im Verein arbeiten inzwischen bis zu zwanzig Trainerinnen, die meistens aus den eigenen Reihen kommen, Frauen, die oft lange Jahre bei Claudia trainierten und durch sie vom Interesse am Kampfsport zur Begeisterung kamen, durch Claudias Liebe und innere Beteiligung. Trainerinnen, die „von außen“ kamen, wurden durch Kontakte innerhalb der Frauen-Kampfsport-Szene vermittelt. Das bedeutet nicht, dass Claudia oder Lowkick ein isoliertes Konzept verfolgen. Sie wollen keine Insel sein. Andere Frauensportvereine bleiben Verbündete, vor allem Seitenwechsel, die Kontakte haben sich eher noch vertieft, meint Claudia. Verbündete und Freundinnen sind kleine Frauen-Kampfsportvereine sowie die gendergemischte Sportjugend des Berliner Landessportbunds und das Frauenreferat des AStA der Freien Universität.

Claudias wichtigste Verbündete ist die Frau, mit der sie lebt und arbeitet, Inken, ihre „Reiberei und Zusammenarbeit“. Hätte Claudia ohne Inken Lowkick gegründet, Inken ohne Claudia? Wer weiß? Vielleicht. Andere haben schon früher andere Frauensportvereine gegründet, vielleicht werden noch mehr gegründet, eine Stadt mit über dreieinhalb Millionen BewohnerInnen, zu denen jedes Jahr 40.000 hinzukommen, kann jederzeit noch ein paar Frauensportvereine vertragen. Wie dringend Lowkick gebraucht wird, zeigt die Zahl der Mitfrauen, die innerhalb weniger Jahre auf über 500 stieg, obwohl es in der Stadt von Sportvereinen und Fitnessstudios wimmelt.

Was fehlt? Offen ist der Wunsch nach größerer sozialer Vielfalt in den Gruppen. Viele Teilnehmerinnen haben ihre politische Sozialisation in linken dissidenten Bewegungen und der Frauenbefreiungsbewegung erfahren. Welchen Berufen die Frauen nachgehen, wird natürlich im Verein nicht erhoben, doch Arbeiterinnen sind wenig sichtbar. Feministisch orientierte Studierende und Studierte sind unter den Teilnehmerinnen und Mitfrauen stark vertreten, Frauen mit einem akademischen Hintergrund finden, egal ob sie schon lange in Berlin leben oder ob sie Neu-Berlinerinnen sind, leicht Zugang zu den Kampfsportarten bei Lowkick. Claudia: „Wir bemühen uns, das ist ein echtes Anliegen. In den Mädchengruppen passiert es zuerst. Die Vielfalt im Frauenbereich entsteht bislang vor allem dadurch, dass Frauen aus Skandinavien, Israel, USA, allen möglichen Ländern, sich von uns angezogen fühlen, eher Frauen aus westlichen Ländern, aber auch aus Russland." Alle sind willkommen, keine Frage, aber die Zielgruppe ist noch deutlich größer als die Gruppe derjenigen, die auch wirklich bei Lowkick ankommen.

Ankommen.

Wir sind in Berlin, am Hermannplatz, wo Kreuzberg und Neukölln sich berühren. An der Bushaltestelle ist kaum durchzukommen, Leute verstopfen den Bürgersteig, Busse fahren in rascher Folge heran und wieder ab, Berufsverkehr. Durch die Urbanstraße kommen mir Männer mit Bierflaschen entgegen, rempeln PassantInnen an, unabsichtlich, absichtlich, Touristen, Bauarbeiter, Leute mit Einkäufen fließen vorbei. Im Windfang einer Bankfiliale hockt einer, umgeben von seiner Habe in Taschen und Beuteln. Menschen hasten. Schneeregen fällt, es dämmert, eine Baustelle verengt den Weg, ich achte auf die Ausfahrten links und auf den Radweg rechts. Dann diese Einfahrt, auf deren Mauern kraftvolle, kleine, zähe, entschlossene Mädchen zu sehen sind, in Bewegung. Ich lese: Witamy!, Hoşgeldiniz!, Bienvenue! und Willkommensgrüße in noch ein paar anderen Sprachen. Der Treppenaufgang ist kalt, im dritten Stock führt eine schwere Tür in ein warmes Entrée, dunkelrot gestrichen sind die Wände, mit goldfarbigen Mäandern verziert, erleuchtet wird es durch einen Kronleuchter. Eine Wand ist mit Listen bedeckt, Anmeldungen zum Training, zu Workshops, zum Camp im Sommer. Es riecht ein bisschen nach Turnhalle, aber es sieht nicht so aus. In den Dojos dahinter gibt es alles, was zum Training gebraucht wird: Sandsäcke, Spiegel, Pads, Bälle, Springseile, Handschuhe… Und den Ring.

Stimmen, Musik, ein Zettel aufs Fenster gepappt: „Fenster zu bei laut!“ Angekommen sein, sich umziehen. Mit halbem Auge registrieren, dass ein paar Mitfrauen es wieder nicht geschafft haben, ihre Schuhe ins Regal zu stellen, grinsen.

Im großen Raum beginnt das Selbstverteidigungstraining für Mädchen ab acht. Die Kinder sind überdreht, ein Mädchen im Sternchen-T-Shirt umkreist den Raum und bellt. Zwölfjährige mit fest geschlungenen Kopftüchern tun erhaben. Antonia sammelt sie und fragt zu Anfang, wie es ihnen geht und was jede besonders gut kann. „Kämpfen“, ruft eine gleich. Zuerst wird mit Worten gekämpft, beim Aufwärmen: „Ihr könnt gefangen werden, aber nur, wenn ihr es nicht schafft, rechtzeitig stopp zu sagen!“ Manche rennen wie wild, Vorsichtigere möchten am liebsten stehenbleiben, um den Moment zum Stopp-Sagen nicht zu verpassen. Antonia feuert sie an.

Das fühlt sich an wie ein Zuhause. Es gibt ein Gemeinschaftsleben hier. Natürlich, ein Teil der Trainierenden kommt mehr oder weniger regelmäßig zum Training und geht gleich wieder. Andere nehmen an einem der vielen Wochenendworkshops teil oder fahren einmal im Jahr mit ins Camp, eine Woche gemeinsames Trainieren und gemeinsames Leben, selbst organisiert von Anfang bis Schluss. Das knüpft an kollektive Traditionen alternativen Lebens an.

Wann ist Claudia glücklich? „Wenn ich von Frauen, die bei Lowkick trainieren, höre, dass es ihnen ein Zuhause ist, dass es sie glücklich macht, hier zu trainieren. Dann geht mir das Herz auf, egal in welcher Gruppe sie sind."

CARRY ON, TIGER!

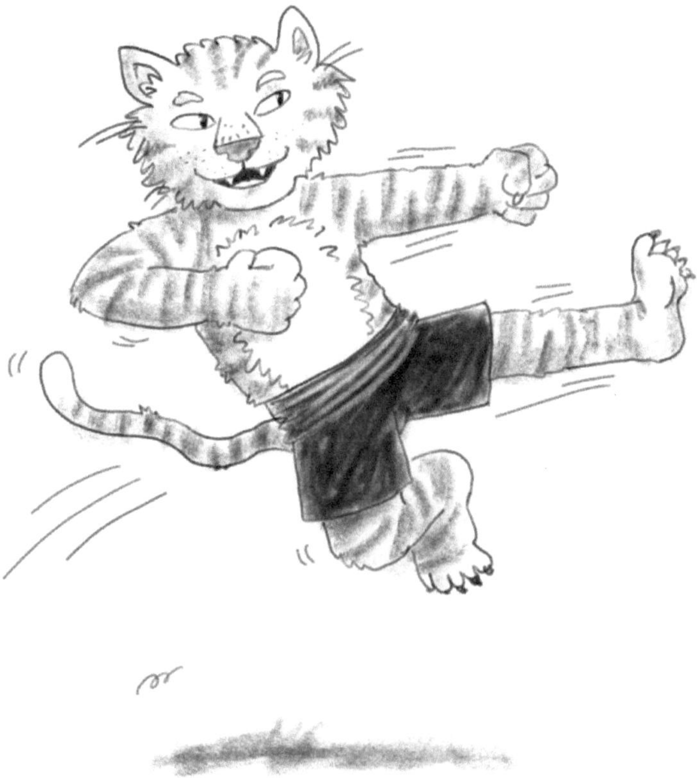

Danke und Ausblick

Für dieses Buch habe ich mit Menschen gesprochen, Orte des Geschehens aufgesucht, in Büchern und Archivmaterialien geblättert und gelesen. Wichtigstes und liebstes Arbeitsmaterial beim Schreiben dieses Buchs waren die Interviews mit Claudia Fingerhuth und Inken Waehner. Deshalb ist viel Subjektivität in dieses Buch geflossen, Claudias vor allem, Inkens, aber auch meine.

Möglicherweise fehlt es diesem Buch an Abstand. Es ist eine der Stärken der feministischen Bewegung, dass unser Blick sich auf jede Einzelne richtet. Deshalb kann eine auch von sich selbst nicht komplett absehen. Seit ich 1997 zum ersten Mal an einem von Inken Waehner geleiteten Kurs teilgenommen habe und danach über viele Jahre in unterschiedlichen Kursen und Wochenendworkshops mal intensiver, mal weniger intensiv weitertrainiert habe, bin ich Claudia oft begegnet, habe ihr zugesehen, mit ihr gesprochen, bei ihr trainiert. Auch wenn ich das Material und die Bilder meiner Erinnerung mit dem Abstand betrachte, der nötig ist, dass eine überhaupt etwas erkennen kann, bin ich nah an der Frau, über deren Leben ich hier geschrieben habe. Wir teilen manchmal, sogar oft, Freude an der Sache, dem Sport, und immer die feministische Überzeugung, dass Frauen sich ihrer Kraft bewusst werden und mit ihrer ganzen Kraft erfolgreich und glücklich leben können.

Wie es Claudia Freude bereitet, Frauen zur Bewegung zu motivieren und ihnen das eigene Bewegungsglück weiterzugeben, freue ich mich besonders, über Menschen zu schreiben, die ihre Arbeit kenntnisreich, leidenschaftlich und mit Geschick tun. So ein Mensch ist Claudia. Das Private ist politisch, das stimmt auch in dem Sinn, dass es politisch ist, die für richtig erkannte Praxis auszubreiten. So eine Frau, die ihre Überzeugungen im Interesse von Frauen ausbreitet, so eine ist Claudia: „Uns geht es darum, Frauen und Mädchen, die bei Lowkick trainieren, zu unterstützen, dass sie lernen, zu sich selber zu stehen, sich mit Freude selber zu erleben, mit Freude als stark zu erleben."

Ich danke allen, die mich an ihren Gedanken teilhaben ließen und deren Wissen in dieses Manuskript eingeflossen ist, die mitgelesen und kritisiert haben, vor allem Anke Engelmann und Klaus Meyer-Gramann. Neben öffentlichen Bibliotheken habe ich Archiv und Bibliothek der sozialen Bewegungen „Papiertiger“ in Berlin genutzt. Dank auch dafür.

Berlin, 8. Mai 2018, Ulrike Gramann

Nachsatz

Alle Namen wurden geändert, mit Ausnahme derjenigen von Inken Waehner und Claudia Fingerhuth sowie von Claudias Eltern. Unter allen anderen wurden auch die Namen der späteren LebenspartnerInnen von Claudias leiblichen Eltern verändert.

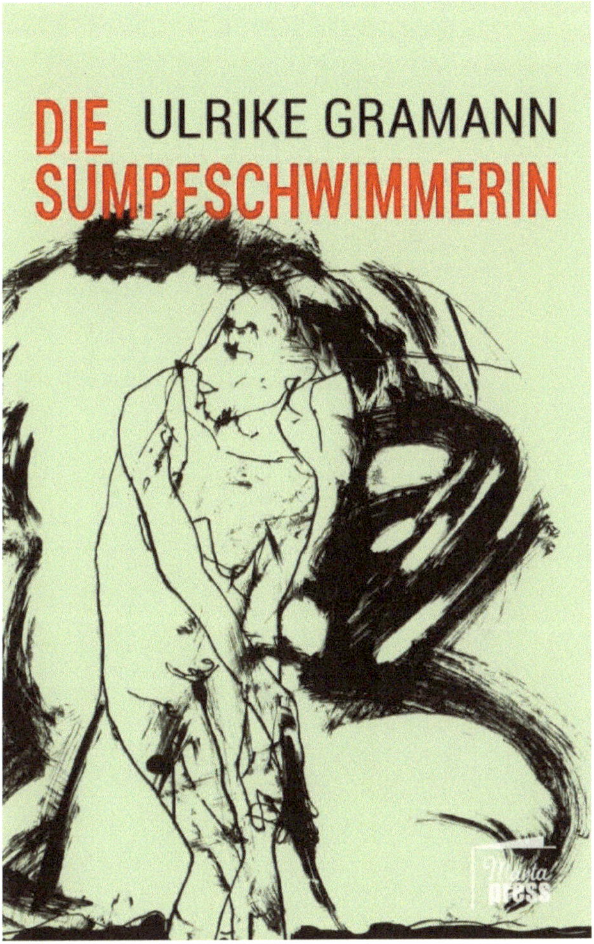

Marta Press, 2017
308 Seiten
ISBN: 978-3-944442-65-5
Preise: 18,00 € (D), 19,00 € (AT), 21,00 CHF UVP (CH),
28,00 US$, 20,00 GBP, 38,00 AU$

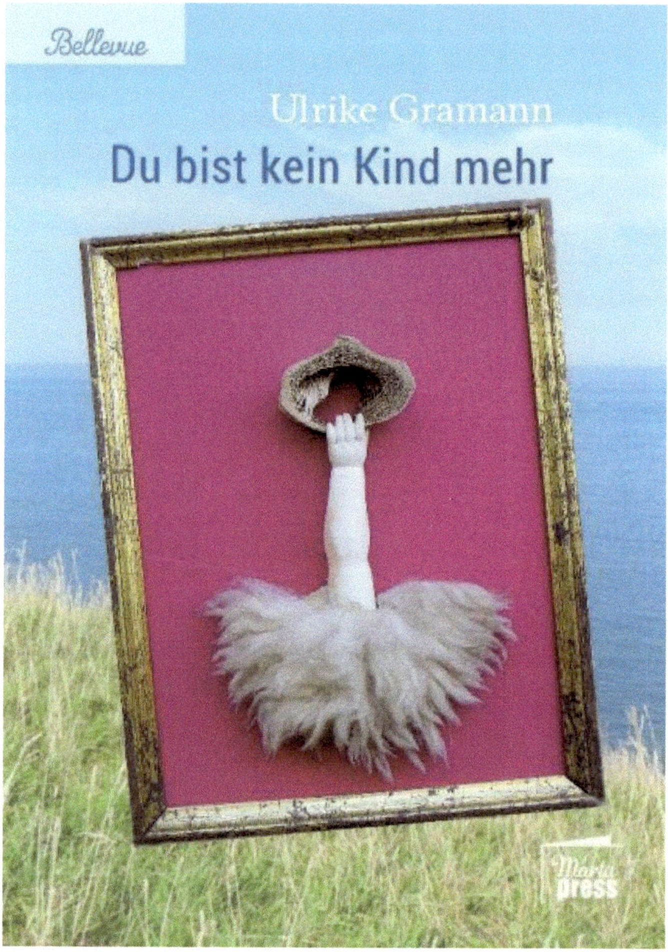

Marta Press, 2014
112 Seiten
1. Auflage Buch ISBN 978-3-944442-07-5; D: 12,90 €.
1. Auflage Ebook ISBN 978-3-944442-05-1; 9,99 €